AF528989

আক্রমণকারীদের লক্ষ্যে হিন্দুরা

(প্রতিরোধের উপায়)

আক্রমণকারীদের লক্ষ্যে হিন্দুরা

(প্রতিরোধের উপায়)

সুব্রামণিয়ন স্বামী
পি. এইচ. ডি (হার্বার্ড)

শ্রী পরমাচার্য, চন্দ্রশেখর, সরস্বতী
জগৎগুরু শংকরাচার্যের
স্মৃতি এবং
জ্ঞানের উদ্দেশ্যে
উৎসর্গীকৃত

ডায়মণ্ড বুকস

ISBN : 81-288- 1521-0

© লেখকাধীন

প্রকাশক	ঃ	ডায়মণ্ড বুক্স X-30, ওখলা ইণ্ডাস্ট্রিয়াল এরিয়া, ফেজ - II নূতন দিল্লী - 110 020
ফোন	ঃ	011-41611861
ফ্যাক্স	ঃ	011-41611866
ই-মেল	ঃ	sales@diamondpublication.com
ওয়েবসাইট	ঃ	www.diamondpublication.com
সংস্করণ	ঃ	2026
বঙ্গানুবাদ	ঃ	শ্রী সমীর দে
লেজার টাইপসেটিং	ঃ	ল্যাঙ্গুয়েজট্রন
মুদ্রক	ঃ	আদর্শ প্রিন্টার্স, শাহদরা, দিল্লী - 32

Akramankarider Lakskhey Hindura (Pratirodher Upai)

by: Subramanian Swami

জ্ঞানের অভাবে

বিদ্যা হারিয়ে যায়।

বিদ্যার অভাবে

চরিত্র হারিয়ে যায়।

চরিত্রের অভাবে

গতিবেগ হারিয়ে যায়।

গতিবেগের অভাবে

সম্পদ হারিয়ে যায়।

সম্পদের অভাবে

পদদলিতরা হারিয়ে যায়।

জ্ঞানের অভাবে সব কিছু হারিয়ে যায়।

– **মহাত্মা জ্যোতিবা ফুলে**

যদি

যদি তুমি সেই সময়ে নিজের মাথা ঠাণ্ডা রাখতে পারো, যখন
অন্যরা তা করতে পারছে না আর তোমাকে দোষারোপ করছে,
যদি তুমি সেই সময়ে নিজের ওপরে আস্থা রাখতে পারো, যখন
সব লোকেরা তোমার ওপরে সন্দেহ করছে,
কিন্তু মনে রেখো তারা দু মুখো সাপও হতে পারে,
যদি তুমি অপেক্ষা করতে পারো আর অপেক্ষা করে ক্লান্ত না হও,
অথবা তোমাকে যদি মিথ্যা বলতে বলা হয় আর তুমি মিথ্যে না বল,
অথবা তোমাকে যদি ঘৃণা করা সত্ত্বেও তুমি ঘৃণা করতে না পারো,
আর যদি তোমাকে দেখতে ভালো না হয় অথবা বুদ্ধিমানের মত কথা বলতে না পারো,
তুমি যদি স্বপ্ন দেখতে পারো, কিন্তু স্বপ্নকে নিজের প্রভু না মনে কর,
তুমি যদি চিন্তা করতে পারো, কিন্তু চিন্তাকে নিজের জীবনের লক্ষ্য না করো,
তোমার যদি জয় আর ধ্বংসের সঙ্গে সাক্ষাৎ হয়,
আর তুমি যদি এই দুই প্রতারকের সঙ্গেই এক ব্যবহার করতে পারো,
তুমি নিজের বলা সত্যকে যদি শুনতে পারো,
বোকাদের ফাঁদে ফেলার জন্য দুস্ট লোকেরা যেটাকে বিকৃত করে তুলেছে,
তুমি সেই সব জিনিষগুলোকে ভাঙ্গতে দেখো, যেগুলো তুমি অনেক কস্টে গড়েছো,
আর তখন তুমি ঝুঁকে পড়ে ক্ষয়ে যাওয়া যন্ত্রপাতি দিয়ে সেগুলো আবার গড়ে তোল,
আর তুমি যদি নিজের সমস্ত সাফল্যের একটা স্তুপ গড়ে তুলে,
আর একটা মুদ্রা ছুঁড়ে সেটাকে আবার খুঁজে বের করার ঝুঁকি নিতে পারো,
আর সেটাকে হারিয়ে ফেলে আবার প্রথম থেকে শুরু করো,
আর কখনও নিজের ক্ষতির ব্যাপারে উল্লেখও না করো,
তুমি যদি নিজের হৃদয়, স্নায়ু আর মাংসপেশীগুলোকে বাধ্য করো,
শেষ হওয়ার পরেও তোমার কাজ করার জন্য
আর নিজেকে শক্ত করে ধরে রাখো যখন তোমার ভেতরে শুধু ইচ্ছাশক্তিই রয়েছে,
যেটা বলে *"লেগে থাকো"*
তুমি যদি ভীড়ের সঙ্গে কথা বলতে পারো আর নৈতিক উৎকর্ষ ধরে রাখতে পারো,
অথবা রাজার সঙ্গে থেকেও সাধারণ জনতার থেকে বিচ্ছিন্ন না হও,
যদি তোমার শত্রু বা প্রিয় বন্ধু – কেউই তোমায় আঘাত দিতে না পারে,
যদি সবাই তোমার সঙ্গে থাকে, কিন্তু কেউ সেরকম বড় না হয়,
যদি তুমি ক্ষমার অযোগ্য মুহূর্তকে,
দীর্ঘ দৌড়ের ষাট সেকেণ্ড দিয়ে ভরে দিতে পারো,
তাহলে এই পৃথিবীর সব কিছুই তোমার হাতের মুঠোয় চলে আসবে,
আর সবার ওপরে – তুমি হবে প্রকৃত মানুষ।

– *রুডইয়ার্ড কিপলিং*

ভূমিকা

প্রায় এক দশক হার্ভার্ড বিশ্ববিদ্যালয়ে অধ্যয়ণ এবং অধ্যাপনার পর 1971 সালে ভারতে ফিরে এসে সর্বাধিক বিক্রীত ইণ্ডিয়ান ইকোনমিক প্ল্যানিং এ্যাণ্ড অল্টারনেটিভ এ্যাপ্রোচ প্রকাশিত করি। এরপর সার্বজনিক মঞ্চে আমি ভারতের আর্থিক উন্নতির জন্য এক বৈপ্লবিক অর্থনৈতিক ব্যবস্হা গ্রহণ করি এবং রুশের উপর আমাদের নির্ভরশীলতা কমানোর জন্য বিদেশ নীতিতে সংযুক্ত রাজ্য আমেরিকা, ইজরায়েল আর চীনের সঙ্গে মৈত্রীর সম্পর্ক গড়ে তোলার কথা প্রচার করি। বামপন্হী ভাববাদীরা আমাদের সেই তাত্ত্বিক বিষয়ের তীব্র নিন্দা করেন। কিন্তু এখন রুশের বিভাজন আর সাম্যবাদী চীন দ্বারা বাজারের আর্থিক সংস্কারগুলি গৃহীত হবার পর বামপন্হী ভাববাদীরা দুর্বল হয়ে পড়েছেন। তাই আমার চিন্তাধারাই এখন প্রধান হয়ে উঠেছে।

1947 সালে ব্রিটিশ সাম্রাজ্যবাদী শাসন থেকে মুক্তির পরও ভারতের তাত্ত্বিক কাঠামো বামপন্হী মতের সামাজিক ধর্ম নিরপেক্ষ কাঠামোয় আবদ্ধ হয়ে থেকেছে প্রায় পাঁচ দশক আর এর মুখ্য ধারায় অন্য কোন ভিন্ন গুরুত্বপূর্ণ তাত্ত্বিক পরিপ্রেক্ষের জন্য কোন স্হান ছিল না। আর্থিক মূল্য বৃদ্ধিকে নিয়ন্ত্রণকারী প্রভূত সরকারের কারণে, যার ওপর ক্রমশঃ স্বৈরতন্ত্রের দিকে এগিয়ে চলা পার্টির শাসন ছিল, এই স্হাপিত বিষয়কে অভিযুক্তকারী কোন গভীর ধর্মনিরপেক্ষ মতকে প্রাথমিক অবস্হাতেই দমন করে দেওয়া হত। এমন কি 1991 সালে রাষ্ট্র যখন এক গভীর আর্থিক সংকটে ছিল আর যে সময় যন্ত্রনাদায়ক নিয়ন্ত্রণ প্রথাকে বাতিল করা জরুরী ছিল, সেই সময় স্বাভাবিক উন্নয়ন আর সংস্কারের জন্য এই মত গৃহীত হয়। কিন্তু এই সংস্কারের জনক প্রধানমন্ত্রী নরসিম্হা রাও প্রয়োজনের অধিক পথ পাল্টানোর সাহস দেখান। তাঁর পার্টি ও বামপন্হীদের অস্বীকারের জন্য তাঁকে অপমানিত হতে হয়। প্রচুর আঘাত

ও অপরাধীর মতন মামলা চলার কারণে তিনি হৃদয় থেকে হার স্বীকার করে নেন। তাঁর অন্তিম সংস্কারেও তিনি সম্মানিত হন নি... এমনকি তাঁকে সেই সব লোকের জন্য একটি উদাহরণ হিসাবে দাঁড় করানো হল, যারা বামপন্থীদের সামাজিক, ধর্মনিরপেক্ষ কাঠামোর ওপর সন্দেহ করেছে।

এই দম বন্ধ পরিবেশে কেবল দক্ষিণপন্থী, ধার্মিক, উগ্র সংগঠনই নিজের পায়ের তলার জমি খুঁজে পেয়েছে আর তারাই ক্রমশঃ এগিয়ে গিয়ে রাষ্ট্রীয় ভাবতাত্ত্বিক মঞ্চের কেন্দ্রে পৌঁছে গেছে। কিন্তু তারাও ক্ষমতা আর সরকারে মাত্র ছয় বছর থাকার মধ্যেই নেতৃত্বের অতীতের ব্যর্থ ভাবতাত্ত্বিক কাঠামো থেকে সম্পূর্ণ ভাবে আলাদা হয়ে থাকায় অনিচ্ছাবশতঃ হারিয়ে যায়।

পার্থিব বামপন্থীদের ধর্মনিরপেক্ষ সমাজবাদ আর অনুগ্রাহী দক্ষিণপন্থী – দুই পার্টিই নিজেদের খেলা সমাপ্ত করেছে কিন্তু মঞ্চে দ্বিতীয় বার আসীন হবার কোন সম্ভাবনা তাদের নেই। আজ দেশে রয়ে গেছে শুধু মতামতের খিচুড়ি। যতক্ষন না কোন নতুন ভাবতাত্ত্বি কাঠামো প্রস্তুত হচেছ এবং পুরাতন কাঠামো জনসাধারণের কাছে পরিস্কার হচেছ, ততক্ষন পর্যন্ত এই বর্ণসঙ্কর ভাবতাত্ত্বিক কাঠামো চলতে থাকবে। এই জটিল অবস্থা কখনই রাষ্ট্রকে আর্থিক উন্নয়নের সুউচ্চ শিখরে, সংগঠিত রাষ্ট্রে এবং বিশ্বশক্তির স্তর পর্যন্ত পৌঁছে দিতে পারে না।

নূতন দিল্লীতে নবীন হিন্দুস্থান ট্রাস্ট দ্বারা সেন্টার ফর ন্যাশনাল রেনেসাঁ *(রাষ্ট্রীয় পুণরুত্থান কেন্দ্র)*-র স্থাপন করা হয়েছে, যা একটি নতুন ভাবতাত্ত্বিক কাঠামোর অনুসন্ধান, প্রতিপাদন এবং প্রসার করতে পারে, যা রাষ্ট্রকে ঐক্যবদ্ধ করতে পারে এবং সর্বোপরি মানুষকে বিশ্বব্যাপী মহানতার প্রয়াস আর বিশ্বশক্তির জন্য সংগ্রামের পথ দেখাতে পারে। এই বোর্ড অফ্ গর্ভনস গঠিত হয়েছে আমাকে এবং আমার সাহায্যকারীদের নিয়ে। আমাদের সকলের মধ্যেই রাষ্ট্রের পুরাতন ভাবতাত্ত্বিক কাঠামো নিয়ে দ্বিমত আছে। মতানৈক্য কখনও-কখনও সংগ্রামের রূপ নেওয়ায় আমাদের ক্ষতি স্বীকারও করতে হয়েছে, রাষ্ট্র আমাদের নিজেদের পেশাদার জীবনে

সঠিক প্রাপ্য থেকে বঞ্চিত করেছে। পুরাণপন্থী অথবা প্রতিক্রিয়াশীল বলে আমাদের নিন্দা করা হয়েছে। কিন্তু আমরা কখনও বিচলিত হইনি। আমাদের বিশ্বাস ছিল যে, সেই সুপ্রভাত আসবে, যখন দেশকে রাষ্ট্রীয় পুণরুত্থানের জন্য বৈপ্লবিক চিন্তাধারা অথবা আধুনিক পুরাণপন্থীদের প্রয়োজন পড়বে। নতুন শতাব্দীতে তার প্রবল সম্ভাবনা রয়েছে। সুতরাং আমাদের পুণরুত্থানের বিষয়সূচীকে স্পষ্ট রূপে বোঝাটা অত্যন্ত জরুরী।

1947 সালে ছিঁড়ে যাওয়া পুণরুত্থানের দড়ি যদি ইতিহাসের বর্তমান সন্ধিক্ষনে আমাদের ধরতে হয়, তবে সেখান থেকেই ধরতে হবে, যেখান থেকে স্বামী বিবেকানন্দ, মহর্ষি অরবিন্দ ও মহাত্মা গান্ধী ধরেছিলেন। আমাদের প্রথম প্রয়োজন বিষয়সূচীকে সংজ্ঞায়িত করা আর তারপর এক উচিত বাহন তৈরী করতে হবে, যা সেটাকে সাফল্যের সাথে পৌঁছে দিয়ে কার্যকরী করে তুলতে পারে। ভারতবর্ষের নতুন পরিচিতির জন্য আমাদের পুণরুত্থানের মূল স্রোত পর্যন্ত পৌঁছতে হবে।

এই ধরণের বিষয়সূচীর কি সত্যিই প্রয়োজন আছে ? একটি সুভাষিত, সুবিচারিত এবং পূর্ণাঙ্গ বিষয়সূচীর অভাবে অপ্রয়োজনীয় ছড়ানো-ছিটানো বিষয়সূচী চলছে, যারা একটি সুস্পষ্ট এবং পূর্ণাঙ্গ বিষয়সূচীর প্রয়োজনীয়তাকে অস্বীকার করে, তারা মূলতঃ অস্পষ্ট বিষয়সূচীর দাস হয়ে পড়েছে। মোরারজী দেশাই সরকারের এমনই একটি অব্যক্ত বিষয়সূচী ছিল। এতে বিষয় ছিল চারটি – মদ্য নিষেধ, গো-হত্যার ওপর বাধা-নিষেধ, ধর্মীয় স্বাধীনতার আইন এবং ইতিহাসের পাঠ্যপুস্তক গুলির পর্যবেক্ষন। এই বিষয়সূচীর কোন বিষয়ই খারাপ ছিল না, কিন্তু বিষয়সূচীর মৌলিক অবধারণায় মানুষের ঔচিত্যবোধ ও চেতনার উত্থান হয়নি... বরঞ্চ একে আইন হিসেবে মেনে নেওয়া হয়েছিল। তাই দেশাই বিষয়সূচী ব্যর্থ রূপে পর্যবসিত হয় আর ভারতীয় বামপন্থীরা একে দেশকে পিছনে নিয়ে যাওয়া বলে ধিক্কার জানায়। কেন না তারা *(বামপন্থীরা)* হিন্দুদের পুণরুত্থানের কথাতেই পাগল হয়ে উঠত। শ্রীমতি ইন্দিরা গান্ধী নিজের 16 বছরের কর্মজীবনে একটি অভ্যন্তরীণ বিষয়সূচীর সাথে যুক্ত ছিলেন, যেটা তাঁর

অভিজাত কর্তব্য আর তান্ত্রিক প্রথার প্রতি অন্ধবিশ্বাসের ফলশ্রুতি। তাই শ্রীমতি গান্ধীর আমলে, সন্ত-মহন্ত, যজ্ঞকর্তা ও জ্যোতিষীদের সংখ্যা বেড়ে ওঠে। আর তাই তাঁর বিষয়সূচী জাতির কাঠামোকে ধার্মিক পন্থায় চালিত করা এবং জাতিকে অন্ধবিশ্বাসী আস্থাগুলির প্রতি শ্রদ্ধান্বিত করে তোলার জন্য জড় পদার্থের মতই সীমিত হয়ে পড়ে। শ্রীমতি গান্ধীর আমলে আমরা দুই জগতের *(ইহলোক এবং পরলোক)* নিকৃষ্টতম রূপ দেখতে পাই... এক দিকে আমরা নিজেদের ঐতিহ্য আর সভ্যতার প্রতি ইতিবাচক দৃষ্টিভঙ্গী দিতে ব্যর্থ হই... অন্য দিকে সেই সমস্ত সংগঠনগুলিকে আরও শক্তিশালী করে তুলি, যেগুলি জীবন্ত হিন্দু বুদ্ধিমত্তাকে সংকীর্ণ করে পুরানপন্থী অর্থগুলি বিকশিত করে তোলে।

আমরা নিজেদের অতীত অভিজ্ঞতা থেকে একটা শিক্ষা নিতে পারি। হয় ভারত একটি স্পষ্ট বিষয়সূচী গ্রহণ করে নিজের প্রগতিকে গতিময় করে তুলুক... নয়তো অন্তর্নিহিত অস্পষ্ট বিষয়সূচীর সাথে সেঁটে থাকুক, যেটা অবশ্যই দেশকে পিছিয়ে রাখতে এবং দুর্বল করতে সাহায্য করবে। এই বিষয় গড়ে তুলবে ভারতের পরিচিতি, যা তাকে পুণরুত্থানের দিকে নিয়ে যাবে। কোন জাতিই ব্যক্তিগত পরিচয়হীন অবস্থায় বেশী দিন বেঁচে থাকতে পারে না। 1947 সালে ভারত বিভাজনের কারণ কি ছিল ? কেন 1971 সালে পাকিস্তানে ভাঙন ধরল ? 1991 সালে ইউ. এস. এস. আর. কেন বিভাজিত হয়ে গেল ? 1996 সালে যুগোস্লাভিয়া টুকরো-টুকরো হল কেন ? অথবা জার্মানী *(1989)* আর ভিয়েতনাম *(1975)* কেন বিচ্ছিন্ন অংশের সাথে যুক্ত হয়ে যায় ? পরিচিত ইতিহাস, ভাষার গঠন, লোক কাহিনী এবং পরিচিত উপলব্ধি কোন জাতিকে একই বন্ধনে গাঁথতে সাহায্য করে। আর এর অভাবেই আসে রাষ্ট্রের ভাঙন।

দেশভক্ত ও পুণরুত্থানকামী মানুষদের সমর্থনপুষ্ট এই বিষয়সূচী তাহলে কি ? এই পুণরুত্থান কতটা হবে হিন্দুদের, কতটা সংখ্যালঘু সম্প্রদায়ের, যারা নিরপত্তাহীনতা ও ভয়-ভীতি ছাড়াই এতে অংশ নিতে পারবে ? ভারতীয়দের ব্যক্তিগত পরিচয় কি ভাবে প্রাঞ্জল হয়ে উঠবে ? এগুলি

হচ্ছে অত্যন্ত গুরুত্বপূর্ণ মৌলিক প্রশ্ন, যেগুলোর উত্তর আমি এই পুস্তকের অধ্যায়গুলিতে দেওয়ার চেস্টা করেছি। কিন্তু ভারতীয়দের একীকরণের বিরোধীরা নিঃসন্দেহে আমার মতামতকে *'উৎকট স্বদেশিকতা'* ও *'সংরক্ষণশীল'* বলবেন... আমি এই বিশেষণ গ্রহণ করছি। সাম্যবাদী সমালোচকদের আমি আমার বক্তব্য দ্বারা সন্তুস্ট করতে চাই না, কারণ তারা বিদেশী মতবাদ ও স্বার্থ চালিত এবং কিছু মাত্রায় *'নিয়ন্ত্রিত'*। অন্যেরা হয়তো এই বিষয় নিয়ে একমত নন ও বিষয়টি নিয়ে তর্কে অবতরণ করতে চান। এই অন্যদের আমি স্বাগত জানাই।

একজন সংরক্ষণশীলের কাছে এই ভাবতত্ত্বের উদ্দেশ্য কি? সংরক্ষণশীলেরা কখনই পৃথিবীতে স্বর্গ গড়ে তোলার প্রতিশ্রুতি দেবে না। আর আমার মতে এটা একটি অলীক কল্পনা। পুরাতনপন্থীরা অতীতের শ্রেষ্ঠত্বকে অক্ষুন্ন রেখে পরিবর্তনের প্রতিশ্রুতি দেন। সংরক্ষণশীল হিসাবে আমরা সেগুলিকেই পাল্টাতে পারি, যেগুলির বদলানোর প্রয়োজনীয়তা আছে। আর পরিবর্তন যোগ্য সমস্ত কিছুকেই পরিবর্তিত করার অপেক্ষায় আমরা আছি, সেটা এই মুহূর্তে সম্ভব নয়। এই ভাবতত্ত্বের অভিজ্ঞতা লুকিয়ে আছে সম্ভাবনাগুলিকে বাস্তবায়িত করার মধ্যেই। আমরা সেই ক্রমিক ও অনবরত হয়ে চলা পরিবর্তনগুলির পক্ষে, যেটা ব্যক্তি স্বয়ং নিজের স্বার্থসিদ্ধির জন্য স্বৈচ্ছিক, সামাজিক কাজ ও নিয়মের অর্ন্তভুক্ত করে তোলে। আমাদের স্থির বিশ্বাস যে, একজন ব্যক্তি প্রলোভন দ্বারা প্রলুব্ধ হয় এবং এটা হওয়াও উচিত... আমরা তাকে ব্যক্তির মৌলিক ধারণা, সামাজিক আর রাষ্ট্রীয় পরিচিতি, প্রজাতান্ত্রিক মনোভাব এবং শিক্ষার আবশ্যকতার সাথে যুক্ত করতে চাইছি।

এই কেন্দ্র অনুসন্ধান, অভিব্যক্তি এবং প্রচার-প্রসার দ্বারা জাতির পুণরুত্থানকে প্রাপ্তির জন্য সংরক্ষণশীল ভাবতাত্ত্বিক কাঠামোয় পরিবর্তন আনবে বৌদ্ধিক দ্বান্দ্বিকতার মাধ্যমে। এই পন্থাগুলি হল ঃ-

ক) সামাজিক আর আর্থিক বিষয়ে রাজ্যের হস্তক্ষেপ যতটা সম্ভব কম হবে, আইন ও শৃঙ্খলা বজায় রাখা এবং সন্ত্রাসবাদের বিরোধিতায়

অধিকতর হবে। জীবনের উৎকৃষ্টতা সম্বন্ধীয় প্রয়োজন মেটানোয় সর্বাধিক হবে। এরই সাথে এই প্রজাতন্ত্র মানুষের প্রতি রাজনৈতিক ভাবে দায়বদ্ধ থাকবে।

খ) একটি সামাজিক পরিবেশ, যা কোন ট্রাস্টিকে ভিত্তি করে প্রাচুর্যপূর্ণ পরোপকার ও স্বেচ্ছায় সার্বজনীন কাজ করে থাকবে, আয়ের সুষ্ঠু বন্টনের জন্য ও আর্থিক বিরোধ এবং বঞ্চনাগুলিকে কম করার জন্য ধার্মিক স্বীকৃতি দ্বারা উৎসাহিত করবে।

গ) রাজ্যের মূল লক্ষ্য হল ব্যক্তিকে আধ্যাত্মবাদ এবং বাস্তবতা মিশ্রিত এমন এক শিক্ষা প্রদান করা, যাতে সেই ব্যক্তি আত্মনির্ভর এবং অনমনীয় চরিত্রের অধিকারী হয়।

ঘ) রাজ্য ব্যক্তিকে চাপ দিয়ে নয়, প্রলোভন দ্বারা প্রভাবিত এবং রাজী করবে। সুনিশ্চিত আত্মত্যাগ ছাড়া মানুষদের কোন প্রকার প্রতিশ্রুতি দেবে না।

ঙ) ভারত বিশ্বব্যাপী অর্থনৈতিক প্রতিযোগিতামূলক ব্যবস্থার মাধ্যমেই দ্রুত আর্থিক দিক দিয়ে সবল দেশ হয়ে উঠবে আর সেজন্য সংযুক্ত দেশ আমেরিকা আর তার সহযোগী দেশগুলির প্রযুক্তিগত নতুন আবিস্কার আর সুনিশ্চিত বাজারের প্রয়োজন। এরই সাথে রাস্ট্রীয় পুণরুত্থানের জন্য রাজনৈতিক দায়বদ্ধতাও অতি আবশ্যক।

চ) দ্রুত প্রগতির জন্য রাস্ট্রের শান্তিপূর্ণ অবস্থা বজায় রাখাতে রাস্ট্রীয় নিরাপত্তার দিকে নজর দেওয়া আবশ্যক। এর জন্য ভারতের নিজের প্রতিবেশী দেশগুলির এবং অন্যান্য দেশগুলির সাথে শক্তিশালী নিরপত্তা সম্পর্ক গড়ে তোলা জরুরী, যাদের সাথে ভারতের অভ্যন্তরীণ স্বার্থের কোন দ্বন্দ্ব নেই।

ছ) আজ মোট ভারতীয় জনসংখ্যার 80 শতাংশ *(বিশেষ করে হিন্দু)* নিজেদের পরিবারের প্রতি নিষ্ঠাবান হলেও... স্থানীয় সমাজ ও মানুষের প্রতি উদাসীন। কোন ভারতীয় অপর কোন ভারতীয়ের

সঙ্গতকে সহজে স্বীকার করে নেয় না। সে বুদ্ধিদীপ্ত কাজকে সম্মান করলেও শ্রমের সম্মান করে না আর সামাজিক দায়বদ্ধতার থেকে নিজের ব্যবহার সম্পর্কে সে অনেক বেশী সচেতনতা দেখায়। চরিত্রের এই ক্রুটির কারণ দুই শতাব্দীর বঞ্চনা, কিন্তু এটা মহান রাষ্ট্র তৈরীর বীজমন্ত্র হতে পারে না। একে রাষ্ট্রের মজবুত ও সঙ্গতিপূর্ণ ধারণাকে বিকশিত করে ঠিক করা যেতে পারে। আমাদের ধার্মিক আচার-আচরণগুলি সঠিক ভাবে দেখলে দেখা যাবে, এই ধারণার পরিভাষিত বৈশিস্ঠ্যগুলি আমাদের ইতিহাস ও সনাতন ধর্মের মধ্যেই নিহিত রয়েছে।

এটি বিশদ হলেও মহৎ কাজ ,যার জন্য রাস্ট্রীয় দৃস্টিভঙ্গী ও মানসিকতায় পুণরুত্থান অত্যন্ত জরুরী। এমন কি সেন্টার ফর ন্যাশনাল রেনেসাঁ সমান বিচারধারা যুক্ত সংস্হা এবং আন্তজার্তিক কঞ্জারভেটিভ ফাউণ্ডেশনগুলির সাথে সম্পর্ক স্হাপন করতে চায়, যাতে তাদের অভিজ্ঞতার মাধ্যমে এই বৃহৎ কাজ নিষ্পন্ন করা সম্ভব হয়।

সুতরাং এই পুস্তকের উদ্দেশ্য হল বিদ্বান ও কেন্দ্রের গবেষকদের অনুসন্ধানের রূপগুলির সাথে পরিচিত করানো। যদিও এই অভিব্যক্তি সম্পূর্ণ রূপেই লেখকের। তবুও পুস্তকের অধ্যায়গুলির ভাবতাত্ত্বিক কাঠামো কেন্দ্রের অনুমোদন সাপেক্ষ।

এই পুস্তক লেখায়, অনুসন্ধান আর পাণ্ডুলিপির সম্পাদনায় আমার স্ত্রী ডাঃ রুকসানা এস. স্বামীর প্রশংসনীয় সাহায্য আমি পেয়েছি... কিন্তু পুস্তকের কোন ক্রুটির জন্য তিনি দায়বদ্ধ নন।

– ডঃ সুব্রামনিয়ম স্বামী

বিষয় সূচী

পরিচয়
ভারতীয়দের স্বরূপ ও মানসিকতার ধারণা

1947 সালে ঔপনিবেশিক শাসন থেকে মুক্তি পাওয়ার পর থেকেই আমরা, ভারতীয়রা কিছু প্রশ্নের সম্মুখীন হয়েছি ঃ আমরা কারা? আমরা কি? এখনও পর্যন্ত অনুত্তরিত এই প্রশ্ন ভারতীয়দের স্বরূপকে সংকটের মধ্যে রেখেছে। এই সংকট শুধু ভারতের সংখ্যাগুরুদেই নয়, সংখ্যালঘুদেরও। এই সংকটের সমাধান না করলে *(যারা পরিস্কার আর স্পষ্ট উত্তর চায়)* সংখ্যাগুরু সম্প্রদায় কখনই বুঝতে পারবে না কি ভাবে তারা রাস্ট্রের উত্তরাধিকারী হিসেবে নিজেদের প্রতিপন্ন করবে? বর্তমানে জনগণের কাছে উত্তরাধিকার কি এবং তার সাথে জনগণ কি ভাবে জড়িত? এটা একটা কঠিন প্রশ্ন আর তার কারণেই সৃষ্টি হয়েছে অধিকাংশ সাম্প্রদায়িক উত্তেজনা এবং সম্প্রদায়গুলির মধ্যেকার অবিশ্বাস। কখনও-কখনও অন্য দেশও এই প্রশ্নের সম্মুখীন হয়েছে। উদার বিদেশ নীতি গ্রহণের পর 1965 সালে আমেরিকাতেও এই প্রশ্ন উঠেছিল। হার্ভার্ড বিশ্ববিদ্যালয়ের প্রোফেসর স্যামুয়েল হংটিঙ্গন নিজের পুস্তক "Who We Are?"-তে এই প্রশ্নের উত্তর দেওয়ার চেস্টা করেন।

ভারত কি? আমরা ভারতীয় কেন? ভারত কি প্রচীন রাস্ট্র? হাজার বছর ধরে চলে আসা এক সভ্যতা, না কি ব্রিটিশ সাম্রাজ্যবাদীদের এক প্রশাসনিক কেন্দ্র, যাকে 1947 সালে ব্রিটিশ হাউস অফ্ কমন্সের আইন *(The Indian Independence Act of 1947)* স্বাধীন বলে ঘোষণা করে? ভারতীয় পরিবেশের অর্থ কি? হিন্দু, হিন্দু ধর্ম, নাকি

ধর্মনিরপেক্ষতা? আর এগুলোর প্রত্যেকটির অর্থই বা কি? বর্তমানে ভারতীয় নাগরিকদের কাছে এই প্রশ্নের উত্তর স্পস্ট নয়। আর সেটাই হচ্ছে বর্তমান সত্তার সংকট।

যতক্ষন না *"আমরা কারা"* এই প্রশ্নের স্পস্ট, স্বচ্ছ এবং পূর্ণ উত্তর পাওয়া যাচ্ছে, ততক্ষন পর্যন্ত এই দোদুল্যমান অবস্থা বিরাজ করবে, এই দেশভক্তি বিলীন হতে থাকবে। এ কথার অর্থ এটা নয় যে, কোন ব্যক্তির পরিচয় কায়েমী স্বার্থের উপর নির্ভরশীল। মানুষের কৌতূহলী মন রাষ্ট্রের গণতন্ত্রের স্বভাব সম্পর্কে প্রশ্ন করে। রাষ্ট্রকে গতিশীল ও জীবন্ত রাখার জন্য রাষ্ট্রীয় পরিচিতি অত্যন্ত জরুরী। সংকটকালীন অবস্থাতেই রাষ্ট্রের প্রকৃত সত্তার স্বরূপ কি, তা সর্বোপরি হয়ে ওঠে। তাই রাষ্ট্রের প্রধান পরিচয় কি, তা আমাদের সচেতনতার মূল বিষয় না হয়ে সেটার রক্ষাই সচেতনতার মূল বিষয় হওয়া উচিত। চাণক্যকে *'চক্রবর্তী'* বলার ধারণার পিছনে এই উদ্দেশ্যই ছিল। সমাজকে ঐক্যবদ্ধ ও সংগঠিত করতে এবং সামাজিক কাঠামোকে সংশোধিত করতে শুধু আমাদের ইতিহাস জানলেই হবে না... তার সাথে রাষ্ট্রের লক্ষ্যগুলির সম্বন্ধেও সচেতন থাকতে হবে। এই ভাবে নতুন সমাজ গড়তে গেলে ইংরেজ ও ভারতীয়রা মিলে যে ইতিহাস গড়ে তুলেছিল, তাকে ভুলে ভারতের ত্রুটিমুক্ত *(মিথ্যাবিহীন)* ইতিহাস জানতে হবে, তা না হলে বাস্তবিক অতীতের সঙ্গে আমাদের সকল সম্পর্ক ছিন্ন হয়ে পড়বে।

আমাদের স্কুল-কলেজের পাঠ্য ইতিহাস এখনও ব্রিটিশ সাম্রাজ্যবাদীদের দ্বারা প্রণীত, যাতে রাষ্ট্র হিসেবে ভারত ইংরেজদের দ্বারা সৃস্ট সাম্প্রতিক ফসল। যাতে বলা হয়েছে বহু জাতি, বহু ধর্ম, বহু ভাষার সমন্বয়ে গঠিত ভারতবাসীরা নিজেদের মধ্যে দ্বন্দ্বের ফলেই পৃথক হয়ে গেছে।

এই ইতিহাস ব্রিটিশ রাজনীতির আর এক রূপ। 26 মার্চ, 1888 ভারতের সেক্রেটারী অফ্ স্টেট জর্জ হ্যামিলটন লিখেছিলেন – *"আমার মতে আমাদের অনুশাসনের প্রকৃত বিপদ আজ নয়, আজ থেকে 50 বছর পরে হবে। তাই আমরা ভারতীয়দের দুই ভিন্ন-ভিন্ন শিবিরে বিভক্ত করে*

দেব। আমাদের ভারতীয় পাঠ্যপুস্তকগুলির পরিকল্পনা এমন ভাবে করতে হবে, যাতে সম্প্রদায়গুলির মধ্যে মতবিভেদ আরও মজবুত হয়ে ওঠে।" ডাঃ ভীমরাও আম্বেদকর 1916 সালে এই চিন্তাধারাকে চ্যালেঞ্জ জানিয়ে কলম্বিয়া বিশ্ববিদ্যালয়ের অর্থশাস্ত্রে ডক্টরেটের ছাত্র হিসাবে এ্যান্থ্রোপোলোজী বিভাগের সেমিনারে প্রস্তুত এক রিসার্চ পেপারে লেখেন – *"প্রজাতি হিসাবে সমস্ত মানুষই আলাদা। এটা মেনে নিয়েও আমি এটা বলার সাহস করছি যে, ঐক্যের দৃষ্টিতে কোনও দেশই ভারতীয় ভূ-খণ্ডের মোকাবিলা করতে পারবে না। ভারতের ভৌগলিক ঐক্যই যে তার কারণ তাই নয়, তার থেকেও বড় জিনিষ হচ্ছে এই দেশের গভীর আর মৌলিক ঐক্য, যেটা এই দেশকে এক প্রান্তের সাথে অন্য প্রান্তকে বেঁধে রেখেছে।"* Indian Antiquary-র 41 তম সংখ্যা *(মে 1971)*-র 94 পৃষ্ঠায় প্রকাশিত। স্বাধীনতা অর্জনের পরেও জওহরলাল নেহরুর নেতৃত্বে এবং ICS *(Indian Civil Service)*-য়ের অধীনেও ত্রুটিপূর্ণ ভারতীয় পাঠ্য ইতিহাসকে পরিবর্তনের কোন চেস্টা হয়নি। এই সত্যকে অজ্ঞাত, বিভ্রান্তিকর এবং হিন্দুদের উৎকট স্বদেশভক্তি বলে নিন্দা করা হয়। মুরলী মনোহর জোশী তাঁর সংক্ষিপ্ত কার্যকালে কেন্দ্রীয় শিক্ষামন্ত্রী *(1998-2004)* হিসেবে পাঠ্য ইতিহাসকে ত্রুটিমুক্ত করার চেস্টা করেন, কিন্তু এই কার্যকে সঠিক পথ না দেখিয়ে সরকারী আদেশ অনুসারেই পাঠ্যপুস্তক গুলির পরিবর্তন করা হয়। যেটা ঘোড়ার আগে গাড়ী দাঁড় করানোর মত ছিল। সেই প্রচেস্টায় *'গৈরিকীকরণ'*-য়ের দাগ লেগে গেছিল। শ্রী জোশী এটিকে ঠিক মনে করলেও তিনি সরকার এবং নিজের সহযোগীদের কাছ থেকে কমই সাহায্য পেয়েছিলেন। তাঁকে অগ্রাধিকার প্রদান করা হয়নি।

ব্রিটিশ সাম্রাজ্যবাদের কায়দায় গড়ে তোলা ইতিহাসে ভারতবর্ষ হয়ে উঠেছে বিদেশী শাসনের *(প্রথমে দ্রাবিড়, তারপর আর্য, পরে মুসলিম এবং শেষে ইংরেজ)* ভিত্তিভূমি। আমাদের আজকের ইতিহাস বইগুলি বিদেশী শাসনের এই দুরভিসন্ধিকে প্রদর্শিত করে। উদাহরণস্বরূপ বলা যায়, মোগল সাম্রাজ্যের মোট 350 বছর শাসনকালের মধ্যে 150 বছর আকবর থেকে ঔরঙ্গজেব শাসন করেছিলেন, যা খুবই অল্প সময়। কিন্তু

কৃষ্ণদেব রায় আকবরের তুলনায় অনেক বেশী দিন রাজত্ব করলেও আকবরকেই মহান করা হয়েছে। এই প্রকার বর্ণনা ইংরেজদের মতানুসারেই হয়েছিল, কারণ এর দ্বারা তারা নিজেদের ঐতিহ্য গড়ে তুলতে চেয়েছিল। এছাড়াও আমাদের এটাও দেখানোর চেস্টা করা হয়েছে যে, ইংরেজ শাসনের লাভ কি-কি ? এছাড়া ইংরেজরাই ভারতকে স্বতন্ত্র রাষ্ট্র হিসাবে স্থাপন করেছে, ঔপনিবেশবাদই ভারতবর্ষের মূল ভিত্তি – এই মতই তারা প্রতিষ্ঠিত করার চেস্টা করেছে। আমাদের অন্ধ বিশ্বাস ও বিভ্রমগুলি দূর করবার জন্য তারা আমাদের এই আধুনিক শিক্ষার ব্যবস্থা করেছে।

এই সম্পূর্ণ মিথ্যা ও ক্ষতিগ্রস্ত চিন্তাধারা আমাদের শিক্ষা প্রণালীর গভীরে প্রবেশ করে গেছে। তারা বিষাক্ত করে দিয়েছে ভারতের নতুন প্রজন্মকে, যার ফলে বহু কষ্টে অর্জিত ভারতের স্বাধীনতাকে তারা কখনই সেভাবে সম্মান করতে পারেনি। তাই আমাদের পুণরুত্থানের বিষয়সূচীতে ইংরেজ প্রণীত দুটি চিন্তাধারাকে শেকড় থেকে উপড়ে ফেলাটা খুবই জরুরী – প্রথমতঃ, রাষ্ট্র হিসাবে ভারতবর্ষ ইংরেজদের উপহার, দ্বিতীয়তঃ, আমাদের দেখা আজকের এই ভারতবর্ষ বিদেশী আক্রমণকারী ও তাদের দলগুলি দ্বারা গঠিত কোন ভূমি নয়।

শুধু এই কারণে প্রাচীন কালে ভারতের সীমারেখা, প্রশাসন ও নিয়ন্ত্রণ এত স্পষ্ট ছিল না... কিন্তু ভারতের যে কোন অস্তিত্বই ছিল না, তা নয়। প্রাচীন কালেই উত্তর থেকে দক্ষিণ পর্যন্ত বিস্তৃত একই সূত্রে আবদ্ধ একটি দেশ বলে মেনে আসা হয়েছে ভারতবর্ষকে। যে ভাবে প্রাচীন কালে চার্চ, পুস্তক, পোপের আহ্বানের মধ্যে শত অবজ্ঞা সত্ত্বেও হিন্দু ধর্ম নিজেকে বাঁচিয়ে রেখেছে, তেমনি অনন্তকাল ধরে ভারতবর্ষও আপন অস্তিত্বকে বজায় রেখেছে।

ইংরেজরা পারস্পরিক আদান-প্রদানগুলিকে বিনস্ট করে ধ্বংস করেছে, ভারতবর্ষের কাঠামো ও ছিন্ন-ভিন্ন করেছে তার ঐক্য। আর এরই সাথে ভারতবর্ষের ঐতিহ্যকে ত্রুটিপূর্ণ ও মিথ্যা গুজব বলে হেয় করার চেস্টা করেছে।

রাষ্ট্রের অটুট বন্ধনের জন্য জনগণেদের সোচ্চার হতে হবে আর এই তথ্যপূর্ণ ঘটনাই যুব সমাজের মধ্যে বিতরণ করতে হবে ইতিহাস মারফত। আমাদের দেশের সন্তানরা বীরত্বের সাথে কি ভাবে ভবিষ্যৎ প্রজন্মের সুখময় জীবন গড়ে তোলার চেষ্টা করেছিল, সেই ইতিহাসই রচনা করতে হবে। ভারতবাসীদের আস্থার প্রদীপ এক দীর্ঘ সময় পর্যন্ত প্রজ্জ্বলিত ছিল। কিন্তু এই আশার আলো কখন নিভতে শুরু করেছিল ও এর জেরস্বরূপ মানুষ লজ্জিত হয়, এই সমস্ত ঘটনা ইতিহাসে বর্ণিত হওয়াটা অত্যন্ত জরুরী। আমাদের বিষয়সূচীর জন্য এই তথ্যপূর্ণ ঘটনা অত্যন্ত জরুরী, কারণ ইংরেজদের তৈরী ইতিহাসের ভ্রান্ত তথ্যগুলিকে খুঁজে বের করে ছুঁড়ে ফেলে দিতে হবে। এই বিদেশী তথ্যের দ্বারাই আমাদের দেশে আমরা বিদেশী হয়ে আছি। স্কুল আর বিশ্ববিদ্যালয়গুলিতে পড়ানো আর্য আর দ্রাবিড়দের মধ্যেকার প্রভেদ শুধুমাত্র ম্যাক্স মুলারের মত বিদেশী ইতিহাসবিদদের বিশুদ্ধ কল্পনা, যার সাথে ভারতীয় ইতিহাসের কোন সূত্রই নেই। আর ইউরোপের পাশপোর্ট পাওয়ার জন্য উচ্চ বর্ণের ভারতীয়রা এই কপটতাপূর্ণ ইতিহাসকে স্বীকার করে নিয়েছে। এই ঘটনাই হিন্দুদের মানসিকতাকে নীতিভ্রষ্ট করে তুলেছে। তাই এই ইতিহাসের পরিবর্তে বিচার-বিবেচনা দ্বারা নতুন ইতিহাস গড়ে তুলতে হবে।

এখনও পর্যন্ত ভারতীয় ইতিহাসের প্রস্তর লিপিতে আর্যদের আক্রমণের ঘটনা লেখা আছে, যা প্রকৃত পক্ষে অষ্টাদশ ও উনবিংশ শতাব্দীতে ইংরেজ ভাষাবিদ ও প্রত্নতাত্ত্বিকদের দ্বারা লেখা হয়েছিল। এই তথ্য অনুসারে প্রাচীন হিন্দুরা ছিল কালো চামড়ার, ভালো, শান্তিপ্রিয় মানুষ, যারা দ্রাবিড়িয়ান বলে পরিচিত ছিলেন, যারা হরপ্পা ও সিন্ধু সভ্যতার ভিত্তি রচনা করেন। অনুমান করা যায়, তারা ছিল অকল্পনীয় নির্মাতা – উদাহরণ হিসাবে পাকিস্তানে সিন্ধু সভ্যতা ও মহেঞ্জোদরের কথা বলা যেতে পারে... কিন্তু এখানকার সংস্কৃতি বা সাহিত্য কোনটাই উল্লেখযোগ্য ছিল না, এমনকি সুগঠিত কোন লিপির পরিচয়ও আমরা পাই না। 1500 খ্রীষ্টপূর্বে ভারতবর্ষকে আক্রমণ করে শ্বেতাঙ্গ আর্যরা, পশ্চিম রাশিয়া থেকে আগত এই জাতি প্রধানতঃ যাযাবর ছিল, যারা দ্রাবিড়িয়ানদের

উপর ঘৃণ্য বর্ণভেদ প্রথা চাপিয়ে দিয়েছিল। এই আর্যদের দ্বারা সৃষ্টি হয়েছিল সংস্কৃত এবং বেদ। এছাড়া প্রায় সমস্ত হিন্দু ও বৈদিক ধর্মগ্রন্থগুলিও এরাই রচনা করে, যেমন – উপনিষদ, রামায়ণ, মহাভারত ইত্যাদি।

আর্যদের এই বীরত্বের ইতিহাস প্রদর্শিত করে ইংরেজরা এটাই বোঝানোর চেস্টা করেছিল যে, ভারতীয় সভ্যতা খুব প্রাচীন নয় এবং এই ভারতীয় সভ্যতা পাশ্চাত্য জগতের আদর্শেই গড়ে উঠেছিল। মেসোপটেমিয়া, সেমেরু এবং বেবলিয়ান সভ্যতা পাশ্চাত্য জগতেরই চিন্তার ফসল এবং পাশ্চাত্য সভ্যতার থেকে ঋণ করেই গড়ে উঠেছে এই দেশের স্থাপত্য, সংস্কৃত সাহিত্য এবং ভারতবর্ষের সমস্ত ভালো কিছু। এই ভাবে সংস্কৃত ইন্দো-ইউরোপীয় ভাষাগুলির জননী হওয়ার পরিবর্তে তার শাখামাত্র হয়ে রয়ে গেল। বলা হয় যে, জরাথুস্ট্রের ধর্ম হিন্দু ধর্মকে প্রভাবিত করেছিল এবং অপর পক্ষে ভারতবর্ষকে দ্বি-বিভক্ত করে নিম্নবর্গের কালো দ্রাবিড়িয়ানদের সাথে উচ্চ বর্গের আর্যদের লড়াই লাগিয়ে দিয়েছিল, যা এখনও চলে আসছে।

দুটি নতুন আবিস্কারের ফলে এই সিদ্ধান্ত সম্পর্কে বর্তমানে আপত্তি তোলা হয়েছে – একটি নৃতাত্ত্বিক এবং অপরটি ভাষাতাত্ত্বিক। প্রথমতঃ, ঋক্‌বেদে হিন্দুদের পবিত্র গঙ্গার উল্লেখ আছে মাত্র একবার, যেখানে পৌরাণিক সরস্বতীর উল্লেখ আছে 50 বার। বহুকাল ধরে সরস্বতী নদী কেবল পৌরাণিক নদী হিসাবেই পরিচিত ছিল, কিন্তু মার্কিন উপগ্রহ ল্যাণ্ডস্টাট এই নদীর ফোটো তুলতেই শুধু সক্ষম হয়নি, মানচিত্র সহকারে এর উৎসস্থল হিমালয় ও চলার পথ সম্পর্কে আমাদের অবহিতও করেছে।

নবম দশকের শুরুতে সরস্বতীর ক্ষেত্রের উপর গবেষণা করছিলেন নৃতত্ত্ববিদ পল্ হেন্‌রি ফ্যাংকফুর্ট। তাঁর মতে 2200 খ্রীষ্টপূর্বের কাছাকাছি সময়ে এক বিরাট খরার কারণে সরস্বতী নদী লুপ্ত হয়ে যায় এবং এই কারণবশতঃ তার আশেপাশের জমি অনাবাদি হয়ে যায়। তাঁর মতে –

"এই ভাবে বেশীর ভাগ সরস্বতী ক্ষেত্রের অধিবাসী সেখান থেকে সরে এসে সিন্ধু আর সতলুজ নদীর ধারে বসবাস শুরু করে।" ইতিহাসের গবেষণার উপর ভিত্তি করে বলা হয় *'বেদ'* 1500 খ্রীস্টপূর্ব গড়ে উঠেছিল, আবার কারো মতে 1200 খ্রীস্টপূর্ব। কিন্তু ঋক্ বেদ খরার পূর্বের ভারতবর্ষের বর্ণনা দিয়েছে, তারপর সরস্বতী শুকিয়ে যায় অর্থাৎ বাস্তবিক ভাবেই এই কথা মেনে নেওয়া যায় যে, তথাকথিত সিন্ধু ও হরপ্পা সভ্যতা বৈদিক যুগেরই এক অংশ... যা সরস্বতী নদীর ধ্বংসের সাথেই বিলুপ্ত হয়ে যায়।

সংস্কৃত সাহিত্যে 'Aryan' বলে কোন শব্দ নেই। *(এর কাছাকাছি শব্দ 'Arya'... যার অর্থ সম্মানীয় ব্যক্তি, এক সম্প্রদায় নয়।)* কেরলের এক ব্রাহ্মণ সাধু আদি শঙ্কর সৃষ্টি করেছিলেন *'দ্রাবিড়িয়ান'* শব্দটি। বারাণসীতে মণ্ডন মিশ্রের সাথে শাস্ত্রার্থ করার সময় তিনি নিজেকে *'দ্রাবিড় শিশু'* বলেছেন, যার অর্থ তিন সমুদ্রের সঙ্গম স্থলের এক শিশু অর্থাৎ দক্ষিণ ভারত। উত্তর-দক্ষিণ বিভাজনের সিদ্ধান্ত ইংরেজ সাম্রাজ্যবাদীদের দ্বারা ইচ্ছাকৃত ভাবে করা এক বিকৃতি আর অজান্তেই কিছু বিদ্বান ভারতীয় *(যারা মানসিক দিক দিয়ে ইংরেজদের দাস)* এটার প্রচার করছে। ঘটনাচক্রে Newton, Mars. USA-র প্রোফেসর সি. প্যাসে এবং অন্যান্য বিদ্বানরা ভারতীয় ও ইউরোপীয়দের DNA পরীক্ষা করে আর্য-দ্রাবিড় পৌরাণিক তথ্য সংক্রান্ত একটি বিস্ফোরণ করেছেন। 6 অক্টোবর, 2005 তারিখে ব্রিটিশ ব্রডকাস্টিং কর্পোরেশন *(BBC)* এক সম্প্রচারে এই নতুন আলোকে আবিস্কৃত আর্য-দ্রাবিড়িয়ান তথ্যগুলির উপর আলোকপাত করেছে ঃ *'এই তথ্য শুধুমাত্র ভুলই নয়... বরং এতে এমন গভীর সাম্প্রদায়িক চিন্তা ছিল, যেটাকে কোন ভাবেই মেনে নেওয়া যায় না।" (ডব্লিউ.ডব্লিউ.ডব্লিউ.বি.বি.সি.সি.ও; ইউ.কে., ধর্ম আর নৈতিকতা, হোমপেজ, বৃহস্পতিবার, 06.10.2005)*

শ্রী অরবিন্দ কয়েক দশক আগে লিখেছিলেন – *"ভারতীয় বিদ্বানরা দুটি কারণে নিজেদের জন্য এক মহান আর স্বাধীন জ্ঞানধারা নির্মাণ*

করতে পারেননি। এর প্রথম কারণ, আমাদের বিশ্ববিদ্যালয়গুলি দ্বারা প্রণীত সংস্কৃতিতে দক্ষতা অর্জন না করতে পারা, যার জন্য জন্মজাত বিদ্বানরা ছাড়া অন্য সবাই অত্যন্ত সমস্যা অনুভব করে আর দ্বিতীয় কারণ, অধ্যয়ণে স্বাধীনতার অভাব, যার কারণে আমরা ইউরোপীয় (পাশ্চাত্য) কর্তৃত্বের সামনে খুব তাড়াতাড়ি নতজানু হয়ে যাই।" আজকের দিনেও এটা কত সত্য।

কোন বিদেশীর বিচার-বিবেচনা দ্বারা কোনও স্বাধীন দেশের ইতিহাস তৈরী হতে পারে না। এবার ভারতের দোষমুক্ত ইতিহাস লেখার সময় এসে গেছে, পৌরাণিক বিষয়গুলিকে নিয়ে গম্ভীর ভাবে চিন্তা করতে হবে এবং আমাদের নিজেদের ইতিহাস নিজেদেরই আত্মস্থ করতে হবে অর্থাৎ ভারতীয় লেখকেরা ভারতীয়দের বিষয়ে লিখবেন। সেই ইতিহাস দেশের আশ্চর্যজনক নৈরাজ্যবাদকে সামনে নিয়ে আসবে, যা এই রাষ্ট্রে বার-বার প্রকট হয়েছে রাজনৈতিক সংকটের সময়। ভারতকে রাষ্ট্র হিসাবে গড়ে তোলার পিছনে চক্রবর্ত্তী আদর্শ বিদ্যমান, যার অর্থ আমরা সমস্ত রকমের দায়-দায়িত্ব নেব আর বহিঃশত্রুর আক্রমণের সময় দেশকে রক্ষা করার সাথে নিজেদের জনপদগুলিকে আরও অধিক আভ্যন্তরীণ অধিকার প্রদান করব। সঠিক ত্রুটিমুক্তি ইতিহাসে এটা অবশ্যই লিপিবদ্ধ করতে হবে যে, ভারত শাসনের কাঠামোয় শাহী আদালতগুলির মতই যুদ্ধের পদ্ধতিতে, নিজের কৃষি ভিত্তিকে অটুট রাখতে আর তথ্যের প্রসারে ধারণাত্মক ছিল। পঞ্চায়েত প্রণালী তার পথ প্রদর্শন করে।

এক সঠিক ইতিহাস শুধুমাত্র উৎকৃষ্ট সময়েরই ঘটনা থাকবে না... তাতে লিপিবদ্ধ হবে অবক্ষয়ের ঘটনাগুলিও, যেমন বিদেশী আক্রমণের সময় যখন মোকাবিলা করা ও তাদের পরাজিত করাটা জরুরী ছিল, তখন ভারত রাষ্ট্রীয় ঐক্য গড়ে তুলতে ব্যর্থ হয়। অতীতে ঐক্যবদ্ধ না থাকার জন্য ভারতকে যে চরম মূল্য দিতে হয়েছে, তার শিক্ষা ভাবী প্রজন্মকে দিতে হবে। উদাহরণ হিসাবে, 1739 সালে নাদির শাহের আক্রমণের সময় বাজীরাও এবং নিজাম-উল-মুল্ক একত্রিত না হওয়া। এই ভাবে মাধবরাও *(সিন্ধিয়া)* আর হায়দর আলী মিলে ইস্ট ইণ্ডিয়ান

কোম্পানীকে দমন করতে পারতেন, আবার মহাদাজী সিন্ধিয়া কর্ণওয়ালিশের বিরুদ্ধে টিপু সুলতানকে সাহায্য করতে ব্যর্থ হন। আর সেটাই হয় ভারতবর্ষের পরাজয় ও অন্যদের জয়ের কারণ। এই কর্ণওয়ালিশ আঠারো শতকে আমেরিকার স্বাধীনতার যুদ্ধে মারাত্মক ভাবে ব্যর্থ হয়েছিলেন... কিন্তু ভারতে তাঁর সফলতার কারণ একটাই... সেটা হল আমরা নিজেরা ঝগড়া ভুলে বিদেশীদের বিরুদ্ধে ঐক্যবদ্ধ হতে পারিনি। দেশের পরাজয়ের জন্য হিন্দুদের *'সমর্পন'*-কে দায়ী করা যায় না... বরং দেশবাসীর ঐক্যবদ্ধ হওয়ার অভাব ও সৈন্যদের ব্যর্থ রণনীতিই তার জন্য দায়ী। এই পতন আর নৈতিক অবক্ষয়ের জন্যই রাষ্ট্রীয় কাঠামো দুর্বল হয়ে পড়ে।

সঠিক ও ত্রুটিমুক্ত ইতিহাসই পারে ভারতকে পুনরায় বিকশিত করতে। সংক্ষেপে বলা যায় যে, ভারতীয়দের সঠিক পরিচয় হচ্ছে আমাদের ভারত হল সেই দেশ, যা একটি নির্দিস্ট ভূখণ্ডে স্বতন্ত্র রাষ্ট্র হিসাবে উত্তর-দক্ষিণে কাশ্মীর থেকে কন্যাকুমারী ও পূর্ব-পশ্চিমে আন্দামান-নিকোবর থেকে কটক পর্যন্ত বিস্তৃত এবং এর সভ্যতা 10,000 বছরেরও বেশী সময় ধরে টিঁকে আছে। ভারতীয়দের মধ্যে অধিকাংশ হিন্দু ধর্মে বিশ্বাসী হলেও অন্যান্য ধর্মাবলম্বী লোকেরাও রয়েছে। তাঁরাও সম্মানের সাথে নিজেদের বিশ্বাস নিয়ে রয়েছেন... কিন্তু তাঁদের পূর্বপুরুষরা হিন্দু ছিলেন। এছাড়াও আরো অনেকে আছেন, যেমন – পার্সী আর ইহুদীরা, যাঁরা শরণার্থী হিসাবে এ দেশে এলেও পরে নিজেদের ধর্মকে বাঁচিয়ে রেখে হিন্দুদের সংস্কৃতিকে গ্রহণ করে নেন। তাঁদের ওপরে কখনও অত্যাচার করা হয়নি। তাঁরা শান্তিপূর্ণ, সুখময় জীবন যাপন করেছেন আর নিজেদের জন্য কখনই সংরক্ষণের দাবী করেননি। এই ভাবেই ভারতীয়দের বিকাশ। এই ঐতিহ্যকে যাঁরা স্বীকার করেছেন, তাঁরাই আধুনিক ভারতীয় অথবা হিন্দুস্তানী।

নিজেদের ইতিহাসের সঠিক অবধারণা ছাড়া ভারতের পুণরুত্থান অসম্ভব। যে উপ-মহাদ্বীপকে বিশ্ব 'ভারত' নামে চেনে, সেটা প্রকৃত পক্ষে হিন্দু সভ্যতার পীঠস্থান ছিল, অন্যেরা কদাচিৎ এখানে এসেছে আশ্রিত রূপে... কিন্তু আমাদের সভ্যতা সবাইকে নিজেদের মধ্যে সমাহিত

করে নিয়েছে এবং অন্তিমে সবাই একটাই নামে পরিচিত হয়েছে – সেটা হল ঃ 'হিন্দু'। এটাই হল আমাদের পরিচয়। আমরা আছি এবং আমরা থাকব, সারা বিশ্বে হিন্দু সভ্যতার এই রূপ থাকবে। এটা রাষ্ট্র প্রদর্শিত ও প্রচণ্ড ভাবে রক্ষা করবে।

যদিও রাষ্ট্রের এই স্বরূপকে সম্পূর্ণ ভাবে স্পস্ট হতে হবে, তবুও এই ধারণাকে শক্তিশালী ও জীবন্ত করার জন্য ভারতীয়দের মানসিকতাকে এর স্বরূপেই গড়ে তুলতে হবে। এই মানসিকতাই রাষ্ট্রীয় পরিবেশের ক্ষেত্রে মুখ্য হওয়া উচিত। রাষ্ট্র আর সংস্কৃতির পীঠস্হান রূপে ভারতকে পুণর্জীবিত করতে গেলে আগত শতাব্দীতে শিক্ষার আধুনিকীকরণ অত্যন্ত প্রয়োজন এবং ধর্ম আর বিজ্ঞানের অন্তর্দ্বন্দ্ব মেটানোর পথ খোঁজা উচিত। এক্ষেত্রে আমাদের ধর্মের সমস্ত গোঁড়ামিকেও ছিন্ন করতে হবে। আমাদের ধর্মকে আধ্যাত্মিকতার ছাঁচে এবং আধ্যাত্মিকতাকে ধর্মের ছাঁচে ঢালতে হবে।

ব্যবহারিক স্তরে এই কথার অর্থ হল ভারতের আধ্যাত্মিক ঐতিহ্য – বেদ, উপনিষদ, যোগ, বেদান্ত আর বৌদ্ধ ধর্ম গ্রন্হগুলি অবশ্যই স্কুলে পড়ানো উচিত... কিন্তু শুধুমাত্র ভারতীয় সংস্কৃতি রূপে না পড়িয়ে আধ্যাত্ম বিজ্ঞানের যে বিশ্বব্যাপী ঐতিহ্য আছে, তার সাথেই পরিচিত করা উচিত। এই সব অধিকাংশ মহান শিক্ষাগুলির বাহক সংস্কৃত ভাষাকে প্রাধান্য দিতে হবে এবং অধ্যয়ণ যাতে অধিক হয়, সেই দিকেও লক্ষ্য রাখতে হবে।

তার জন্য ভারতে এক নতুন বুদ্ধিজীবি প্রয়োজন, যে প্রচীন ভারতীয় ধারণায় গর্ব অনুভব করবে আর আধুনিকীকরণের নামে প্রযুক্তি চিন্তনে পাশ্চাত্য সংস্কৃতির অন্ধ অনুকরণ করবে না। ধার্মিক সংস্হান মন্দির আর আশ্রমগুলি বৈদিক বিজ্ঞান, হিন্দু সংস্কৃতি আর আধুনিক সংস্করণগুলির ক্লাস করবে। ভারতীয়দের পরিচয়ের মূলে হিন্দু ধর্মের গঠন থাকা চাই। আর এটা তখনই সম্ভব হবে, যখন প্রত্যেক ভারতীয় হিন্দু ধর্মের সারকে বুঝবে।

হিন্দুস্তান রূপে ভারত ঃ

হিন্দু ধর্ম, যা সনাতন ধর্ম রূপে পরিচিত ছিল, তা সারা বিশ্বে অদ্বিতীয় ছিল। দীর্ঘকাল ধরে এই ধর্ম নিজের ধারাবাহিক ও অটুট সত্তা বজায় রেখেছে। এই ধর্মকে গড়তে আধ্যাত্মিকতাবাদ, সাংস্কৃতিক পরিবেশ ও সভ্যতাপূর্ণ ইতিহাসের অবদান যথেস্ট। ভারতের হিন্দু ধর্ম এই তিন স্তম্ভের উপর ভর করে দাঁড়িয়ে আছে। আজও ভারত বিদেশে হিন্দুস্তান রূপে পরিচিত *(চীনে ইণ্ডু গুয়োাং এবং আরবে হিন্দ)*, এই পরিভাষায় বিশ্বাসী লোকেরা স্বীকার করেন ভারতবর্ষ হিন্দু ধর্ম ও অন্যান্য ধর্মের সমন্বয়ে সৃষ্টি... কিন্তু এই অন্যান্য ধর্মাবলম্বী মানুষরা বিশ্বাস করেন যে, তাঁদের পূর্বপুরুষেরা হিন্দু ছিলেন, তাই তাঁরা এই ঐতিহ্যকে শ্রদ্ধা করেন। পার্সী, ইহুদী, সিরীয়ান, খ্রীস্টান প্রমুখরা এক বিশেষ শ্রেণীর অন্তর্গত হলেও এই সব মানুষদের হিন্দু ধর্মাবলম্বীরা স্বাগত জানায়... কারণ এরা নিজেদের দেশে নিপীড়িত হওয়ার জন্যই ভারতীয়দের কাছে আশ্রয় চান, আশ্রয় লাভের পর তাঁরা স্বেচ্ছায় হিন্দু ধর্মের সংস্কৃতিকে আত্মস্থ করে এখানে বসবাস শুরু করেন। সংখ্যালঘু হওয়া সত্ত্বেও পার্সীরা কখনই নিজেদের জন্য সংরক্ষণ দাবী করেন নি আর তাই তাঁরা সম্মানীয়। ইংরেজ সাম্রাজ্যবাদীদের দেওয়া বিশেষ সুবিধা পার্সীরা অস্বীকার করেন... কারণ তাঁদের মতে তাঁরা হিন্দুদের সাথেই আরামদায়ক জীবন যাপন করছেন।

অন্যান্য ধার্মিক মানুষেরা নিজেদের দেশে ধর্মের সংকট দেখা দিলে পালিয়ে এসে ভারতবর্ষে আশ্রয় নেন, কারণ এই পরিবেশকে তাঁরা সুরক্ষিত ও আপন বলে মনে করেন। এই ধর্মাবলম্বীদের মধ্যে আছেন পার্সী, ইহুদী, সিরিয়ান খ্রীষ্টান। হিন্দুদের পরিচর্যার কারণে এই সমস্ত ধর্মাবলম্বীরা নিজেদের সত্তা নিয়ে এখনও বেঁচে আছেন। এই তিন সম্প্রদায় ধন-সম্পত্তি ও শক্তির বিচারে হিন্দুদের থেকে উন্নত হলেও সেটা নিয়ে হিন্দুদের মধ্যে কখনও আক্রোশের সৃষ্টি হয়নি। এই সংখ্যালঘু সম্প্রদায় শান্তির সন্ধানে ভারতবর্ষে এলে এখানে হিন্দু সমাজের মধ্যে তাঁরা

নিরাপদ স্বর্গের সন্ধান পান।

পার্সীরা পৃথিবীর অন্যান্য দেশে গেলেও তাঁরা সেই দেশের সম্প্রদায়ের মধ্যে বিলীন হয়ে গেছেন। ইহুদীরা সার্বজনিক ভাবে স্বীকার করেছেন যে, ভারতই হচ্ছে একমাত্র দেশ, যেখানে তাঁরা নিপীড়িত হননি। সিরিয়ান খ্রীস্টানরাও ভারতে এসে এখানকার লোকেদের সঙ্গে একাকার হয়ে পড়েছেন। এমন কি আরবের মুসলমানদেরও কেরলে শান্তিপূর্ণ বসবাসের সুযোগ করে দেওয়া হয় ও তাঁরা পরবর্তীকালে হিন্দু সমাজে *'মাপিল্লৈ' (জামাই)* নামে পরিচিত হন। এটাই হচ্ছে উজ্জ্বল হিন্দু ধর্ম, এই সমব্যথা ও সম-অধিকারের নীতিই বিশ্বের ইতিহাসে ভারতবর্ষকে উজ্জ্বল করে রেখেছে। কিন্তু ইসলামী সৈন্যদল ও ধর্মযুদ্ধরত খ্রীস্টানরা পরে ভারতে আসে ও হিন্দু ধর্মকে প্রতিদ্বন্দ্বিতার আহ্বান জানায়। পরে তারা নিজেদের শক্তিবলে ভারতের উপর রাজত্ব স্থাপন করে। এই অনবরত লুণ্ঠন, হামলা ও রাজকীয় আক্রমণও হিন্দুদের আস্থাকে ধ্বংস করতে পারেনি। ভারতের সংখ্যাগুরু সম্প্রদায়ের মূল বিশ্বাসও হিন্দু ধর্মের প্রতি অটুট ছিল।

সত্য ও প্রকৃত তথ্যযুক্ত ইতিহাস হল, মোকাবিলায় রত হিন্দুরা খ্রীস্টান ও ইসলামী শাসন কালে যন্ত্রণা, আর্থিক বৈষম্য *(উদাহরণস্বরূপ : জিজিয়া আর জমিদারী রাজত্বের ভোগকালে তুর্কী)* ও নরকীয় কষ্ট ভোগ করেন, কিন্তু সব মিলিয়ে হিন্দুরা পরাজয় মেনে নেননি ও ধর্ম পরিবর্তনও করেননি। মুসলমান ও খ্রীস্টান শাসকদের দ্বারা প্রায় হাজারো বছর পর্যন্ত অত্যাচারের শিকার হওয়া সত্ত্বেও 1947 সালে অবিভক্ত ভারতে 75 শতাংশের থেকেও বেশী হিন্দু ছিলেন। আংশিক ভাবে এই সত্তা টিঁকে থাকার পিছনে বিজয়ী বিজয়নগর সাম্রাজ্য, শিখ শাসন, মারাঠা রাজ্য ও স্বাধীনতা আন্দোলনের হস্তক্ষেপ ছিল। হিন্দু ধর্মের মশালকে প্রজ্জ্বলিত রাখতে শৃঙ্গেরী শংকরাচার্য্য, স্বামী রামদাস, গুরু নানক, স্বামী বিবেকানন্দ ও শ্রী অরবিন্দ প্রমুখ সন্ন্যাসীদের প্রেরণাও কম ছিল না। রাণা প্রতাপ, ঝাঁসীর রাণী লক্ষ্মী বাঈ, রাণী বেনুর, কট্টোবমন

এবং নেতাজী সুভাষচন্দ্র বসু প্রমুখের ব্যক্তিগত লড়াই এই প্রদীপকে প্রজ্জ্বলিত রাখতে সাহায্য করে ছিল। আমাদের জয় প্রদান করেছিলেন বলে *(সত্য ঃ হয়তো তাঁরা মারা গেছেন অথবা মেরে ফেলা হয়েছে)* অথবা এক সুরক্ষিত আপোষ করেছিলেন *(তাঁরা আপোষ করেননি)* বলে এই প্রতিমূর্তিরা প্রশংসিত হচেছন তা নয়... বরঞ্চ এদের প্রশংসা করার কারণ হল এঁরা প্রবল প্রতিবন্ধকতা সত্ত্বেও নতজানু না হয়ে নিজেদের আস্হার প্রতি ভরসা রেখে সাহসিকতার পরিচয় দিয়েছেন। এই সাহসীকতা হিন্দু ধর্মের ঐতিহ্যের এক অঙ্গ। নিজেদের বিলাসপূর্ণ জীবন বজায় রাখার জন্য যে সমস্ত রাজারা *(রাজা মান সিংহ, রাজা জয়চাঁদ ও রাজা পুন্দুকোট্টাই)* পরাজয় স্বীকার করে নিয়ে আত্মসমর্পন করেছিলেন, তাঁদের মানুষ আজ ঘৃণা করে। বর্তমান হিন্দুদের মানসিকতা গঠনের জন্য পূর্বের ঐতিহ্য বজায় রাখা উচিত।

আজ হিন্দুরা যে সমস্ত প্রতিবন্ধকতার সম্মুখীন হচেছন, তা আগেকার তুলনায় অনেক বেশী কস্টকর। কারণ হিন্দু আস্হাকে ধ্বংস করে দেওয়া এই গুপ্ত শক্তিগুলি জালিয়াতি ও শয়তানীতে পরিপূর্ণ। এর সাথেই তারা ধূর্ত ও প্রচার মাধ্যমগুলির দ্বারা সুরক্ষিত। দুর্ভাগ্যবশতঃ শিক্ষিত হিন্দুদের এক বড় অংশ নিজেদের অজান্তেই এই ঘৃণ্য ষড়যন্ত্রকারীদের জালে ফেঁসে গেছে। সেই সমস্ত বিদেশী, যারা হিন্দু ধর্মকে কখনই চায় না *(সেই ভাবে যেমন 19 শতাব্দীতে মৈকালে)* তারা এটা জানে যে, তাদের এই চলার পথে অতীতের সনাতন হিন্দু ধর্ম এক বিশাল বাধা। হিন্দু ধর্মের প্রতি অনুগতরা অধিকতর তরল ভাবেই এই আধুনিকতার খোঁজ শুরু করেছিল এবং একে ধর্মনিরপেক্ষতার মাণদণ্ডে বিচার করা হয়েছে। তাদের মতে ধর্ম হয় সাপেক্ষ ও ব্যক্তিগত। প্রার্থনা করা, পবিত্রতা দেখানো, মন্দিরে যাওয়া, ধার্মিক উৎসবগুলি পালন করা প্রভৃতি হয়ে উঠেছে হিন্দু ধর্মের চাবিকাঠি। এমন কি হিন্দুদের মানসিকতাকে প্রাচীনপন্থী, প্রগতিবিরোধী, কট্টরপন্থী বলে মজা করা হয়েছে।

ঐক্যবদ্ধ হিন্দুদের ধারণা এক সার্বজনীন মানসিকতার ফলপ্রসূ, যা হিমালয় থেকে ভারত মহাসাগর পর্যন্ত আমাদের মাতৃভূমিকে বেঁধে

রেখেছে এক সুন্দর অতীতের সঙ্গে *(যাকে চাণক্য আগে চক্রবর্তী বলে পরিভাষিত করেছেন)*। আমাদের এই দর্শনকে বজায় রাখতে হবে। এটা হচ্ছে সেই অস্বীকৃত ধারণা ও সংকল্প, যা নেহরুর মতন ধর্মনিরপেক্ষদের উত্থানের সামনে হারিয়ে গেছিল।

একজন হিন্দু যতই সমৃদ্ধশালী হোক, হিন্দু মন্দিরে উপঢৌকনের যতই প্রাচুর্য থাকুক না কেন... রাষ্ট্র বিপদে পড়লে তখন ব্যক্তিগত পবিত্রতা বিচার্য্য না হয়ে যৌথ মানসিকতাই প্রধান হয়ে দাঁড়ায়।

এই যৌথ মানসিকতার অভাবে আজ হিন্দু সমাজ ছোট-ছোট টুকরোয় বিভাজনের দিকে ধীরে-ধীরে এগিয়ে যাচেছ। এই ভাঙন সত্ত্বেও লক্ষ-লক্ষ হিন্দুরা আজও মন্দিরে যাচেছন, পুণ্য অর্জনের জন্য যাচেছন সবরীমলাই ও কুম্ভ মেলাতে। আমার হিন্দু ঐক্যের অর্থ এটা নয়।

এর পরিবর্তে আমি সেই হিন্দু চেতনার দিকেই ইশারা করছি, যেটা এক বিশাল ফাটলের জন্য বৈভবপূর্ণ অতীত থেকে বিচিছন্ন হয়ে পড়েছে... কিন্তু সেটা এই ফাটলকে পূরণ করার প্রতি আস্হাশীল। এই উদ্দেশ্য সাধনের জন্য স্বামী বিবেকানন্দ, বঙ্কিমচন্দ্র চট্টোপাধ্যায়, শ্রী অরবিন্দ ও সুব্রামনিয়ম ভারতী হিন্দু চেতনাকে জাগ্রত করে যা প্রাপ্ত করেছিলেন, তা বিগত ছয় দশকে ছিন্ন-ভিন্ন হয়ে সমাপ্ত হয়ে গেছে।

যদি এই অবনতি আর বিচেছদের মুখে ভারতীয়দের *(হিন্দু আর অন্যান্য ধর্মের প্রতি আস্হাশীল সেই সব মানুষ, যাঁরা গর্ব করে হিন্দুদের নিজেদের পূর্বপুরুষ হিসেবে মানেন এবং ভারতীয় অতীতের সঙ্গে সংযুক্তির জন্য গর্ব বোধ করেন)* একত্রিত করার সংকল্প না নেওয়া হয়, তবে অন্যান্য ধর্মের মত এই হিন্দু সভ্যতাও এক দিন ধ্বংসের মুখে পৌঁছে যাবে আর সেটার কারণ হব আমরাই।

অবশ্য এই খারাপ অবস্হা হাজার বছরের ইসলামী আক্রমণ, দখলদারী আর সাম্রাজ্যবাদী উপনিবেশীকরণের সাময়িক প্রভাবেরই পরিণাম। কিন্তু 1947 সালে হিন্দুদের দ্বারা বিশাল শক্তি ও ক্ষমতা প্রাপ্তির পরেও আমরা এই লোকসানকে পুষিয়ে নিতে ব্যর্থ হয়েছি। এই শক্তি হস্তান্তরের

জন্য আমরা অখণ্ড ভারতের এক-চতুর্থাংশ এলাকা সেই সব মুসলমানদের বসবাসের জন্য ত্যাগ করেছি... যারা হিন্দুদের সংখ্যাগুরু সম্প্রদায়ের সাথে মানিয়ে নিতে না পারায় একত্রে বসবাস করতে পারেনি।

1947 সালে এক পুণরুত্থানের যুগের সূত্রপাত করতে ব্যর্থ ভারত অতীতের একত্রিত ময়লা আর অবাঞ্ছিত বোঝাকে ছুঁড়ে ফেলার সুযোগ হারিয়ে ফেলে। জাতিভিত্তিক প্রথাকে ডঃ আম্বেদকর শেষ করতে চেয়েছিলেন। রাষ্ট্র সেই প্রথাকে ধ্বংস করার সুযোগ হারিয়ে ফেলে। 1947 থেকে নেহরু প্রবর্তিত ধর্মনিরপেক্ষতার ফলে হিন্দুদের যে ঐক্য ও পরিচিতি সৃষ্টি হয়, আজকের সামাজিক ব্যাধি হচ্ছে তারই সৃষ্টি। এই ভাবে হিন্দুরা ভারতের মোট জনসংখ্যার 80 শতাংশ হওয়া সত্ত্বেও নিজেদের অবশ্য পালনীয় কর্তব্য বুঝতে না পারার সাথেই ব্যর্থ হয়েছে নিজেদের মূলকে ধরে রাখতে, যা গণতান্ত্রিক ভারতবর্ষে হওয়া উচিত ছিল।

আজ হিন্দু ধারণাগুলিও প্রাচীন সংস্থাগুলির বিরুদ্ধে পাপকর্ম গজনীর সুলতানের মতন নৃশংস বা রবার্ট ক্লাইভের মতন বন্য রূপে না করে আইনের সাংবিধানিক কলকাঠি চালনার দ্বারা করা হচেছ। আজ হিন্দু প্রতিমূর্তিও অপমানিত হচেছ, উদাহরণস্বরূপ কাঞ্চীর কামকোটি মঠ ও স্বামী রামদেবের বিরুদ্ধে করা ফৌজদারী মামলার কথা উল্লেখ করা যায়। আর এই ভাবেই আইনী চক্রে হিন্দুদের পুরোপুরি বিভ্রান্ত করা হচেছ... যাতে তারা তাদের ঐতিহ্যের সামনে থাকা বিপদকে চিনে নিতে অসমর্থ হয় ও ঐতিহ্য রক্ষা করতে সংগঠিত হতে না পারে। আজ আমরা, হিন্দুরা নিজেদের অজান্তেই এক অদৃশ্য ঘেরাটোপের মধ্যে বিরাজ করছি। আজ সব চেয়ে বড় বিপদের কথা হল, আমাদের হিন্দু সমাজ যে কোন সময় ছিন্ন-ভিন্ন হয়ে পড়তে পারে আর তার বিরুদ্ধে আমরা কোন রকম বাধা প্রদর্শনও করব না... কেন না আমরা নিশ্চিন্ত হয়ে ঘুমিয়ে আছি অথবা সমবেত ভাবে আমরা ভাবার ক্ষমতা হারিয়ে ফেলেছি।

এই ঘেরাটোপকে রুখতে সবার আগে হিন্দুদের ঐক্যবদ্ধ হওয়ার প্রয়োজন। প্রকৃত সংখ্যা *(হিন্দু ধর্মের অনুগামী হবার দাবী করার সংখ্যা ধরে)*

আজকের তথ্যভিত্তিক সমাজে কোন গুরুত্বই রাখে না। গুরুত্ব আছে সেই সব মানুষদের, যারা হিন্দু মানসিকতাকে স্পস্ট রূপে স্হায়ী ও ঐক্যবদ্ধ করতে পারবেন ও ঘনিয়ে আসা বিপদের মোকাবিলার জন্য আবশ্যক হাতিয়ার তৈরী করতে পারবেন।

উদাহরণস্বরূপ ঃ আমরা সম্প্রতি অযোধ্যায় এক বিনাশের হাত থেকে রক্ষা পেয়েছি। পাকিস্তানে প্রশিক্ষিত বিদেশী সন্ত্রাসবাদীরা চুপিসারে ভারতে প্রবেশ করে আর রাম মন্দিরকে উড়িয়ে দিতে অযোধ্যায় পৌঁছে যায়। সাহসী পুলিশ কর্মীরা তাদের সেই প্রচেস্টাকে ব্যর্থ করে দেয়। কিন্তু ভারতের 87 কোটি হিন্দুদের প্রতিনিধিত্বকারী সরকার কি কোন সার্থক প্রতিক্রিয়া জানিয়েছে ? ভবিষ্যতে এমন হামলা না ঘটার জন্য এরা কি কোন পদক্ষেপ নিয়েছে ? কেউ কি সংসদে প্রতিবাদ জানিয়ে এর প্রতিক্রিয়ার জন্য কোন দাবী করেছে ? উপরন্তু প্রধানমন্ত্রী পাকিস্তানকে আশ্বস্ত করেছেন এই বলে যে, এই ঘটনা শান্তিবার্তার উপর কোন প্রভাব ফেলবে না। এই ধরনের সন্ত্রাসবাদীরা, যারা রামের জন্মস্হানকেই উড়িয়ে দেবার কথা ভাবার সাহস পায়... তাদের উস্কানীদাতা প্রভুদের উপর কি বদলা নেওয়া যেতে পারত ? এতে আশ্চর্য্য হবার কি আছে যে, সন্ত্রাসবাদীদের মূখ্য কেন্দ্রবিন্দু ভারত নয়, তাদের নিশানায় রয়েছে হিন্দুরা।

যদিও বর্তমানে হিন্দুরা নিয়মানুগ ভাবেই মানসিক দিক দিয়ে ক্রীতদাসে পরিনত হচ্ছেন ও জড়বুদ্ধিসম্পন্ন হয়ে পড়ছেন। খুব কৌশলেই ভারতীয়দের বুদ্ধিভ্রস্ট করা হচ্ছে। হিন্দুদের ঘুম পাড়িয়ে অন্য দিকে মুসলিম ও খ্রীস্টানদের এই বলে উদ্ধত করা হচ্ছে যে, তারা ভিন্ন হলেও বর্তমানে তারা ভারতের নাগরিক। যেমনটা কোম্পানীর লাভের জন্য শেয়ার হোল্ডাররা করে থাকেন। যতক্ষন না পর্যন্ত হিন্দুরা তাদের প্রধান বাধা সম্পর্কে সচেতন হবেন, ততক্ষন পর্যন্ত তারা মোকাবিলা করতে অপারগ থাকবেন। জটিলতা ও মোকাবিলার প্রকৃতি না বোঝা পর্যন্ত আমরা খুব সচেতন ভাবে সাড়া দিতে পারি না। বর্তমানের নিপীড়করা গজনীর সুলতান ও লর্ড ক্লাইভের মতন দৃশ্যমান নয়, তাই হিন্দুদের কাছে তাদের ধর্ম রক্ষার সংকট আরও প্রখর হয়ে গেছে। অতীতের তুলনায় আমাদের

শত্রুরা অনেক বেশী শক্তিশালী হওয়ায় তারা নিজেদের কু-মতলবকে ছদ্মবেশের আবরণে ঢেকে রাখতে সক্ষম হয়েছে।

আমার যুক্তি হল বর্তমানে হিন্দুরা যে চার প্রকার প্রতিবন্ধকতার মধ্যে আছে – তা শয়তানীপূর্ণ, গুপ্ত, ধোঁকাবাজীপূর্ণ ও পরিমার্জিত। হিন্দুদের ঐক্যবদ্ধতাই পারে এই সমস্ত ঘেরাটোপকে ছিন্ন-ভিন্ন করতে। এই চক্রব্যূহকে ভাঙার আগে এর স্বরূপ, ব্যাপকতা ও কলেবর সম্পর্কে অবগত হওয়া উচিত। এর চারটি প্রকার হল ঃ-

1. হিন্দু প্রতীক ও সংস্থানগুলির লুক্কায়িত মানহানি ঃ

হিন্দুদের পরম্পরাকে অবজ্ঞা করে তাদের আত্মসম্মানকে শিথিল করাই ছিল এদের প্রধার উদ্দেশ্য – ব্রিটিশ সাম্রাজ্যবাদীরা এই রণনীতিই গ্রহণ করেছিল। 1835 সালের 2-রা ফেব্রুয়ারী লর্ড মৈকালে ব্রিটিশ সংসদে নীচের কথাগুলি বলেছিলেন –

"আমি এই দেশে (ভারতে) প্রচুর সম্পত্তি দেখেছি। এমন উচ্চ নৈতিক মূল্য, এমন যোগ্যতাসম্পন্ন মানুষ দেখেছি যে, আমার মনে হয় আমরা এই দেশকে ততক্ষন পর্যন্ত জয় করতে পারব না... যতক্ষন না আমরা এই দেশের শিরদাঁড়া ভেঙে দিচ্ছি, যেটা (শিরদাঁড়া) হচেছ তাদের আধ্যাত্মিক আর সাংস্কৃতিক ঐতিহ্য। তাই আমার প্রস্তাব হচেছ, বদলে ফেলতে হবে তাদের পুরাতন ও প্রচীন শিক্ষা, তাদের সংস্কৃতি। এই জন্য যদি ভারতীয়রা চিন্তা করে যে, বিদেশী ও ইংরাজরা তাদের থেকে মহৎ... তাহলে তারা নিজেদের সংস্কৃতি ও আত্মসম্মান হারিয়ে ফেলবে আর তারা সেই ভাবেই পরিবর্তিত হয়ে পড়বে... যেভাবে আমরা তাদের দেখতে চাইছি। এক বাস্তবিক রূপে রাস্ট্র।"

যারা ভারতকে দুর্বল ও নমনীয় দেখতে চায়, তাদের মূল রণনীতি আজও এটাই। শুধু ধারণাটা পাল্টে গেছে। আজ লক্ষ্য হয়ে উঠেছে হিন্দু সংস্থাগুলি ও আদর্শ হিন্দু ব্যক্তি; আর এই সাধনার পথ তৈরী করার জন্য তারা কোন আক্রমণাত্মক শ্রেণী তৈরী করছে না... বরঞ্চ এক মনোবৈজ্ঞানিক পরিবেশ সৃষ্টির চেস্টায় আছে, যাতে হিন্দুরা তাদের অতীতের

ঐতিহ্য থেকে বিচ্ছিন্ন হয়ে গিয়ে নিজেদের ঐতিহ্যকে প্রতিপন্ন করে তোলে এবং নিজেদের অতীতের গৌরব ও আত্মসম্মানকে হারিয়ে ফেলে। এমনটা হওয়ার কয়েকটি উদাহরণ আমাদের সামনে আগে থেকেই রয়েছে।

2500 বছরের প্রাচীন কাঞ্চী মঠের আচার্য্যদের ওপর হত্যার মিথ্যা মামলা চাপিয়ে দেওয়া হল। অধিকাংশ হিন্দুরাই সেটা দর্শক হয়ে দেখল, কয়েক জনের মনে হয়তো এই সত্যের বিষয়ে অপ্রিয় সন্দেহও ছিল, এমন কি আচার্য্যদের ওপরেও হয়তো সন্দেহ হয়েছিল। কিন্তু উচ্চতম আদালত স্হির করেন – *"মামলায় কোন সুস্পস্ট প্রমাণ নেই... ।" (ন্যায়ালয় রেকর্ডস্ (2005) 2 সুপ্রীম কোর্ট কেসেজ, 13, প্যারা 123, পৃষ্ঠা 20)* আর অন্যান্য আরোপীদের, আচার্য্যদের তথাকথিত স্বীকারোক্তিগুলি *"খুবই কম সাক্ষ্য-প্রমাণ"* রাখে *(প্যারা 10)* মামলার কোন ভিত্তি নেই, এটা পূর্ণ রূপে মিথ্যা, কেন না সেই থেকে আজ পর্যন্ত তামিলনাড়ুর পুলিশ এই মামলাকে টিকিয়ে রাখতে কোন প্রমাণ পেশ করতে ব্যর্থ হয়েছে। এটা সত্য যে, শীর্ষ আদালত এই মামলার কোন সত্যতা খুঁজে পাননি, এই বিষয় নিয়ে অপমানকারী ক্ষমতাসীনদের বিরুদ্ধে সমস্ত জনগণের ঐক্যবদ্ধ হওয়া উচিত ছিল। কিন্তু তেমনটা হল না, কেন না হিন্দুদের মধ্যে সেই মানসিকতার ও নির্দ্দিস্ট দিশার অভাব ছিল, হিন্দু প্রতীক ও সংস্হাগুলির উপর এই অবমাননার জন্য হিন্দুদের আক্রমণাত্মক হওয়া উচিত ছিল। তার পরিবর্তে অধিকাংশ হিন্দু তোতা পাখির মতন বলতে থাকেন – *"আইনকে নিজের কাজ করতে দেওয়া হোক্।"* এটা কেমন আইন ? কোন মুসলিম বা খ্রীস্টান নেতা বা সংস্হা এই ধর্মনিরপেক্ষতা ও অত্যাচারের বিরুদ্ধে নিন্দা করেননি, কারণ এটা যেন হিন্দুদের একতরফা দায়িত্ব।

হিন্দুদের এই প্রাচীন সংস্হাগুলি রক্ষার দায়িত্ব তামিলনাড়ুর রাজ্য সরকারের উপর ছিল, যিনি নিয়মিত মন্দির দর্শনে যান এবং নিজেকে ভালো হিন্দু বলে প্রমাণিত করতে চাইলেও এই অত্যাচারে তিনিই ছিলেন মুখ্য। এই ঘটনা হিন্দুদের প্রতিক্রিয়াকে ব্যক্ত করতে ভ্রমিত করে দিয়েছে।

দিল্লীর সিংহাসনের অধিকারী বিদেশে জন্মগ্রহণ করা পাকা ক্যাথলিক,

যার মদতেই এই অত্যাচার সংগঠিত হয়েছে। কিন্তু এই তথ্যও হিন্দুদের মনে কোন আক্রোশ সৃষ্টি করেনি।

এর পরিবর্তে অধিকাংশ হিন্দুই খুব বেশী গল্প বলেছেন অথবা একেবারেই নিষ্ক্রিয় থেকেছেন। যেমন, হয়তো মঠ আর সরকারের মধ্যে জমি নিয়ে কোন বিবাদ ছিল, তারাই এগুলি করিয়েছে অথবা ক্ষমতায় আসীন রাজনীতিজ্ঞদের টাকা-পয়সার মামলা ছিল, যেটা তাঁদেরকে রাষ্ট্রযন্ত্রের অপব্যবহার করতে বাধ্য করেছে আর শংকরাচার্য্যকে হত্যার মামলায় ফাঁসিয়ে দিয়েছে। একথা মেনে নেওয়া খুবই কঠিন যে, 80 শতাংশ হিন্দু জনসংখ্যা অধ্যুষিত রাস্ট্রে গণতান্ত্রিক পদ্ধতিতে বেছে নেওয়া সরকার শংকরাচার্য্যের ওপর মিথ্যা মামলা চাপানোর সাহস করবে আর তাতেও হিন্দুরা এর বিরুদ্ধে ব্যাপক আর জোরালো আওয়াজ তোলেনি। এই অত্যাচার সেই আক্রমণগুলির সূত্রপাত মাত্র, যেগুলি ভবিষ্যতে হিন্দু ধর্মের ভিত্তিকে নাড়িয়ে দেবে, এই কথা ভেবে হিন্দুদের তীব্র ও আক্রোশপূর্ণ প্রতিবাদ করা উচিত ছিল।

অন্যথায় হিন্দুদের বর্তমান উদাসীনতা হিন্দু সংস্থাগুলির ওপর আরও আক্রমণের জন্য উৎসাহিত করবে। ইতিমধ্যে এটা হয়ে গেছে ও অধিকার হারানোর মতন কিছু নেই। 2005-য়ের জুলাই মাসে রামেশ্বরমের শিব মন্দিরে তামিলনাড়ুর এক ভাড়াটে কর্মচারী শংকরাচার্য্যর উপর ফৌজদারী মামলা চলছে বলে তাঁর প্রবেশের পথে বাধার সৃষ্টি করে। এই ভাবে অন্ধ্র প্রদেশের তিরুমলায় দেবস্থানের এক কর্মচারী সম্প্রতি এক ধর্মাদেশ জারী করেছে, এক ছোট অংশ ছাড়া বাকী শেষ অংশে তিরুমলা পাহাড়ীর ওপর ভগবান ভেঙ্কটেশ্বরের কোন অধিকার নেই আর এই ভাবেই সে আগম শাস্ত্রের পরিহাস করে। স্পষ্টতঃই বোঝা যাচ্ছে, হিন্দু আস্থার উপর পরিহাসের জন্য কোন জরিমানা হয় না।

এর বিপরীতে, সংখ্যালঘুদের অভিলাষ পূরণের জন্য প্রচুর সুযোগ-সুবিধা প্রদান করা হয়। উদাহরণস্বরূপ ঃ কাঞ্চীর আচার্য্যদের গ্রেপ্তারের পরেই কর্ণাটক সরকার কোন এক বড় জনসমূহকে মহা সমারোহে

সংরক্ষণ প্রদান করে, সংযুক্ত রাজ্যের আভ্যন্তরীণ রাজস্ব পরিষেবার কর্মকর্তা বৈন্নি হিন এই তদন্তের সঙ্গে যুক্ত। এমন কি সংযুক্ত রাজ্যের খ্রীস্টান সংগঠন ট্রিনিটি ফাউণ্ডেশন এই মানুষটিকে জালি বলে আখ্যায়িত করে। তা সত্ত্বেও কর্ণাটকের মুখ্যমন্ত্রী, অন্যান্য মন্ত্রীরা আর কেন্দ্রীয় সরকারের মন্ত্রীদের উপস্থিতিতে বৈন্নি হিনকে বাঙ্গালোরের বায়ু সেবা পরিসর দখল করে এক বড় জন সমাবেশের আয়োজন করতে দিল, যাতে তারা হিন্দু ধারণা এবং মূল্যের নিন্দা করে আর এটা দেখানোর চেস্টা করে যে, তারা যীশুর নামে লোকের মাথার উপর হাত রেখে তথাকথিত অসাধ্য রোগগ্রস্ত হতাশ রোগীদের আর বিকলাঙ্গদের সুস্থ করতে পারে। বাঙ্গালোরের পুলিশ কর্তারা প্রসার মাধ্যমকে বলে যে, সমস্ত আয়োজন এক প্রতারণা ছিল, কেন না *"তামিলনাডুর ইরোড থেকে পীড়িত ব্যক্তিদের এক সপ্তাহ আগেই ট্রাকে করে আনা হয়েছিল আর তাদের মিথ্যে রোগী সাজিয়ে সুস্থ হবার কথা মঞ্চের ওপর থেকে জোরে-জোরে চেঁচিয়ে বলতে বলা হয়েছিল।"* এই প্রতারণার জন্য তাদেরকে ভালো অর্থ প্রদান করা হয়েছিল। কংগ্রেস পার্টির নেতারা ধর্মনিরপেক্ষার অজুহাত দিয়ে এই ধরনের অস্পস্ট জিনিষের ভুরি-ভুরি প্রশংসা করে। বৈন্নি হিন সার্বজনিক ভাবে প্রচার করেন যে, সোনিয়া গান্ধীর এক বন্ধু বাঙ্গালোরের আয়োজনকে সম্ভব করার রাস্তা পরিস্কার করতে সাহায্য করেন।

সম্বন্ধ সূচীর অস্তিত্ব এই ভাবে প্রকাশ হয়ে পড়ে। এই ঘটনার সুযোগ নিয়ে যে সমস্ত খ্রীস্টান মিশনারী, যাঁরা আইনতঃ ভাবে কস্টের মধ্যে ছিলেন *(যেমন – শ্রী রণ ওয়াটস)*, তারা দিল্লী আসেন ও সেই সংরক্ষকদের সাহায্যে আইন প্রণয়নকারীদের দ্বারা রেহাই পেয়ে যান।

এই আগত খ্রীস্টান প্রতারকরা ধর্মমত পরিবর্তনের জন্য সহজেই অনুমোদন পান প্রতিস্ঠিত খ্রীস্টান নেতাদের সমর্থনের জন্য। কার্ডিনল জোসেফ র‍্যাট জিঙ্গর, যিনি বর্তমানে পোপ বেনেডিক্ট হিসাবে বিশ্বস্বীকৃত ক্যাথলিক নেতা, তিনি 1997 সালে *'ডোমিনস জীসস'* শীর্ষক এক প্রবন্ধে পোপের শাসন জারী করতে গিয়ে যা বলেছিলেন, তাতে হিন্দু ধর্ম ও তার সহধর্ম বৌদ্ধ ধর্ম নিন্দিত হয়েছিল। এই দলিল জারীর সময় পোপ দুঃখ

প্রকাশ করে বলেন যে, হিন্দু ধর্ম *'মিথ্যা আশা'* দেয় আর সেটা *'নৈতিক রূপে নির্মম'* কেন না এটা পূর্বজন্মের ধারণার ওপর ভিত্তি করে দাঁড়িয়ে আছে, যা *'নরকের নিরন্তন চক্রের'*-য়ের সাথে খাপ খায়। উনি বৌদ্ধ ধর্মকে *'স্ব-কামোদীপ্ত আধ্যাত্মিকতা'* বলে নিন্দা করেন। সংযুক্ত রাজ্যের ধর্ম প্রচারক পেট রবার্টসন ঘোষণা করেন যে, দশ কোটি হিন্দুদের মত পরিবর্তিত করে তাদের এই বাঁধন থেকে মুক্ত করতে মিশনারীদের আগামী বেশ কয়েক বছর ধরে কাজ করতে হবে।

এই লক্ষ্য পূরণের জন্য তাঁরা বিদেশের যে কোন সংস্থা থেকে পাপের অর্থ নিতে পিছপা হন না। এই ভাবে মাদার টেরেসা, যাঁর ধর্ম পরিবর্তনের কৌশল অন্যান্য বিদেশী মিশনারীদের তুলনায় অনেক বেশী ছদ্ম আবরণে আবৃত, তিনি সংযুক্ত রাজ্য আদালতের জজ ইটোকে *(লস এঞ্জেলসের ব্যক্তি)* এক চিঠিতে চার্লস এইচ. কিটিং *(জুনিয়র)*-কে দোষী সাব্যস্ত না করার জন্য আবেদন জানান... কারণ চার্লস, এইচ. কিটিং *(জুনিয়র) (কিটিং-য়ের বিরুদ্ধে জজ ইটোর আদালতে 17,000 লোকের কাছ থেকে 25 কোটি 20 লক্ষ ডলার... প্রায় 1200 কোটি টাকার প্রতারণার মামলা চলছে)* মাদার টেরিসার সেবা সদনে প্রচুর অর্থ দান করেন। জজের কাছে মাদার টেরিসার যুক্তি ছিল, কিটিং মাদার টেরিসার মিশনারিজ অফ্ চ্যারিটিকে কোটি-কোটি ডলার দান করেছেন... তাই তাঁকে দোষী সাব্যস্ত না করে ছেড়ে দেওয়া হোক্ আর ফৌজদারী মামলাও যেন দায়ের না করা হয়।

জজ ডেপুটি ডিস্ট্রিক্ট এ্যাটর্নীকে *(যিনি ভারতের সহকারী অভিশংসদ হিসাবে গন্য)* মাদার টেরিসার চিঠির উত্তর দেওয়ার জন্য আবেদন করেন। শ্রী পল টুর্লে মামলার বিস্তারিত বর্ণনা দিয়ে *(মি. কিটিংকে তখন দোষী সাব্যস্ত করা হয়ে গেছিল এবং প্রতারণার জন্য তাঁকে দণ্ডও দেওয়া হয়ে গেছিল)* মাদার টেরিসাকে চিঠি লেখেন। নিজের চিঠিতে শ্রী টুর্লে মাদার টেরিসাকে নিম্নলিখিত পরামর্শ দেন–*"আপনি নিজেকে প্রশ্ন করুন যে, অপরাধকৃত উপঢৌকন যদি যীশু পেতেন, তাহলে তিনি কি করতেন।*

যীশু দেরী না করে এই অর্থ তার যোগ্য প্রাপকের কাছে দিয়ে দিতেন। আমার নিবেদন, আপনারও এমনটা করা উচিত। টাকা নিজের কাছে রাখবেন না।" এই ঘটনার পর মাদার টেরিসা কোনরকম ইতস্ততঃ না করে ওই উপঢৌকন *(অন্যায় ভাবে প্রাপ্ত টাকা)* নিজের কাছেই রেখে দেন ও শ্রী টুর্লের পরামর্শতে কোনরকম কর্ণপাত করেননি।

স্বরাষ্ট্র মন্ত্রালয়ের বক্তব্য অনুসারে 2002-2003 সালে আইনের অনুমোদন নিয়ে ব্যক্তিগত সংস্থাগুলি বিদেশী মুদ্রার বিনিময়ের মাধ্যমে বিদেশ থেকে 5,046 কোটি টাকার অনুদান প্রাপ্ত করেন। 2005-06 সালে এই অনুদানের পরিমাণ 7500 কোটিতে দাঁড়ায়... যেটার দুই-তৃতীয়াংশ খ্রীস্টান মিশনারী সংস্থাগুলির খাতে যাচ্ছিল। এই বিশাল অর্থ মূলতঃ ধর্ম-পরিবর্তন ও হিন্দু ধর্মের অবমাননার কাজেই প্রয়োগ করা হয়। হিন্দু ধর্মকে অপমানিত না করে এই মিশনারীদের পক্ষে ধর্ম পরিবর্তন করার কাজ সহজ নয়।

হিন্দু ধর্মকে অপমানিত করার দ্বিতীয় পথ হল পাঠ্যপুস্তকে হিন্দু সমাজের প্রতিকৃতি অঙ্কন। সরকারকৃত পাঠ্যপুস্তকে পূর্বেই রামকৃষ্ণ পরমহংসকে হেয় করা হয়েছিল। দেশদ্রোহী রাজা জয়চন্দ্রকে নায়ক রূপে আর পৃথ্বীরাজকে ভীতু হিসেবে বর্ণিত করা হয়েছে। ইংরাজী ভাষার সঙ্গে জড়িত রয়েছে বিদেশী চিন্তাধারা, তাই বিদেশে প্রকাশিত যে সমস্ত পুস্তক ভারতের পাব্লিক স্কুলগুলির জন্য অনুমোদন করা হয়, সেগুলিতে হিন্দু দেব-দেবীর, হিন্দু সন্ন্যাসী ও আদর্শ হিন্দু ব্যক্তিদের পরিহাস করা হয়। ভগবান গণেশের ভাবমূর্তি খুবই দুঃখজনক, শিবলিঙ্গের পরিহাস করা হয়েছে।

2. ভারতের সমাজের জনসংখ্যাভিত্তিক পুণর্গঠন ঃ

2001 সালে মোট ভারতীয় জনসংখ্যার 84.21 শতাংশ ছিলেন সেই সব মানুষ, যাঁরা জনগণনার সময় এটা ঘোষণা করেছিলেন যে, তাঁরা ভারত ভূমির ওপর সৃষ্টি ধর্মগুলির, যেমন – হিন্দু ধর্ম, শিখ ধর্ম, বৌদ্ধ ধর্ম আর জৈন ধর্মের অনুরাগী। 1941 সালে দেশ বিভাজনের সময় এর

পরিমাণ ছিল 84.44 শতাংশ। এই সংখ্যা এই তথ্যকে আড়াল করে যে, অবিভাজিত পাকিস্তানে থাকা হিন্দু আর সহধর্মীদের সংখ্যা, যারা দেশ বিভাজনের পর ভারতে চলে আসেন, 1941 সালের তুলনায় বেশী কমেনি। আজ যে অংশকে বাংলাদেশ বলা হয়, সেখানে 1941 সালে 30 শতাংশ হিন্দু ছিল। 2001 সালে তাঁরা 8 শতাংশের থেকেও কম হয়ে পড়েন। যেখানে পাকিস্তানে 1941 সালে 20 শতাংশ হিন্দু ছিলেন, 2001 সালে সেখানে সেই সংখ্যা 2 শতাংশতে এসে দাঁড়ায়। এই জাতি-ধর্মগত সাফাইয়ের উপর কেউ নজর দেয়নি। যদি যাওয়া-আসার সংখ্যাকে ধরা যায়, তাহলে 1951-2001... এই পাঁচ দশকে হিন্দুরা নিজেদের মোট জনসংখ্যা থেকে 3% হারিয়েছে, অন্য দিকে মুসলমানরা তাদের জনসংখ্যা 3% বাড়িয়েছে। এর থেকেও অধিক গুরুত্বপূর্ণ তথ্য হল এটা যে, হিন্দুরা 1881 সালের পর থেকে 12% জনসংখ্যা হারিয়েছেন। এই লোকসান পূরণ হয়েছে 1971-য়ের পর বাংলাদেশ থেকে আগত বে-আইনী অনুপ্রবেশকারীদের মাধ্যমে।

হিন্দুদের ঐক্যবদ্ধতার অভাব এবং দৃঢ় প্রত্যয়ের সাথে মুসলিম ও খ্রীষ্টানদের দ্বারা গঠিত সংঘ এই দুই সম্প্রদায়কে সামাজিক, আর্থিক ও বিদেশ নীতি গঠনে চূড়ান্ত ভাবে সাহায্য করে। যদিও সংবিধান অনুসারে সকল ধর্মের ব্যক্তিদের সাথে সমান ব্যবহার নীতিসাপেক্ষ, তবুও এর দাবী করা মৌমাছির চাকে ঢিল ছোঁড়ার সমতুল্য। খ্রীস্টান আর মুসলমান প্রচারকদের রোষকে সন্তুষ্ট করতে আমাদের রাজনেতারা ধর্ম পরিবর্তনের আইনকে বজায় রাখার প্রয়োজনীয়তা স্বীকার করেছেন। এই ধর্ম-পরিবর্তন প্রলোভন আর বলপ্রয়োগ – দুই ভাবেই করা হচ্ছে। তামিলনাড়ুর মামলায় 2004 সালে সংযুক্ত রাজ্যের কাউন্সিল জেনারেল চেন্নাইতে মুখ্যমন্ত্রীর সাথে দেখা করেন এবং এই ধরনের স্থায়ী আইনগুলি নিয়ে পুনরায় চিন্তা করার জন্য অনুরোধ করেন *(www.state.gov/g/drl/rls/irf/2004/35516.htm)*। 1998 সালের কংগ্রেসের প্রণয়ন করা ধার্মিক স্বাতন্ত্রতার আইন অনুযায়ী তাঁর এই দাবী তোলর অধিকার ছিল। মনে রাখা দরকার, 2004 সালে সংসদীয় নির্বাচনে AIADMK-কে নিদারুণ

পরাজয়ের সম্মুখীন হতে হয়েছিল, কারণ এই পার্টি *(ধর্ম পরিবর্তনের উপর নিষেধাজ্ঞা)* মুসলমান ও খ্রীস্টানদের বিরুদ্ধে আইন পেশ করেছিল। তাই মুসলমান ও খ্রীস্টানরা সামূহিক ভাবে এই দলকে তাদের ভোট থেকে বঞ্চিত করেছিল। নির্বাচনের পর পরাজিত মুখ্যমন্ত্রী কুমারী জয়ললিতা এই আইন খারিজ করে দেন। আমি নূতন দিল্লীতে সংযুক্ত রাজ্যের রাষ্ট্রদূতকে পরীক্ষা করার জন্য প্রশ্ন করি যে, তামিলনাড়ুর মুখ্যমন্ত্রীর কাছে কাঞ্চীর আচার্য্যদের বিরুদ্ধে আরোপিত মিথ্যা মামলাকে ফিরিয়ে নেওয়ার তাঁর এই যে দাবী, তা সংযুক্ত রাজ্যের ক্ষেত্রে ন্যায়সঙ্গত হত কি ? উত্তরে তিনি বলেন – *"আচার্য্যদের পর অপরাধের আরোপ আছে, তাই সংযুক্ত রাজ্য তাতে হস্তক্ষেপ করবে না, তা সেই দোষারোপ যত মিথ্যা বা ভুল, যাই হোক্ না কেন।"*

মুসলমান ও খ্রীস্টানদের ক্রমশঃ জনসংখ্যার বৃদ্ধি রাষ্ট্রের হিন্দু ভিত্তির উপর এক হুমকিস্বরূপ আর আমাদের এই হুমকির মোকাবিলা করার জন্য উপায় খুঁজতে হবে। 1901 সালে কেরলে হিন্দু জনসংখ্যা ছিল 69%, কিন্তু বর্তমানে তা কমে গেছে। 100 বছর পর 2001 সালে এই জনসংখ্যা কমে হয়েছে 56%। এখন মুসলমান 25% ও খ্রীস্টান 19% আছে। কৃষি কার্যে হিন্দুদের অংশ কমে গিয়ে 24% শতাংশ হয়েছে... অন্য দিকে খ্রীস্টানদের জনসংখ্যা বেড়ে দাঁড়িয়েছে 40% আর মুসলমানদের অংশ 33%। ব্যাবসা ও শিল্পের দিক থেকে এই অনুপাত হল ঃ বিদেশী কোম্পানীগুলির চাকরীতে হিন্দুদের অংশ মাত্র 19%, সেখানে মুসলমানদের 49.5% আর খ্রীস্টানদের 31.5%।

উত্তর প্রদেশের পশ্চিম দিকে অবস্থিত রামপুর থেকে সুলতানপুর অঞ্চলের মাটির উর্বরতাই এই পরিবেশে জনসংখ্যা বৃদ্ধির কারণ। এখানে মোট জনসংখ্যার 40% মুসলিম। অসমে আজ 14-টি জেলার মধ্যে 6-টি জেলা *(জনপদ)* মুসলমান অধ্যুষিত। মুসলমান জনসংখ্যা যদি এই ভাবে বৃদ্ধি পেতে থাকে ও বাংলাদেশ থেকে বে-আইনী প্রবেশ যদি বন্ধ না করা যায়, তবে 2031 সালের মধ্যে পুরো অসমই মুসলমানের করায়ত্ত হয়ে পড়বে।

অসম ছাড়া সমগ্র উত্তর-পূর্ব ভারতের 45% আগে থেকেই খ্রীস্টান

ছিল। সাতটি রাজ্যের খ্রীস্টান জনসংখ্যা খুবই দ্রুত হারে বেড়েছে। 1971 সালে অরুনাচল প্রদেশে খ্রীস্টানদের জনসংখ্যা শূন্য হলেও বর্তমানে তা 7%-য়েরও বেশী।

সার্বজনিক সংস্থাগুলির দ্বারা উৎপন্ন সম্পদের উপর এই দুই সম্প্রদায় আক্রমণাত্মক কায়দায় নিজেদের নিয়ন্ত্রণ বজায় রেখেছে এবং এরা বিদেশ থেকেও অর্থ প্রাপ্ত করছে। উদাহরণ হিসাবে শিক্ষা প্রতিষ্ঠানগুলিকেই নেওয়া যাক। জামিয়া মিলিয়া ইস্‌লামিয়া বিশ্ববিদ্যালয়কে কেন্দ্রীয় বিশ্ববিদ্যালয় রূপে স্বীকার করে নেওয়া হয়েছে এবং উদার হস্তে অনুদান প্রদান করা হয়ে থাকে... কিন্তু এর অধ্যাপক বর্গের মধ্যে 88% মুসলমান। মাদুরাইয়ের আমেরিকান কলেজের অধ্যাপক বর্গের মধ্যে 66% খ্রীস্টান এবং নিম্নপদস্থ অধ্যাপক বর্গের মধ্যে 95% খ্রীস্টান। কেরলের আলুয়ায় ইউনিয়ন খ্রীস্টান কলেজের অধ্যাপক বর্গের মধ্যে 83% খ্রীস্টান। মুসলমান ও খ্রীস্টানদের দ্বারা চালিত সংস্থায় বড় অনুপাতে তাঁদের ধর্মের মানুষরাই রয়েছেন। সম্প্রতি আলিগড় মুসলিম বিশ্ববিদ্যালয়ের অন্তর্গত এক কেন্দ্রীয় বিশ্ববিদ্যালয়ের অধ্যাপক বর্গও বিদ্যার্থীদের জন্য 50%-য়ের অধিক সংরক্ষণ অ-সংবিধানিক বলে এলাহাবাদ উচ্চ আদালত খারিজ করে দিয়েছে। বিগত দশকগুলিতে হিন্দু ট্যাক্সদাতাদের টাকা আলিগড় মুসলিম বিশ্ববিদ্যালয়কে অনুদান স্বরূপ দেওয়া হয়েছে।

এই ভাবে করা বৈষম্যমূলক পরিবার পরিকল্পনা, অসাম্য নাগরিক আচার আচরণ, বে-আইনী অনুপ্রবেশ আর প্রলোভন দ্বারা ধর্ম পরিবর্তন – এই সমস্ত কিছু রাস্ট্রের হিন্দু ভিত্তিকে সংকটের মুখোমুখি করে দিয়েছে। মুসলমানদের সংখ্যাগরিষ্ঠতার অর্থ কি হতে পারে, তা কাশ্মীরের অবস্থা দেখলেই আমরা বুঝতে পারি। যখন আমরা আমাদের চার দিকের মুসলমান অধ্যুষিত দেশগুলিকে দেখি, তখন আমরা সহজেই বুঝতে পারি যে, সংখ্যাগরিষ্ঠ মুসলমানগণ সংখ্যালঘুদের সাথে, এমন কি মুসলমান ধর্মে আস্থাশীল নারীদের সাথে কি ধরণের ব্যবহার করবেন। মুসলমানদের বিশ্বাস যে, দারুল ইসলাম *(যেখানে মুসলমানরা সংখ্যাগরিষ্ঠ*

এবং শাসক) ও দারুল হরব *(যেখানে মুসলমানরা সংখ্যালঘু. কিন্তু তারা হকদার হয়েছে কোরান ও শরিয়তের জোরে. যেমন করেই হোক্ না কেন. এই রাষ্ট্রকে মুসলিম শসিত রাষ্ট্রে পরিণত করতেই হবে)* এই দুই অংশে দুনিয়া বিভক্ত। এই সময় ভারতকে দারুল হরব রূপে দেখা হয়। আর যতক্ষন ভারতের সংখ্যাগুরু হিন্দু সম্প্রদায় সংখ্যালঘু মুসলিম সম্প্রদায়ের সাথে এক বোঝাপড়া বা চুক্তির মাধ্যমে শান্তিপূর্বক থাকার জন্য বাধ্য অথবা রাজী না করিয়ে নিচেছ, ততক্ষন পর্যন্ত মুসলমান জনসংখ্যা সর্বদাই সেই ধর্মান্ধদের *(যারা বিক্ষিপ্ত বিদ্রোহ সৃষ্টি করে ভারতকে উথাল-পাথাল করতে প্রস্তুত)* অতিথি সংকারের কাজ করতে থাকবে. এতে অবশ্য ভারত দারুল অহদ হয়ে উঠবে। এই জন্য আমি অত্যুদব্যক্ত করে বলছি যে, ভারতবর্ষের মুসলমান সম্প্রদায়কে এই ঘোষণা করতে হবে যে, তাদের পূর্বপুরুষদের শেকড় এই হিন্দুদের সাথেই জড়িত অর্থাৎ প্রাচীন কালে ভারতই ছিল তাদের মাতৃভূমি ও কর্মভূমি। খ্রীস্টান সম্প্রদায়ের দিক দিয়ে বিচার করে বলা যায়, তারা *'হীথেন্স' (যাকে ধর্ম পরিবর্তন দ্বারা 'বাঁচানো' প্রয়োজন)* ও যীশুখ্রীস্টের অনুগামী – এই দুই ভাগে বিভক্ত। বর্তমানে জন ব্রাউনের পুস্তক *'দ্য ভিঞ্চি কোড'* প্রকাশিত হওয়ার পর ওপস ডেই সংগঠনের রহস্য উদ্‌ঘাটিত হয়েছে। এই রহস্য উদ্‌ঘাটনের পর খ্রীস্টান মিশনারীদের সম্পর্কে হিন্দুদের সতর্ক হওয়া উচিত। এমনকি রাষ্ট্রের হিন্দু ভিত্তির রক্ষক দেশভক্তদের এই কথাটাও ভালো করে বুঝে নেওয়া উচিত যে, সেই সব ঠিকাদাররা *(যারা দুঃসাহসিক ও বিপজ্জনক কাজের ঝুঁকি গ্রহণ করে)* খ্রীস্টান ধর্মের উপর আস্থা রেখে এই ধর্ম পরিবর্তনকে যুদ্ধের স্তরে নিয়েছেন। সংযুক্ত রাজ্য আমেরিকার টেক্সাস রাজ্যের ডালাসে গ্লোবাল পাস্টর্স নেটওয়ার্ক *(জি.পি.এন.)* সম্প্রতি সম্পন্ন এক সম্মেলনে এই প্রস্তাব পাশ করেছে যে, সংগঠন আগামী 15 বছরে 50 লক্ষ অর্থ ব্যয় করবে গীর্জা নির্মাণের জন্য... যাতে করে 100 কোটি মানুষকে খ্রীস্টান ধর্মে দীক্ষিত করা যায়। এই ধর্ম পরিবর্তনের লক্ষ্যে ভারতের 10 কোটি হিন্দু আছে। তাই হিন্দুরা এক ভয়ংকর যন্ত্রণার মোকাবিলা করছে ঃ মুসলমানদের দ্রুত জনসংখ্যা বৃদ্ধি, বে-আইনী

অনুপ্রবেশ আর খ্রীস্টানদের অর্থ প্রলোভন – এই সমস্ত কার্যের একটাই লক্ষ্য – ধর্ম পরিবর্তন।

বর্তমানে হিন্দুরা সামগ্রিক ভাবে ঐক্যবদ্ধ না হলে তাদের পৃথক-পৃথক রাস্তায় ফাঁসীর মঞ্চে যেতেই হবে। এটা মানসিক পীড়াকে উদ্দীপ্ত করা নয়। এটা খুব বেশী দিন আগের কথা নয়, যখন বর্ণ বৈষম্যের জন্য সংখ্যাগরিষ্ঠ হিন্দুদের শাসনকর্তা মুসলিম বা খ্রীস্টান সম্রাটদের বেশী খাজনা দিতে হত। এর কারণ দারিদ্রতা নয়, ঐক্যের অভাব। এটা অতি বড় সত্য যে, যখন ভারতকে দাস বানানো হয়েছিল, তখন দুনিয়ার মধ্যে সর্বাধিক ধনী দেশ ছিল ভারত। আর 150 বছরের মধ্যে ভারতকে দুনিয়ার সব চেয়ে নির্ধন দেশ করে দেওয়া হয়েছে। এখনও যদি সাম্প্রদায়িক পরিসংখ্যানমূলক ব্যবস্থার উপর নজরদারী না করা হয়, তবে বিপদ কয়েক গুণ বেড়ে যাবে।

3. সন্ত্রাসবাদীদের লক্ষ্যে হিন্দুরা ঃ

যদি কাশ্মীর আর মণিপুরের সন্ত্রাসবাদের অধ্যয়ণ করা যায়, তাহলে এটা পরিস্কার হয়ে যাবে যে, হিন্দুরাই হচ্ছে তার মূল লক্ষ্য। নাৎসী জার্মানী দ্বারা ইহুদীদের প্রতি করা বিনাশ লীলার পর, কাশ্মীর উপত্যকায় ইস্‌লামী জেহাদীদের দ্বারা হিন্দু সম্প্রদায়কে নিশ্চিহ্ন করার লক্ষ্য মানব-অধিকার হননের এক সব চেয়ে বড় দৃষ্টান্ত। কিন্তু আন্তর্জাতিক মঞ্চগুলি এই সম্পর্কে ভাবলেশহীন। কেন ? বাংলাদেশের গোঁড়া মুসলিমরা লক্ষ্য স্থির করে, নিজেদের সরকারের সহায়তা ও সমর্থন জুটিয়ে হিন্দু জনসংখ্যাকে 30% থেকে কমিয়ে 8% করেছে। *(দেখুন ঃ Hindus in Bangladesh, Pakishtan and India's State of Jammu and Kashmir : A Survery of Human Rights, June 17, 2005 www.hinduamericanfoundation.org)* আর তবুও কোন শোরগোল হল না, কোন আওয়াজ তোলা হল না। কেন ? এর কারণ একটাই, সেটা হল হিন্দুদের প্রতিবাদ *(অত্যাচারের বিরুদ্ধে পাল্টা প্রহার)* করার মানসিকতার অভাব। 1949 সালে পূর্ব পাকিস্তানে হিন্দু বিরোধী দাঙ্গা দেখা দিলে

সর্দার প্যাটেল ঘোষণা করেন যে, যদি সেখানকার সরকার দাঙ্গাকারীদের নিয়ন্ত্রণ করতে না পারে, তবে ভারত তাদের দমন করবে। তারপরই দাঙ্গা বন্ধ হয়ে যায়। ভারতের *(বিশেষ করে হিন্দু ও তার সম্প্রদায়ের প্রতি)* বিরুদ্ধে সন্ত্রাসবাদীদের হামলা ক্রমশই বেড়ে চলেছে... কারণ আমরা পাল্টা আঘাত হানতে অক্ষম, যাতে ভবিষ্যতে এই ধরণের হামলা আর না হয়।

সংযুক্ত রাজ্য সরকারের সুবিখ্যাত সংস্থা ন্যাশনাল কাউন্টার টেররিজম সেন্টার 2004 সালে নিজের রিপোর্টে আন্তর্জাতিক সন্ত্রাসবাদের ক্রমবর্ধমান ইতিহাস সম্পর্কে লিখেছে–*"2004 সালে সন্ত্রাসবাদের ঘটনা অন্য কোন দেশের তুলনায় ভারতে সর্বাধিক পরিমাণে হয়েছে।"* – যেটা এক তীক্ষ্ণ ধিক্কারসূচক মন্তব্য। ভারতে সন্ত্রাসবাদের ঘটনা প্রতি মাসে শতকরা 25-টি ঘটছে। 2004-2005 সালে সংসদে পেশ করা স্বরাষ্ট্র মন্ত্রালয়ের বার্ষিক রিপোর্ট অনুসারে 35-টি রাজ্য ও কেন্দ্রশাসিত অঞ্চলগুলির মধ্যে 29-টি রাজ্য সন্ত্রাসবাদ প্রভাবিত। এছাড়া, ভারতের সমস্ত প্রতিবেশী দেশ সন্ত্রাসবাদের প্রশিক্ষণের সক্রিয় এজেন্ট হয়ে উঠেছে।

হিন্দুদের পাল্টা আঘাত করার মানসিকতা আর ঐক্যবদ্ধতার অভাব সন্ত্রাসবাদীদের উৎসাহ জুগিয়েছে। 1989 সালে তৎকালীন স্বরাষ্ট্র মন্ত্রীর অপহৃত কন্যা রুবাইয়া-কে ফিরিয়ে নিতে পাঁচজন অত্যন্ত বিপজ্জনক সন্ত্রাসবাদীকে ভারত সরকার ছেড়ে দিতে বাধ্য হয়েছিল। এই সমর্পনে কাশ্মীরী সন্ত্রাসবাদীরা খুবই উৎসাহিত হয়ে ওঠে। যখন ইণ্ডিয়ান এয়ারলাইন্সের 239-জন যাত্রীসহ বিমানকে হাইজ্যাক করে আফগানিস্তানের কান্ধারে নিয়ে যাওয়া হয়, তখনও ভারত বাধ্য হয় পুনরায় সমর্পন করতে আর রেহাই পায় তিনজন অত্যন্ত বিপজ্জনক সন্ত্রাসবাদী। আজ এই রেহাইপ্রাপ্ত তিন সন্ত্রাসবাদীর দ্বারা কাশ্মীরে তিনটি অত্যন্ত বিপজ্জনক সন্ত্রাসবাদী সংগঠন পরিচালিত হচেছ। এছাড়া রয়েছে রাজীব গান্ধীর হত্যাকারী LTTE সংস্থা। আমরা LTTE-র সেই নেতাকে গ্রেপ্তার করার কোন প্রয়াসই করিনি, যে রাজীব গান্ধীকে হত্যার আদেশ দিয়েছিল। তার

পরিবর্তে সেই সব সাংসদ *(PMK, MDMK এবং DMK)*, যাঁরা LTTE-র নেতার সার্বজনিক প্রশংসা করেছিলেন এবং রাজীব গান্ধী হত্যাকাণ্ডকে ন্যায়সঙ্গত বলেছিলেন, তাঁরাই আজ কেন্দ্রের জোট সরকারের মন্ত্রী এবং এই সরকারের নেতৃত্বে আছেন রাজীব গান্ধীর বিধবা পত্নী সোনিয়া গান্ধী।

শান্তির পথ অবলম্বন করে সন্ত্রাসবাদের বিরুদ্ধে মোকাবিলা করা অসম্ভব। কিন্তু সরকারের লক্ষ্য শুধু এটাই। দুঃখের বিষয় এই যে, সরকারের এই মাথা নোওয়ানোর নীতির অবশ্যম্ভাবী শিকার হচ্ছে হিন্দুরা। সন্ত্রাসবাদ দমনের ক্ষেত্রে বোঝাপড়ার নীতি সম্পূর্ণ রূপে বর্জিত আর এই সংকল্প সবার আগে আমাদের মাথায় রাখা প্রয়োজন। দেশের মানুষকে এই শিক্ষা দিতে হবে যে, সন্ত্রাসবাদ দমনের পথে আছে প্রচুর বিপদ, কিন্তু সরকারের লক্ষ্য হল সন্ত্রাসবাদীদের উপর কঠোর নজর রাখা, তাদের গ্রেপ্তার ও দণ্ড দেওয়া। সন্ত্রাসবাদের বিরুদ্ধে সহ্যশক্তির নীতি নিলে কোন ফলাফল হতে পারে না।

উদাহরণস্বরূপ ইণ্ডিয়ান এয়ারলাইন্সের বিমান হাইজ্যাকের মামলাকে নেওয়া যেতে পারে, সরকার 239-জন যাত্রীর প্রাণের ঝুঁকি নিতে চাননি, তাই রেহাই পায় মোহম্মদ আজাহার। মুক্তিপ্রাপ্ত আজাহার পাকিস্তানের জৈশ-এ-মোহম্মদ নামক সংগঠন তৈরী করে এবং তার ফলে এখনও পর্যন্ত 1000-জানেরও বেশী নির্দোষ হিন্দু প্রাণ হারিয়েছে ও এখনও হারাচ্ছে। কান্ধারে মাথা নুইয়ে রাষ্ট্র কি লাভ হাশিল করল ?

তাই সমস্ত ভারতীয়দের *(হিন্দু ও অন্যান্য সম্প্রদায়)* সন্ত্রাসবাদের বিরুদ্ধে লড়াইকে ধর্মযুদ্ধ হিসাবে নি[illegible]বে, যার চূড়ান্ত ফলাফল সংগ্রাম। আমাদের কঠোর প্রতিজ্ঞা নেওয়া উচিত যে, সন্ত্রাসবাদের সাথে কোন রকম আপোষ বা তাদের কাছে সমর্পন করব না। কোন নিরাপদ আশ্রয়ে সন্ত্রাসবাদীদের বসতি, তা চিন্তা না করে ভারত সরকারের উচিত 'Hot Pursuit' *('হট্ প্যারস্যুট – সত্ত্বর সশস্ত্র অনুসরণ করা)* নীতি গ্রহণ করে সন্ত্রাসাদীদের অনুসরণ করা ও তাদের বসতি খুঁজে বার করা।

4. শাসনাধিকারের নৈতিক পতন ঃ

দুর্নীতির স্তরের উপর ভিত্তি করে সুপরিচিত সংগঠন ট্রান্সপারেন্সী ইন্টারন্যাশনাল 140-টি দেশকে শ্রেণীবদ্ধ করেছে। এই তালিকায় ভারতের স্থান সর্বনিম্ন সারিতে। সম্প্রতি The Mitrokhin Archieves II *(দ্য মিত্রোখিন আরকাইব্জ II)* প্রকাশিত হয়েছে। যাতে KGB-র *(রাশিয়ার গুপ্তচর বিভাগীয় সংস্থা)* নথিপত্র উদ্ধৃত করে এক লজ্জাজনক নির্যাস বেরিয়ে এসেছে – *"KGB-র ঘুষের জন্য ভারত ছিল নিলামে"*। বিগত বছরগুলিতে হিন্দুদের ত্যাগ, সরলতা ও জীবন ধারণের মৌলিক কাঠামো পরিবর্তিত হয়েছে বলেই আজ ভারতবর্ষ দুর্নীতিগ্রস্ত দেশগুলির মধ্যে অন্যতম ও খরিদযোগ্য হয়ে উঠেছে। যে কোন উপায়ে অর্থ উপার্জন আর প্রাপ্তি আজ সামাজিক স্তরের মানদণ্ড হয়ে উঠেছে। কোন একটা সময়ে জ্ঞানী সরল ব্যক্তিরা ভারতে এতটাই নৈতিক অধিকার প্রাপ্ত করতেন যে, রাজারাও তাঁদের সামনে নতমস্তক হতেন। এটা পুরাতন কথা নয়, মহাত্মা গান্ধীর ও পরে জয়প্রকাশ নারায়ন *(কোন পদেই আসীন ছিলেন না)* এই সম্মানের অধিকারী ছিলেন। খুবই কম সময়ে হিন্দুদের মূল্যবোধ তিরোহিত হয়ে গেছে। খুবই দ্রুততার সঙ্গে ভারত হয়ে উঠেছে সেই কদলী প্রজাতন্ত্র, যার নীতি, ব্যক্তি ও জিনিষ যে কোন মানুষ মূল্যের বিনিময়ে কিনতে পারে। ভারতের কয়েকটি রাজ্যে মুসলমান ও *'দলিত'* খ্রীস্টানদের জন্য সরকারী চাকরীর ক্ষেত্র সংরক্ষিত করা হয়েছে... যা এই বিক্রীরই নামান্তর। সংরক্ষণের নীতি শুধু সেই সব ব্যক্তিদের উপরেই লাগু হওয়া উচিত, যাদের পতনশীল হিন্দু সমাজ পদদলিত করে রেখেছিল এবং মুখ্য ধারা থেকে বঞ্চিত করে রেখেছিল। কিন্তু যারা কোন একটা সময় আমাদের দেশের শাসক *(মুসলমান ও খ্রীস্টান সম্প্রদায় প্রায় 1000 বছর রাজত্ব করেছে)* ছিল, তারা এই সুবিধার অধিকারী হতে পারে না। কিন্তু কিছু রাজনৈতিক দল ন্যায় বিচার ও ইতিহাসকে ভুলে গিয়ে ক্ষমতার লোভে রাষ্ট্রের হিতকে বিক্রী করতেও দ্বিধা করে না। এই ধরণের সংরক্ষণ রাষ্ট্রের স্বাধীনতা ও সার্বভৌমত্বকে বিলোপ করে রাষ্ট্রকে পঙ্গু ও নপুংসক তৈরী করার বিপজ্জনক প্রস্তাব। আমাদের দেশ যখন পৃথিবীর সব চেয়ে ধনী দেশগুলির মধ্যে অন্যতম ছিল, তখন এই ঘটনা আমাদের

দেশে ঘটে গেছে। সেই সময় ভারত বিজ্ঞান, গণিত, কলা, স্থাপত্য বিদ্যায় অগ্রণী ছিল। কিন্তু তবুও নৈতিকতার অভাবে সবটাই ব্যর্থতায় পর্যবসিত হয়। নিজেদের স্বাধীনতা ফিরে পেতে আমাদের কঠোর সংগ্রাম করতে হয়েছে। কিন্তু যতক্ষনে সেই শুভ সময় *(স্বাধীনতা)* এসেছে, ততক্ষনে আমাদের সমস্ত সম্পদ পাচার হয়ে গেছিল আর আমরা পৃথিবীদের অন্যান্য দেশগুলির মধ্যে তলানিতে পরিণত হয়েছিলাম। বর্তমানে পৌঁছে গেছি অভাবের নিরিখে করা তালিকা সূচীর সবার নীচে।

আমাদের অন্ধকারাচ্ছন্ন সমাজে এখনও এমন সম্মানীয় আত্মা রয়েছেন, যাঁদের নামে আজও জমায়েত উপচে পড়ে এবং তাঁরা নিজেদের খরচায় আসেন ও সমায়িত আত্মার কথা শোনেন ও তাঁদের বোঝার চেস্টা করেন। তাঁরা আমাদের ধর্মাচার্য্য, তাঁদের মধ্যে কয়েক জনের হিন্দু ধর্ম আচার্য্য সভা গঠন করা উচিত। যেভাবে ঋষি বিশ্বামিত্র নিজের ধনুর্ধর ও শিকারীদের বাছাই করে নিয়েছিলেন অসুর-রাক্ষসদের নিধনের উদ্দেশ্যে, সেই পথেই আমাদের রাস্ট্রের রাজনৈতিক কলেবরকে পরিচ্ছন্ন করতে এই সভা বেছে নিক এক রাজনৈতিক হাতিয়ার... এটাই আমার একান্ত আবেদন। এই কাজ আমাদের গণতন্ত্রে হিন্দু ঐক্য ছাড়া অসম্ভব। আর হিন্দুদের সার্থক ও সুউদ্দেশ্যে ঐক্যবদ্ধ করার জন্য নৈতিকতা, সততাকে ভুললে চলবে না। সংকটের এই সময়ে সমস্ত রাস্ট্র এই ধর্মাচার্য্যদের দিকেই তাকিয়ে আছে।

কিন্তু সবার আগে হিন্দুদের এক বিশুদ্ধ ঐক্যবদ্ধতার প্রয়োজন। এমন ঐক্যবদ্ধ সংঘ গড়তে হবে, যার মূল লক্ষ্যই হবে পুণরুত্থান। আর তখনই হিন্দুরা খ্রীস্টান মিশনারী ও ইসলামী কট্টরবাদীদের সঙ্গে মোকাবিলা করতে সক্ষম হবে। আমি এখানে আর্যবিদ্যা গুরুকুলমের স্বামী দয়ানন্দ সরস্বতীর উদ্ধৃতি তুলে ধরছি–

"লড়াকু মিশনারীদের মোকাবিলা করার পরিস্থিতি হিন্দু ধর্মকে দেখিয়ে দিতে হবে যে, এই বহুত্ববাদ ও সর্বসমাহিতকারী স্বীকৃতি অসম ও অনৈক্যবদ্ধতারা প্রতীক হয়। আর এর জন্য সমবেত স্বরের প্রয়োজন।"

এই হিন্দুস্তানী ঐক্যবদ্ধতায় অ-হিন্দুরাও যোগদান করতে পারেন, কিন্তু

তাঁদের একটা ন্যূনতম আনুগত্যের শর্ত মেনে নিতে হবে ঃ তাঁদের স্বীকার করতে হবে যে, তাঁরা যে সংস্কৃতির উত্তরাধিকারী, তার মূল উৎস হিন্দু, তাঁদের উৎপত্তির উৎস হিন্দু, তাঁরা আইনের সামনে অন্যদের মতই সমান, তার অধিক নয় আর তার জন্যই যে কোন সৎ হিন্দুর মতন তাঁরাও হিন্দু ঐতিহ্য রক্ষা করার জন্য আত্মদান করছেন। পরিবর্তে হিন্দুরা এই ধরনের অ-হিন্দুদের সেই ভাবেই রক্ষা করবে, যেমন তারা পার্সী ও ইহুদীদের করেছিল আর তাঁকে হিন্দুস্তানী সদস্য রূপে স্বীকার করে নেবে।

ভারত কেবল তাঁদেরই হতে পারে, যাঁরা শপথ নেবেন যে, ভারতবর্ষ তাঁদের মাতৃভূমি ও কর্মভূমি। হিন্দু সমাজের বিরুদ্ধে ঐক্যবদ্ধ অপশক্তিগুলিকে পরাজিত করার কাজ সহজ নয়, তাই আমরা তাঁদের ওপর ভরসা করতে পারি না, যাঁদের মাতৃভূমির প্রতি দায়বদ্ধতা দোদুল্যমান অথবা প্রয়োজনভিত্তিক এবং যাঁরা হিন্দু অতীতের সাথে আত্মীয়তা স্বীকার করতে নারাজ। আমাদের ভারতে এক-চতুর্থাংশে সেই মুসলমানরা সমাহিত, যাঁরা এই প্রজাতান্ত্রিক কাঠামোয় হিন্দুদের সাথে সমতা ও ভাতৃত্ব সহকারে বসবাস করতে পারেনি। তাই এখন ভারতমাতার সত্যিকারের সন্তান তাঁরাই, যাঁরা ভারতকে নিজের মাতৃভূমি ও কর্মভূমি রূপে স্বীকার করেন আর পুণরুত্থানের এই মহাযজ্ঞে শুধু তাঁদেরকেই স্বাগত জানানো হচ্ছে।

স্বামী বিবেকানান্দ হিন্দুদের বলেছিলেন–*"ওঠো, জাগো আর গর্বিত হিন্দুর মত এগিয়ে যাও।"* কিন্তু গর্বিত হিন্দু হওয়ার জন্য কি চাই? এই প্রশ্নের উত্তরের জন্য দেখতে হবে সন্তদের বাণী ও লেখাগুলিকে, বর্তমান পরিস্থিতির অনুকূলে নতুন ব্যাখ্যায় ও নতুন পরিভাষায় সেগুলিকে মুদ্রিত করতে হবে। অমি নিম্নে সেই যুক্তিগুলিকেই সংক্ষিপ্ত করতে চেয়েছি, যেগুলো হিন্দুদের ঐক্যবদ্ধতার জন্য স্বতঃসিদ্ধ ও অপরিহার্য এবং হিন্দু মানসিকতার সংজ্ঞা নির্ধারণে সহায়ক।

প্রথমতঃ, একজন হিন্দু ও অন্যান্যরা... যাঁরা হিন্দুদের প্রাচীন উৎস

ও অতীত নিয়ে গর্ব বোধ করেন, তাঁদের প্রত্যেককে ভারতবর্ষের সঠিক ইতিহাস জানতে হবে। আমাদের ইতিহাস বলে যে, হিন্দুরা সর্বদা এক ছিল এবং আজও এক আছে। এই জাতির ভিত্তি জন্মগত এবং তা অপরিবর্তনীয়। ভারতবর্ষ হল সেই সনাতন প্রথার দেশ, যেখানে প্রাচীন হিন্দুরা ও তাদের বংশধরেরা একই অঞ্চলের মধ্যে বসবাস করছে এবং সেই অঞ্চল হিমালয় থেকে ভারত মহাসাগর পর্যন্ত বিস্তৃত আর এই অঞ্চল অখণ্ড হিন্দুস্তান নামে পরিচিত। তাঁরা কেউ বিদেশ থেকে আসেননি *(বরঞ্চ হিন্দুরা জ্ঞানের প্রসার ও প্রচারের জন্য বিদেশে গেছেন)* এবং আর্য্য–দ্রাবিড়িয়ান জাতির সিদ্ধান্তের পিছনে কোন সত্য ভিত্তি নেই।

দ্বিতীয়তঃ, হিন্দুরা এমনটা বিশ্বাস করেন যে, ভগবান সমস্ত ধর্মকেই সমান ভাবে প্রতিনিধিত্ব করেন... কিন্তু ব্রহ্ম বিদ্যাগত দিক থেকে সমস্ত ধর্ম সমান সমৃদ্ধশালী। সমস্ত ধর্মের সম্মান করতে গিয়ে হিন্দুরা অপর ধর্মাবলম্বীদের কাছ থেকেও এই নৈতিক সম্মান আশা করে। অর্থাৎ হিন্দুরা যেমন অন্যান্য ধর্মের প্রতি অনুগত্য প্রদর্শন করে, তেমনি অন্য ধর্মাবলম্বীদেরও উচিত হিন্দু ধর্মের সামনে মাথা নত করা। এই মানদণ্ডের বিচারে আমরা যদি এই বিষয়কে ব্যাখ্যা করি, তবে দেখা যাবে এ ক্ষেত্রে হিন্দুদের একতরফা অধিকার। হিন্দুদের এই ধারণা থেকে বেরিয়ে আসতে হবে, কারণ এতে শুধু আত্মতুষ্টিই রয়েছে। এরই সাথে যে সমস্ত অ-হিন্দুরা পূর্বপুরুষ ও সংস্কৃতির উৎস হিসাবে হিন্দুদের স্বীকার করে, তাদের রক্ষা করার দায়িত্ব এই হিন্দুদেরই। ভারতবর্ষে অন্ধবিশ্বাস ও অজ্ঞানের কোন স্থান নেই... কারণ হিন্দুদের ইতিহাস ও পরম্পরা একে স্বীকার করে না। কিন্তু মুসলমান আর খ্রীস্টানরা তখনই হিন্দুস্তানী পরিবারের সদস্য হিসাবে স্বীকৃত হবেন, যখন তাঁরা এই সত্যকে স্বীকার ও সম্মান করবেন।

তৃতীয়তঃ, হিন্দুদের অত্যাচার অথবা সন্ত্রাসবাদের কাছে আত্ম-সমর্পনের পরিবর্তে সর্বস্ব খুইয়ে দেওয়াটাই পছন্দ করা উচিত। যে লোক আজ ভারতের সন্ত্রাসবাদীদের অথবা অপহরণকারীদের কাছে নতজানু হচ্ছে, তাকে অ-হিন্দু বলে ঘোষিত করে তীব্র ধিক্কার জানানো উচিত। কেবল ভারতের নাগরিক বলেই কেউ সৎ হিন্দু হতে পারে না। এক সৎ হিন্দু

অত্যাচার ও সন্ত্রাসবাদের বিরুদ্ধে নির্ভয়ে মোকাবিলা করবে আর এটাই সমস্ত হিন্দুর মানসিকতা হওয়া উচিত।

চতুর্থতঃ, আক্রমণের পরিবর্তে পাল্টা আঘাত আনাই হবে হিন্দুদের মূল লক্ষ্য। পাল্টা আঘাত এতটাই বড় হতে হবে যে, তা যেন ভবিষ্যতের আক্রমণকে রুখতে সাহায্য করে। যদি সন্ত্রাসবাদীরা পাকিস্তান, বাংলাদেশ অথবা শ্রী লঙ্কার প্রশিক্ষণ শিবিরগুলি থেকে আসে, তবে ভারতকে ফলাফলের চিন্তা না করেই সেই শিবিরগুলোকে ধ্বংস করতে হবে। আজকের তথাকথিত স্ব-ঘোষিত ভালো সাংসদ সেই সমস্ত আক্রমণকারীদের উপর পাল্টা আঘাত হানতে ব্যর্থ হয়েছেন, যারা গুজরাতের অক্ষরধাম মন্দির ও অযোধ্যার রাম মন্দিরকে ধ্বংস করেছে এবং পূর্ব প্রধানমন্ত্রী রাজীব গান্ধীকে হত্যা করেছে। অন্য দিকে, এই ঘাতকদের রক্ষাকর্তা আর সন্ত্রাসবাদী সংগঠনগুলির প্রশংসাকারীরা আজ কেন্দ্রীয় সরকারে মন্ত্রীত্বের পদে আসীন হয়ে রয়েছেন।

পঞ্চমতঃ, প্রকৃত হিন্দু হওয়ার জন্য সমস্ত হিন্দুকেই নিজের মাতৃভাষা ছাড়াও সংস্কৃত ভাষা ও দেবনাগরী লিপি শেখার চেস্টা করা উচিত আর ভবিষ্যতে সংস্কৃত ভাষাকে যোগাযোগের ভাষা হিসেবে গড়ে তোলার জন্য প্রতিজ্ঞা করা উচিত... কেন না বর্তমান ভারতের মুখ্য শব্দাবলীর এক বিরাট অংশ সংস্কৃত শব্দ তালিকা থেকেই এসেছে।

এই হল হিন্দুদের ঐক্যবদ্ধ করার পাঁচটি মৌলিক ভিত্তি। আজ সন্ত্রাসবাদী মুসলিম ও বিদেশী খ্রীষ্টান মিশনারীদের থেকে হিন্দু সভ্যতাকে রক্ষার করার জন্য এই পারস্পরিক বন্ধনের আত্মীয়তা অনস্বীকার্য। এই বিদেশীদের কিছু বিভ্রান্ত হিন্দু সাহায্য করেছেন এবং হিন্দু ধর্ম সম্পর্কে সম্যক জ্ঞান না থাকার কারণে উৎসাহিতও করেছেন। হিন্দুদের মানসিক ঐক্যবদ্ধতা ছাড়া আমরা ভারতের হিন্দু বুনিয়াদকে দুর্বল আর স্খলিত করে তোলা দেশদ্রোহী দুর্বৃত্তদের উপড়ে ফেলতে ব্যর্থ হব। এই বুনিয়াদ দুনিয়ায় ভারতকে এক আলাদা পরিচিতি প্রদান করবে আর তাই নৈতিক সাহসকিতার সাথে সমস্ত শক্তি প্রয়োগ করে আমাদের উচিত ভারতের ঐতিহ্যকে রক্ষা

করা। অর্থনৈতিক কাঠামো, রাষ্ট্রীয় নিরাপত্তা এবং খবরাখবর আদান-প্রদানের মাধ্যম হিসাবে স্বীকৃত রাষ্ট্রীয় ভাষাই পারে এই মানসিকতাকে সম্পন্ন করতে। হিন্দু মানসিকতা ও এই মানসিকতার সাথে যুক্ত সঠিক এবং সম্মত নীতিগুলিই পারে হিন্দুদের এই চক্রব্যূহ থেকে নিস্তার দিতে। তাই আবশ্যক হল এই বিষয়সূচী। এই কাজের জন্য বিদেশে থাকা হিন্দুদের কাছ থেকে আমরা নৈতিক সমর্থন পেতে পারি... কারণ মাতৃভূমির প্রতি তাদেরও কিছু দায়বদ্ধতা রয়েছে। এই প্রবাসী ভারতীয়রা *(NRI)* মুক্ত অর্থনৈতিক বিপর্যয় থেকে, সৃষ্টি করেছেন নিজেদের সার্থক পরিচয় আর এনারা সুশিক্ষিত এবং আমি লক্ষ্য করেছি যে, হিন্দু ধর্মের ও প্রতীকের অপমান হলে এঁরা নিজেদের এক প্রভাবশালী সংগঠন সৃষ্টি করে নেন। বিদেশে থাকা এই ভারতীয়রা স্বাধীনতা সংগ্রামে যোগদান করেছেন, জরুরী অবস্থায় যোগাযোগ করেছেন এবং ভারতীয় আচার্য্যদের হিন্দু ধর্ম সম্পর্কিত বার্তা পাঠাতে সাহায্য করেছেন আর এনারা অন্যান্য ধর্মকে দমন না করেই এমনটি করেছেন।

প্রজাতন্ত্রে নির্বাচনী লড়াইয়ের সময় যুদ্ধ স্বীকৃত। তাই আমাদের হিন্দু চেতনা উন্নয়নের জন্য এক কঠোর সংকল্প নিতে হবে, যাতে এক শক্তিশালী ও ঐক্যবদ্ধ মানসিকতা তৈরী হয়। ভোটদানের সময় ভারতীয় জনতা সেই প্রতিনিধিকেই নির্বাচন করবেন, যে ধর্মাচার্য্যদের দ্বারা কৃত বিষয়সূচীর উপর নিষ্ঠাবান হবে। তাই আমাদের এক আচার্য্য সভার প্রয়োজন আছে... যেটা ভারতের নৈতিক প্রাধান্যতা দ্বারা স্বীকৃত হবে এবং লোকসভা ও রাজ্যসভায় তৃতীয় কক্ষ রূপে সমাদর পাবে।

প্রথম মৌলিক ভিত্তি ঃ
হিন্দুস্তান রূপে ভারত

এক প্রকৃত হিন্দু অন্য কোন সম্প্রদায়ের বিরুদ্ধে তাক করতে পারে না। পুণরুত্থানের প্রকৃত লক্ষ্য হল আত্মশুদ্ধি এবং সুস্পষ্ট উদারতার মাধ্যমে এর নবীনীকরণ। অন্ধবিশ্বাসী আর উম্মত্ত চিন্তাধারার ব্যক্তিরা সর্বদা উদার মানুষদের ভয় পায়। এই পুণরুত্থান দ্বারা প্রাপ্ত মৌলিক স্বতন্ত্রতা যে কোন প্রগতি বিরোধী ব্যক্তিকে ভয় পাইয়ে দিতে সক্ষম।

পুণরুত্থানের বিষয়ে মুসলমানদের প্রকৃত ভয় হল, হয়তো হিন্দু ধর্ম এর দ্বারা পরোক্ষ ভাবে মুসলমানদের নিজেদের ধর্ম সম্প্রদায়ের মধ্যে *'আত্মসাত'* করে নিতে সক্ষম হবে। এই ভীতি বোধগম্য হয়। এটা প্রত্যেকেই জানে যে, হিন্দু ধর্ম প্রথমে বুদ্ধ ধর্ম, জৈন ধর্ম, শিখ ধর্ম ও পার্সী ধর্মকে মেনে নিয়েছিল এবং পরে এই সমস্ত ধর্ম সম্প্রদায়ের মানুষকে নিজের ছাঁচে ঢেলে আত্মসাত করে নিয়েছে। কিন্তু ইসলাম ধর্মের ক্ষেত্রে এই সমান্তরাল ঘটনা ঘটেনি। বুদ্ধ, মহাবীর ও গুরু নানক – তিন জনই হিন্দু ছিলেন। এঁদের স্হাপিত স্কুলগুলির মূল ভিত্তি ছিল সেই সমস্ত সংস্কারমুক্ত উপদেশ, যা হিন্দু ধর্মের কাঠামোকে ভর করেই গড়ে উঠেছিল আর তার জন্য পরে আমরা এদেরকে স্বীকার করে নিয়েছিলাম। জৈন অভিনেতা ভারতের বাহিকা প্রান্তর থেকে বিদায় নিয়ে পার্সিয়া *(বর্তমান ইরান)*-তে বসবাস করতে থাকে। জৈন ধর্মগ্রন্থ জেন্দাবেস্তা

হিন্দুদের ধর্ম চিন্তনের কাছাকাছি। এই মহাপুরুষদের প্রবর্তিত ধর্মের সারবত্তা ছিল হিন্দু ধর্মই... তাই এদের ধর্ম চিন্তনের গর্ভগৃহে ছিল হিন্দু।

তাহলে হিন্দু কারা? আমার বোধগম্যতা অনুযায়ী একজন ব্যক্তি - যদি সে নিজেকে হিন্দু বলতে চায় - তাহলে হিন্দু ধর্মের 9-টি মূল বিষয়ের উপর তাকে অবশ্যই বিশ্বাস রাখতে হবে। সেই ব্যক্তিই নিজেকে হিন্দু বলে দাবী করতে পারে, যদি সে-

01. এক সর্বব্যাপী পরমাত্মায় বিশ্বাস রাখা, এই অলৌকিক ও সর্বশক্তি ব্যাপীর থেকেই সমস্ত কিছুর শুরু এবং তিনিই সৃষ্টিকর্তা ও পালনকর্তা দুইই।

02. বিশ্বাস করে যে, সমস্ত সৃষ্টির শুরু, বিদ্যমানতা ও বিনাশে এক অনন্ত চক্র চলছে।

03. বিশ্বাস করে যে, সমস্ত আত্মাগুলি প্রভুর থেকেই বিকশিত হচেছ আর শেষে তাঁর ইচছাতেই মুক্তি লাভ করছে, যিনি আধ্যাত্মিক জ্ঞানের দ্বারা মোক্ষ লাভে সক্ষম হবেন, তিনিই এই পুনর্জন্মের চক্র থেকে রেহাই পাবেন। একটি আত্মার এই নিয়তির হাত থেকে রেহাই নেই।

04. কর্মে বিশ্বাসী হন, প্রত্যেক আইনের পৃথক উৎস ও ধারণা আছে, যার দ্বারা কোন ব্যক্তি নিজস্ব চিন্তা, শব্দাবলী ও কার্যের মাধ্যমে আত্মপরিচয় সৃষ্টি করতে সক্ষম হবে।

05. বিশ্বাস করে যে, আত্মা অবিনশ্বর। যতক্ষন কর্মের বাঁধনে কোন আত্মা জড়িত থাকে, ততক্ষন তার মুক্তি নেই।

06. বিশ্বাস করে যে, অদৃশ্য জগতেও আত্মা বিরাজমান, মন্দিরে পালিত পবিত্রতা, পূজা-অর্চনা ও ভক্তির মাধ্যমে ব্যক্তি জীবিত কালেই দেবতা বা ঈশ্বরের সাথে যোগাযোগ করতে পারে।

07. বিশ্বাস করে যে, আধ্যাত্মিক রূপে জাগ্রত স্বামী অথবা সদ্‌গুরুই পরম তত্ত্বকে জানতে সহায়ক হতে পারেন, তার সাথে ব্যক্তির আপন অনুশাসন, ভালো ব্যবহার, শুদ্ধি, আত্মজ্ঞান ও ধ্যান এতে সহায়তা করে।

08. বিশ্বাস করেন যে, সমস্ত জীবন পবিত্র। একে ভালো বলা উচিত এবং এর সাথে তিনি অহিংসাতেও বিশ্বাস রাখেন।

09. বিশ্বাস করেন যে, কোন ও এক বিশিস্ট ধর্ম অন্য ধর্মের তুলনায় মুক্তির একমাত্র পথ হতে পারে না... বরং সত্য হচ্ছে এটাই যে, ঈশ্বরের প্রেম প্রকাশের এক নির্দ্দিস্ট পথ হল ধার্মিক পথ... যেটার প্রতি ধৈর্য্য ও আস্থা রাখা উচিত।

যাঁরা প্রাচীন ধর্মমতকে প্রস্তরীভূত দেহাবশেষ না ভেবে এই 9-টি বিষয়কে বিশ্বাস করতে সক্ষম হন, একমাত্র তাঁরাই প্রকৃত হিন্দু হতে পারেন... কিন্তু সর্বোপরি সেই ব্যক্তির মধ্যে হিন্দু হবার চাহিদা থাকা আবশ্যক। এটা স্পস্ট যে, মুসলিম, খ্রীস্টান ও ইহুদীরা উপরোক্ত 3, 6, এবং 9 নং মতবাদকে স্বীকার করবেন না। তাদের মতে ঈশ্বর হচেছন তিনি, যাঁর সাথে তাঁরা মৃত্যুর পর মিলিত হতে সক্ষম হবেন *(জীবদ্দশায় নয়)* আর তারপর তাঁর দ্বারা তাঁরা নরক বা স্বর্গে প্রেরিত হবেন।

তাই মুসলমানদের ধর্ম আত্মসাত হওয়ার ভয় ভিত্তিহীন... কিন্তু হিন্দু ধর্মের সারবত্তা সর্বসম্মুখে এসে গেলে মুসলমান সম্প্রদায়ের আস্থা নিয়ে প্রশ্ন উঠতে পারে। মুসলিম পাড়া বা মোহল্লার বিষয়টি খুবই গুরুত্বপূর্ণ, শাহ্ বানো মামলার বিচার নিয়ে মোল্লারা সর্বোচ্চ আদালতের সঙ্গে তর্কে উপনীত হয়েছিল এবং এই ফয়সালাকে ইসলামদের দুর্বল করার জন্য হিন্দুদের চালাকিপূর্ণ পদক্ষেপ বলে অভিহিত করেছিল। মোল্লাদের সতর্কবাণী ছিল যে, যদি মুসলমানরা বিরোধ প্রদর্শন না করে, তাহলে তাদের আস্থাকে দুর্বল করার জন্য আরও পদক্ষেপ নেওয়া হবে।

রাষ্ট্রের পুণরুত্থানের দায়িত্ব কেবলমাত্র হিন্দুদের উপরেই কেন ? হিন্দুরা ভারতে 80%-য়েরও বেশী। তাঁদের ও তাঁদের ধর্মের জন্মস্থান এই দেশ আর এই মাটি। 'বেদ, অবতার, গুরু – সব এই দেশ থেকেই এসেছে। বিশ্বের নজরে ভারত সেই রাস্ট্র, যেখানে হিন্দুদের বসতি, হিন্দু সংস্কৃতির জন্য ভারতের একটা পরিচিতি আছে। সুতরাং হিন্দুরা যদি আত্মশুদ্ধি ও পুণরুত্থানের উদ্যোগ নেয়... তাহলে পরিবর্তনের এই ধারাকে অন্যান্য ধার্মিক সংখ্যালঘুরাও বিনা বলপ্রয়োগেই উৎসাহী হয়ে অনুসরণ করবেন,

কারণ এটা তাঁদের ঐতিহ্যের পরিচায়ক হয়ে উঠবে। তাই ভারতের নাম বদলে *'হিন্দুস্তান'* করা হলে এটা এক আবশ্যিক দৃষ্টি আকর্ষণ করতে সক্ষম হবে। ইংরাজী শব্দ *'India'* এসেছে গ্রীক *'Indi'* থেকে, যা সৃষ্টি হয়েছে প্রাচীন ইরানীয়দের থেকে... কারণ তারা এই ভূমিকে *'হিন্দু'* বলত, যা সিন্ধুর ধারে অবস্থিত। অনন্ত সময় ধরে যাঁরা ভারতে এসেছেন, *(যেমন ফা হিয়েন থেকে শুরু করে ভাস্কো ডা গামা পর্যন্ত ব্যবসায়ীরা, বিদ্বানরা, লুণ্ঠনকারীরা, আততায়ীরা... এমন কি প্রথম দিকের সাম্রাজ্যবাদীরা পর্যন্ত)*, তাঁরা এই ভূমিকে *'হিন্দুস্তান'* বলতেন। চলতি ভাষায় মুসলিম ও অন্যান্য সংখ্যালঘুরা একে আজও হিন্দুস্তান বলেন। ইকবালের হৃদয়স্পর্শী ছন্দময় কবিতা *"সারে জঁহা সে আচ্ছা"* হিন্দুস্তানকে ভিত্তি করেই সৃষ্টি হয়েছে।

এই নামের জন্য কট্টরপন্থী মুসলিম নেতারাও আপত্তি তুলতে পারবেন না। হিন্দুস্তান শব্দটির সন্ধি করলে দুটি শব্দ *'হি' (হিমালয়ের)* আর *'ইন্দু' (ইন্দু সাগরের)* পাওয়া যাবে। অর্থাৎ অর্থের দিক থেকে এই শব্দ দুটি ধর্মনিরপেক্ষ। সুতরাং বলা যায় যে, হিন্দুস্তান – শব্দটির মধ্যে কোন হিন্দু পরিবেষ্টিত রাজ্যের সংকেত নেই। তাই কোন সমালোচক একে হিন্দু রাষ্ট্র হিসাবে সমালোচিত করতে পারবেন না। অতঃপর "ইণ্ডিয়া, যেটা হচেছ *"হিন্দুস্তান"* কেন এই শব্দের পরিবর্তের *"ইণ্ডিয়া, যেটা হচেছ ভারত"* শব্দ দিয়ে সংবিধানে মুখবন্ধ তৈরী হল, তা আমার বোধগম্য হয় না। প্রচলিত প্রথানুসারে ভারত শব্দের সঙ্গে এক ধার্মিক বোধ জড়িত আছে। *'বিষ্ণু পুরায়'*-য়ের সাথে পরিচিত একজন ব্যক্তি অবশ্যই এই শব্দকে চিনতে পারবেন।

হিন্দুদের বসতির উপর ভিত্তি করে এই অঞ্চলের নাম হিন্দুস্তান হয়নি। জন্মের ভিত্তিতে যে কোন নাগরিক হিন্দুস্তানের উপর অধিকার দাবী করতে পারেন। বাস্তবে বর্তমানে যাঁরা ভারতে বাস করছেন, তাঁদের পূর্বপুরুষরা হিন্দু ছিলেন। এমন কি পার্সী ও ইহুদীরাও হিন্দুদের বিবাহ করেছিলেন। ভারতকে বর্ণনা করার জন্য *'হিন্দুস্তান'* শব্দটি সঠিক, কারণ কে. এম. পানিক্কর বলেছিলেন – *"সার রূপে, ভারতের ইতিহাস,*

বিশেষ করে ভারতীয় সভ্যতা গড়ে ওঠা ও বজায় থাকার পিছনে হিন্দু মানসিকতা ও এদের সাধনার কঠোর প্রয়াস রয়েছে।" পানিক্কর আরও যুক্তি দেখান যে, এই সভ্যতার পিছনে মুসলিমদের কোন প্রচেস্টা খুঁজে পাওয়া যাবে না... কিন্তু ইসলাম বিশ্ব সভ্যতার একটা অংশ আর এর সাথে ভারতীয় মুসলমানরাও জড়িত। মোগল চিত্রকলা এবং ইন্দো-স্যারামনিক স্হাপত্য কলা – এই দুই বৈপরিত্যসূচক চারিত্রিক বৈশিস্ঠ্য মুখ্যতঃ গড়ে উঠেছে হিন্দুদেরকে কেন্দ্র করে আর এখানেই ভারতবর্ষের প্রসারণ। যেমন, গঙ্গা নদীকে গঙ্গাই বলা হয়, এটা মেনে নেওয়া সত্ত্বেও যে, এর সাগর পর্যন্ত যাত্রায় অনেক নদী এতে এসে মেশে... তেমনই ভারতের ঐতিহাসিক মুখ্য ধারা হিন্দুই থেকেছে, এটা মেনে নেওয়া সত্ত্বেও যে, তাতে ইসলাম আর খ্রীস্টান ধর্মেরও যোগদান রয়েছে।

অন্য দিকে ভারতবর্ষকে বহুরাস্ট্রিক রাজ্য হিসাবে গঠন করার কম্যুনিস্টদের এই চিন্তাধারাকে আমরা অস্বীকার করি। তার পরিবর্তে আমরা ইণ্ডিয়া অর্থাৎ হিন্দুস্তানের সেই সাংগঠনিক সংস্কৃতির প্রতিই শ্রদ্ধাশীল হব, যেটা হিন্দু স্বরূপকে ভিত্তি করে গড়ে উঠেছে। কিন্তু হিন্দু রাজারা বিষয়ী চিন্তাধারাতেই আলোকপাত করেছিলেন আর হিন্দুস্তানের চর্চা করেছিলেন পরবর্তী অধ্যায়ে।

এই কারণে আধুনিক ভারতের হিন্দু ভিত্তি *(যা ভারতে ছিল এবং আজও আছে)* আজও ভারতে ও বিদেশে হিন্দুস্তান হিসাবেই পরিচিত। ওপরের বর্ণনা অনুসারে হিন্দুস্তান সেই সমস্ত হিন্দু ও অন্যান্য ধর্মাবলম্বীদের রাষ্ট্র, যাঁরা স্বীকার করেন যে, তাঁদের পূর্বপুরুষরা ছিলেন হিন্দু। এই ধ্যান-ধারণায় শরণার্থী সংখ্যালঘুরাও শামিল, যাঁরা হিন্দু সংস্কৃতির মৌলিক মূল্যবোধগুলিকে স্বীকার করেন আর তাই তাঁদের হিন্দুস্তানের অংশ রূপে চেনা যায়। পার্সী শরণার্থীরা দ্বারিকা মঠের শংকরাচার্য্যের দেওয়া পাঁচটি আদেশ স্বীকার করেছিলেন বলেই এই দেশে বসবাসের *(গুজরাতের সামুদ্রিক তটের ওঁপর)* স্হান পেয়েছেন এবং তাঁরা আজও এই স্বীকারোক্তির উপর অটল আছেন ঃ পার্সী ভাষা ত্যাগ করে গুজরাতী ভাষা গ্রহণ, ভারতীয় বস্ত্রের স্বীকৃতি, গুরুকে পবিত্র মানা, নিজেদের

বিবাহ উৎসবে কিছু বাছাই করা সংস্কৃত শ্লোক উচ্চারণ ও অস্ত্র সমর্পন। তাঁরা জনসংখ্যার ভিত্তিতে সংখ্যালঘু *(আনুপাতিক দিক থেকে রাষ্ট্রীয় ক্ষমতা ও সম্পদের পরিমাণ অনেক বেশী)* এবং সম্ভবতঃ সব চেয়ে সম্পন্ন সম্প্রদায় হওয়া সত্ত্বেও হিন্দু ও পার্সীদের মধ্যে অতীতে কোন সংঘর্ষ বা উত্তেজনা সৃষ্টি হয়নি বা আজও হচ্ছে না।

পার্সী ও ইহুদীরা হিন্দু চারিত্রিক ভিত্তিক রাস্ট্রের জন্য কোন বিপদ নন। তাঁরা টাকা, স্বর্গীয় আকর্ষণ, অজানা উপদেশ এবং মিথ্যে আশা *(যাঁরা দাবী করেন যে, বাইবেলের শক্তি দ্বারা ধর্ম পরিবর্তিত ব্যক্তি ভালো অথবা রোগমুক্ত হয়ে যাবেন)* দ্বারা মানুষের ধর্ম পরিবর্তনের জন্য উদগ্রীব নন। তার বিপরীতে, ভারতে মুসলমান ও খ্রীস্টান নেতারা তাঁদের ক্ষমতার অপব্যবহার করে আসছেন এবং হিন্দুদের ধর্ম পরিবর্তন করে নিজেদের উদ্দেশ্যকে সফল করার চেস্টায় আছেন। তাঁরা এই বিষয়ে কোন রাখঢাক করেননি। উদাহরণ হিসেবে 1545 সালে পর্তুগালের রাজা জন *(তৃতীয়)* গোয়ার তৎকালীন গর্ভনর আদেশ দেন যে, গোয়ায় ব্যক্তিগত অথবা সার্বজনিক স্হানে কোন হিন্দু ধর্মীদের মূর্তি বরদাস্ত করা হবে না আর যাঁরা এগুলি রাখতে চাইবেন, তাঁদের কঠোর শাস্তি দেওয়া হবে। তার ফলে ভয়ংকর তল্লাসী চলে, প্রচুর হিন্দুকে মৃত্যু বরণ করতে হয়... এরই সাথে চলে পাশবিক অত্যাচার ও হিন্দুদের মন্দিরগুলিকে ধ্বংস করে দেওয়ার পালা। আমাদের এটা ভুললে চলবে না যে, এর ফলে খুব অল্প সংখ্যক হিন্দুরা সেই সময় খ্রীস্টান ধর্ম গ্রহণ করেছিলেন। হিন্দু ছাড়া আর কোন ধর্ম সম্প্রদায়কে এত কঠোর ও দীর্ঘ যন্ত্রণা সহ্য করতে হয়নি, কিন্তু তা সত্ত্বেও এই হিন্দুরা এখনও পর্যন্ত সংখ্যাগরিষ্ঠতা নিয়ে এই ভূমিকে আঁকড়ে ধরে বেঁচে আছেন। সাহসিকতার সাথে অতীতের এই সমস্ত বিপর্যয়ের মোকাবিলা করার ঘটনাকে ভুললে চলবে না।

বাস্তবিক ক্ষমতা ও রাজ্যের বিভিন্ন ভাগের অধিকারী হওয়া সত্ত্বেও সেই পুরাতন লক্ষ্যের শিকার আজও হিন্দুরা। কিন্তু বর্তমানে পদ্ধতি অনেক সূক্ষ্ম হয়ে গেছে। মুসলমান আর খ্রীস্টানরা *(বিশেষ করে খ্রীস্টানরা)* হিন্দুদের গুরুত্বপূর্ণ প্রভাবকে নিজেদের স্বার্থে লাগিয়েছেন। হিন্দুরা জেনেশুনে

(টাকার জন্য) অথবা না জেনে *(হিন্দু হয়েও এক রক্ষাত্মক স্বরূপে এক তৈরী করা মানসিকতার অধীনতা স্বীকার করে অথবা পশ্চিমের অন্ধানুকরণ করতে গিয়ে)* সেই লক্ষ্য পূরণ করেছেন।

এই লক্ষ্যের স্বরূপ ও সুযোগ কি? মুসলিম ও খ্রীস্টানদের সঙ্গে বোঝাপড়া করে একে সমাপ্ত করার কোন পথ আছে কি? অন্যথায় প্রাচীন ভারতের সন্তদের করা শাস্ত্রার্থের মাধ্যমে এর সমাধান হয় কি? শাস্ত্রার্থের সাহায্য নিয়ে ভারতের হিন্দুদের ধর্ম পরিবর্তনকে বন্ধ করা যেতে পারে। উদাহরণ হিসাবে, অতীতে বৌদ্ধ ধর্ম ও উত্তর মীমাংসার ঐশ্বরিক তত্ত্ব প্রদান করেছিলেন আদি শঙ্করাচার্য্য অথবা যেমন দক্ষিণ ভারতে অজব্যার ও নায়নার সন্তদের শাস্ত্রার্থ করেছিলেন জৈন ধর্মাবলম্বীরা। বাস্তবে খ্রীস্টান ও মুসলমান ধর্মাবলম্বীরা শাস্ত্র ও শাস্ত্রের পবিত্রতাকে স্বীকার করবেন কি?

এটা এক গভীর সমস্যা। একটি আকর্ষণপূর্ণ বিষয় *'দ্য কোয়েশ্চন অফ্ কন্‌ভার্সন ইন্ ইণ্ডিয়া' (ইকোনোমিক এ্যাণ্ড পোলিটিক্যাল উইক্‌লী, জুলাই 9, 2006)* শীর্ষকে সারাহ ক্লেয়ারহাউট আর জ্যাকব ডি. রুবর এই নির্যাস বার করেন যে, হিন্দুদের আর খ্রীস্টানদের ধর্মের ধ্যান-ধারণা মূলতঃ ভিন্ন আর একে-অপরের থেকে পৃথক... তাই ধর্ম পরিবর্তন সম্পর্কিত তাদের দৃষ্টিভঙ্গীও আলাদা। তাই লেখকের মতবাদ, হিন্দু আর খ্রীস্টানদের ধর্ম পরিবর্তন সম্পর্কে আলোচনা করা নিস্ফল... কেন না তাঁদের *"একে-অপরের বক্তব্য থেকে যুক্তি দ্বারা কিছু বুঝতে পারাটা খুবই কঠিন।"* এর কারণ হল হিন্দুরা কোন ধর্মকেই মিথ্যা বলে মনে করেন না, আর এই কারণেই গান্ধী জী বলেছেন, সমস্ত ধর্মেই কিছু-না-কিছু ভুল-ত্রুটি আছে। হিন্দুদের মতে সমস্ত ধর্মই মানুষকে ঈশ্বরের কাছে নিয়ে যায়। তাই ধর্ম পরিবর্তনের জন্য বল প্রয়োগের বা চাপ সৃষ্টি করার কোন প্রয়োজন নেই। খ্রীস্টান *(আর মুসলমানদের)*-দের চিন্তা অন্য রকম, তাদের ধর্মই প্রকৃত ধর্ম, তাই বিধর্ম বা কাফেরদের ধর্ম পরিবর্তনের অর্থ হল ঐশ্বরিক কার্য সম্পাদন করা।

ভারতে কি হয়েছে আর কি হচেছ... তা বহু অধ্যয়ণের পর বুঝতে

পেরে এই সিদ্ধান্তে উপনীত হয়েছি যে, হিন্দু, খ্রীটান আর মুসলমানদের ধার্মিক দৃষ্টিকোনে এক পার্থক্য আছে, যার ফলে ধর্ম পরিবর্তন বিষয়ে নিজেদের মধ্য কোন বোঝাপড়া হওয়া অসম্ভব।

সুতরাং হয় ভারতকে ধর্ম পরিবর্তনের প্রশ্ন ছেড়ে দিয়ে হিন্দুদের সমর্পনের পথ করে দিতে হবে, নয়তো বৈপ্লবিক রূপে সংগঠিত হয়ে সুনিশ্চিত ভাবে ধর্ম পরিবর্তনের বিরুদ্ধে আইন পাশ করে তাকে কার্যকরী করার উপায় বার করতে হবে। তৃতীয় কোন পথ নেই।

এবার আমি একটা জরুরী বিষয় নিয়ে ভাবতে বাধ্য হচ্ছি। হিন্দু ধর্মালম্বীদের অন্য কোন ধর্মে পরিবর্তন করতে গেলে সমস্ত হিন্দুদের সে বিষয়ে জোরালো প্রতিবাদ করতে হবে। উদাসীনতার কোন সময় বা স্থান নেই। হিন্দু বিশ্বাসের পদমর্যাদা ধ্বংস হতে চলেছে, কারণ খ্রীষ্টান মিশনারীরা ও মুসলমানরা পুরো মাত্রায় তাঁদের কাজ চালিয়ে যাচেছন, তাঁদের টাকার কোন ঘাটতি নেই এবং তাঁরা হিন্দুদের ধর্ম পরিবর্তন করে চলেছেন। যদি এর বিরুদ্ধে সর্ব সমক্ষে প্রতিবাদ না করা যায়, তবে এর অর্থ হবে এই যে, হিন্দুরা মূক হয়ে সমস্ত অত্যাচার সহ্য করতে প্রস্তুত।

বিগত ধারার উপর নজর দিন ঃ 1000 সালে অবিভাজিত ভারতে মুসলমান আর খ্রীষ্টানদের সংখ্যা ছিল অত্যন্ত নগন্য। 1400 সালের মধ্যে তারা উপ-মহাদ্বীপের প্রায় 3.5% হয়ে উঠেছিল। 1700 সালে এই অংশ বেড়ে গিয়ে 11% হয়ে যায় আর 1891 সালে হয় শতকরা 13%। ভারত বিভাজনের সময় সেটা 23% ছিল, কিন্তু বর্তমানে দক্ষিণ এশিয়ায় খ্রীষ্টান আর মুসলমানদের জনসংখ্যা শতকরা 36%। 2050 অথবা 2150 সালে সেটা কত হবে ? এই অসাধারণ হারে বৃদ্ধি ইংরেজ ঔপনিবেশিক শাসন থেকে স্বাধীনতা প্রাপ্তির পরেও হয়ে চলেছে। সংখ্যাবহুল হিন্দুদের হাতে শাসন ক্ষমতা থাকা সত্ত্বেও ধর্ম প্রবর্তকদের দৃষ্টিকোণ পাল্টায়নি... কেবল তাদের রণনীতি বদলেছে, তাই আজ তারা হিন্দুদের চোখে অদৃশ্য। আর সরকারী পদে আসীন হিন্দুরা এ ব্যাপারে অত্যন্ত নমনীয়, হিন্দু মানসিকতার অভাব খ্রীষ্টান ও মুসলিম ভোটদাতাদের ভোট প্রাপ্তিই এর কারণ।

সব চেয়ে বেশী ধর্মনিরপেক্ষ হিন্দুদেরও এই জনসংখ্যা বৃদ্ধির বিষয় নিয়ে চিন্তা করা উচিত... কেন না যদি হিন্দুদের অস্তিত্বই বিনষ্ট হতে শুরু করে, তাহলে ধর্মনিরপেক্ষতাও বিপদে পড়বে। এই কারণে গান্ধী জী ও ডঃ আম্বেদকর *(যাঁরা কট্টর হিন্দু হওয়া সত্ত্বেও ধর্মনিরপেক্ষ বলে গণ্য হতেন)* স্বাধীনতা সংগ্রামের দিনগুলিতে ধর্ম পরিবর্তনের জোরদার বিরোধ করেছিলেন। 1931 সালে *'দ্য হিন্দু'*-তে দেওয়া বক্তব্যে গান্ধী জী বলেছিলেন–*"প্রতিটি রাষ্ট্রের ধর্ম অন্য রাষ্ট্রগুলির মতই ভালো। অবশ্য ভারতের ধর্ম এখানকার মানুষের পক্ষে যথেষ্ট। আমাদের আধ্যাত্মিক ভাবে ধর্ম পরিবর্তনের প্রয়োজন নেই।" (দেখুন ঃ Collected Works of Mahatma Gandhi. Vol. : XLV, P. 320)*

গান্ধী জী একথাও বলেছিলেন যে, যদি স্বতন্ত্র ভারতে বিদেশী মিশনারীরা ডাক্তারী সাহায্য ও শিক্ষার প্রলোভন দ্বারা লোকেদের ধর্ম পরিবর্তনের চেষ্টা করেন, তবে তিনি তাঁদেরকে এই দেশ ছেড়ে চলে যেতে বলবেন। তাঁর এই বক্তব্যকে ভ্রান্ত ও নিছকই সাধারণ কথা হিসাবে ধরে নেওয়া হল। গান্ধী জী এরপরে এই একই কথা অন্য দৃষ্টিভঙ্গীতে বলেন ঃ

"ভারতকে এক বিশ্বাস থেকে অন্য বিশ্বাসে নিয়ে যাওয়ার জন্য ধর্ম পরিবর্তনের আবশ্যকতা নেই।"

(Young India, সংখ্যা April 23, 1931)

স্বাধীন ভারতের সংবিধান সভায় সংবিধানের রূপরেখা নিয়ে আলোচনার সময় ধর্ম পরিবর্তনকে মৌলিক অধিকারের শ্রেণীতে রাখা নিয়ে এক গুমোট পরিবেশের সৃষ্টি হয়েছিল। সভার মধ্যে এ্যাংলো ইণ্ডিয়ানদের নেতা ফ্রাংক এ্যান্থোনী বলেন–*"ধর্ম পরিবর্তনের মাধ্যমে খ্রীস্টান আস্থাতে শামিল হওয়াটাই খ্রীস্টানদের জন্য সার্বিক মৌলিক অধিকার।" (Constituent Assembly Debates III; P. 489-90)* তাঁর এবং খ্রীস্টানদের চাহিদা এটাই ছিল যে, 25 নং অনুচ্ছেদকে পুনর্গঠিত করা হোক্ এবং ধর্ম পরিবর্তনের জন্য করা কার্যকলাপগুলিকে মৌলিক অধিকার হিসাবে গণ্য করা হোক্। কিন্তু কিছু লোক ছাড়া এ বিষয়ে কেউ একমত হননি। যদিও ডঃ আম্বেদকরের মতবাদ এ বিষয়ে স্পষ্ট ছিল, তবুও নেহরু এই

বিষয়কে নিজের আয়ত্তে এনে 25 নং অনুচ্ছেদকে একটা অস্পষ্ট খিচুড়ী প্রবন্ধ বানিয়ে রাখেন এবং সংবিধান সভা তা স্বীকারও করে নেয়।

স্বাধীনতার অব্যবহিত পরেই প্রলোভন দ্বারা ধর্ম পরিবর্তনের ঘটনা মেনে নেওয়া খুবই কষ্টকর ছিল, তাই কিছু রাজ্য সরকার *(বিশেষ করে মধ্য প্রদেশ ও উড়িষ্যা)* এই ঘটনাকে রুখতে আইন তৈরী করে। 1977 সালে কেন্দ্রীয় শাসক জনতা পার্টির সাংসদ ওমপ্রকাশ ত্যাগী লোকসভায় এক ব্যক্তিগত সদস্যদের বিল পেশ করেন এবং লোকসভার থেকে এই স্বীকৃতি চান যে, প্রলোভন ভিত্তিক ধর্ম পরিবর্তনকে রাষ্ট্রীয় অপরাধ হিসেবে গণ্য করা হোক্। এই বিলের পেছনে যথেষ্ট সমর্থন থাকা সত্ত্বেও সেটা আইনে পরিণত হতে পারেনি, কারণ জনতা পার্টি এতটা দীর্ঘ সময় পর্যন্ত কেন্দ্রে টিঁকতে পারেনি।

1977 সালের সর্বোচ্চ আদালতের এক গুরুত্বপূর্ণ সিদ্ধান্তে এটা স্পষ্ট হয় যে, *(রেব স্ট্যানীসলস বনাম মধ্য প্রদেশ সরকার এবং অন্য)* অনুচ্ছেদ 25 যে ভাবেই লেখা হোক্ না কেন, তবুও সেটা ধর্ম পরিবর্তনের অধিকার দেয় না। মুখ্য ন্যায়াধীশ শ্রী এ. এন. রায় স্পষ্ট বলেন–*"যদি কোন ব্যক্তি জেনেশুনে অন্য কারো ধর্ম পরিবর্তন করায়, তাহলে সেটা আত্মার স্বতন্ত্রতার ওপর আঘাত করা হবে এবং এই ঘটনা সমস্ত দেশের নাগরিকদের নীতিবোধের প্রতিভূ হিসাবে প্রাপ্ত স্বাধীনতার ওপর আঘাত হানে।"* এই ঘটনা স্পষ্ট হওয়া সত্ত্বেও যে সরকার গুলি এলো আর চলেও গেল, তাঁরা ন্যায়ালয়ের এই সিদ্ধান্তকে স্পষ্ট আইনের রূপ প্রদান করতে ব্যর্থ হল। তখন থেকে ধর্মনিরপেক্ষতার রাজনৈতিক খেলা চলতেই থাকল আর প্রলোভন ভিত্তিক ধর্ম পরিবর্তনকে রোখার সংকল্প ক্রমশই ব্যর্থ রূপে পর্যবশিত হল।

এখন ধর্ম পরিবর্তনের স্বাধীনতা আন্তর্জাতিক সমস্যা হয়ে উঠেছে। 2004 সালের ফেব্রুয়ারীতে তেহেলকা *(Tehelka)*-তে প্রকাশিত *"Bush's Conversion Agenda for India"* শীর্ষক নিবন্ধটির রচয়িতা বি. কে. শশীকুমার এই নিবন্ধের মাধ্যমে একটি পরিকল্পনার কথা বলেছেন, যার সাংকেতিক নাম ছিল JOSHUA পরিকল্পনা I & II, সংযুক্ত রাজ্য

আমেরিকার ধর্ম প্রচারক দলগুলি ভারতের 1,52,786 পোস্ট অফিসগুলিকে খুঁজে বার করার জন্য এই পরিকল্পনা নিয়েছিলেন এবং এর একটি গুপ্ত পিন কোড ছিল, যার মাধ্যমে কোথায় ও কি ভাবে ধর্ম পরিবর্তন করা যায়, তা খুঁজে বার করার চেস্টা করা হয়েছিল। এই পরিকল্পনাকে ভিত্তি করে সম্প্রতি 2005 সালের সেপ্টেম্বর মাসে ডালাসে একটি সম্মেলন হয় ও তাতে স্হির করা হয় যে, 2020 সালের মধ্যে 10 কোটি হিন্দুকে খ্রীস্টান ধর্মে পরিবর্তিত করতে হবে। সংযুক্ত রাজ্য আমেরিকার পরিবেশকে আমি খুব ভালো ভাবে চিনি আর তাই জানি যে, আমেরিকার অন্যান্য খ্রীস্টান সমূহ, যাঁরা এটা ভাবেন যে, এই ধর্ম প্রচারকদের প্রয়াসের জন্য খ্রীস্টান ধর্ম বদনাম হবে, তাঁরা ইন্টারনেটে ওয়েবসাইটের মাধ্যমে এই ধর্ম প্রচারকদের মুখোশ খুলে দিতে লেগেছেন। এই ধরনের চিন্তা পোষনকারী একটি দল হচ্ছে ট্রিনিটি ফাউণ্ডেশন, যাঁরা বৈনি হিন্নের পর্দা ফাঁস করে দিয়েছিল। বৈনি হিন্নকে কিছু দিন আগে বাঙ্গালোরে রাজকীয় অতিথির সম্মান দেওয়া হয়েছিল আর তাঁর আশ্চর্য্যজনক চিকিৎসা প্রদর্শনের জন্য এক বিরাট সম্মেলনের আয়োজন করে দেওয়া হয়েছিল। কিন্তু বৈনি হিন্নদের মতন অভদ্র লোকেদের চাপ সহ্য করতে হয় ভারতকেই, ট্রিনিটি ফাউণ্ডেশনকে নয়। যখন আমরা খ্রীস্টান মিশনারীদের কথা বলি, তখন আমাদের আলোচনার মূল লক্ষ্য হয় ধর্ম পরিবর্তকেরা... কিন্তু এটা এক আন্তর্জাতিক প্রয়াস। কিন্তু এবার এই প্রয়াসের বিরুদ্ধে আমাদের মনকে কঠোর ভাবে স্হির করতে হবে।

তামিলনাড়ুর মুখ্যমন্ত্রী কুমারী জয়ললিতা একটি আইন পেশ করেছিলেন, যার নাম ছিল–*"Tamil Nadu Prohibition of Forcible Conversion of Religion"*... কিন্তু চেন্নাইয়ে অবস্হিত সংযুক্ত রাজ্য আমেরিকার জেনারেল কাউন্সিল যখন তাঁর সাথে দেখা করে বলেন যে, এই আইন আমেরিকার ধর্মীয় স্বাধীনতাকে লঙ্ঘন করে, তখন তিনি এই আইন তুলে নিতে বাধ্য হন। জয়ললিতা নিজেকে একজন পাকা হিন্দু বলে দাবী করলেও এই আইনকে তিনি টিকিয়ে রাখতে পারেননি। এটা ভারতীয়দের পক্ষে, বিশেষ করে তামিলনাড়ুর পক্ষে এক দুঃখজনক সমর্পন ছিল।

আমাদের এই মানসিকতার সাথে লড়তে হবে আর সেটাকে পাল্টাতে হবে।

আমি এখানে একটা কথা স্পষ্ট করতে চাই, আমি তাদের কথা উত্থাপন করছি না যারা স্বেচ্ছায় ও বিনা বলপ্রয়োগে হিন্দু ধর্ম ত্যাগ করে বর্তমানে সেনেটিক ধর্মের অন্তর্ভুক্ত হয়েছেন ও খ্রীস্টান বা মুসলমান হিসাবে ভারতে আছেন... কারণ পার্সী ও ইহুদীরা বাদে সমস্ত ভারতীয়ই হিন্দু কিংবা তাদের পূর্বপুরুষরা হিন্দু ছিলেন। এই সমস্ত হিন্দুরা পুনরায় ধর্ম পরিবর্তন করে হিন্দু ধর্মে ফিরে আসতে পারেন। ভারতের অধিকাংশ খ্রীটান ও মুসলমানদের পূর্বপুরুষদের ধর্ম হরণ করা হয়েছিল সর্বসম্মুখে পাশবিক ভাবে অথবা অতি সূক্ষ্ম কায়দায় জোরপূর্বক, স্বেচ্ছায় হয়নি। হিন্দুদের ধর্ম পরিবর্তনের জন্য এই দেশে কি পাশবিক খেলা শুরু হয়েছিল, তা জানার জন্য গুরু তেগ বাহাদুরের ঘটনা জানা প্রয়োজন। আজ ভারতের প্রত্যেক মুসলমান ও খ্রীস্টান হিন্দুদের সাথে যে ঘৃণিত ব্যবহার হয়েছিল, তার জলজ্যান্ত উদাহরণ। অতীতে কি আর কেন হয়েছিল, তা জানার প্রচেস্টা করতে পারি... কিন্তু আমাদের সেই পাশবিক ধর্ম পরিবর্তন প্রথাকে ভুলে গেলে চলবে না। জন পল II-কে দেওয়া স্বামী দয়ানন্দ সরস্বতীর খোলা চিঠির জন্য আমরা তাকে ধন্যবাদ জানাই। 1999 সালে যখন জন পল II নূতন দিল্লীতে খ্রীস্ট্রের উপদেশাবলী প্রচার করতে আসেন, তখন দয়ানন্দ সরস্বতী সাহসিকতার সঙ্গে লিখেছিলেন –

“ধর্মীয় পরিবর্তন শতাব্দীর প্রাচীন সম্প্রদায়গুলিকে নস্ট করে আর সাম্প্রদায়িক হিংসা ছড়ায়। এটা হিংসা আর এতে হিংসার সৃষ্টি হয়।”
(www.hindnet.org/conversion/pope 991)

আমি এই ওকালতি করছি না যে, হিন্দুরা আর অন্যান্য ধর্মাবলম্বীরা পরস্পরের সাথে লড়াই করুক, পারস্পরিক ব্যবহার খারাপ করুক অথবা কোন বিষয় নিয়ে নিজেদের মধ্যে আলোচনাই না করুক। যদিও আমি বাস্তবে ধর্মীয় বিষয়ে আলোচনা ও বিতর্কের পক্ষপাতী... কিন্তু ভারতের হিন্দু ধর্মের ভিত্তিকে দুর্বল করে দেয়, এমন কোন আলোচনার পক্ষপাতী আমি নই। তাই এই বিষয় থেকে আমি নিজেকে দূরেই

রাখছি। ধার্মিক পরিবর্তনের বিষয়কে আমি এক বন্ধ অনুশীলনী ভাবতে পছন্দ করি। কোন প্রকৃত হিন্দু নিজের ঐতিহ্য বিরোধী কথা মঞ্জুর করবেন না। হয় সাচ্চা হিন্দুদের নিয়ে চলতে হবে, নয়তো ভারত বাঁকাচোরা বিকৃতিতে পরিণত হবে ও পরিশেষে গ্রীস অথবা মিশরে পরিণত হবে এবং তখন তা চেনার অযোগ্য হয়ে যাবে। বর্তমানে ভারত সারা পৃথিবীর কাছে যে প্রশংসার জন্য পরিচিত, তখন তা সমাপ্ত হয়ে যাবে। সুতরাং হিন্দুদের মজবুত আর সজাগ হতে হবে আর ভারতের খ্রীস্টান ও মুসলমানদের শিবির পর্যন্ত পৌঁছে যেতে হবে প্রতিদ্বন্দ্বিতার জন্য, আর মুসলিম ও খ্রীস্টানদের দেখিয়ে দিতে হবে যে, কেন তারা তাদের প্রাচীন হিন্দু পূর্বপুরুষদের জন্য গর্বিত হবে এবং তারপর তাদের হিন্দু সমাজে প্রত্যাবর্তনের জন্য স্বাগত জানাতে হবে। সম্প্রতি এক রুশী বিদ্বান আলেকজাণ্ডার জিনোভিভ, যিনি মস্কোর রাশিয়ান এ্যাকাডেমী অফ্ সায়েন্সেজে রয়েছেন, তিনি অর্গানাইজার পত্রিকায় *"For India's Survival, Hinduism has to Previal"* শীর্ষক নিবন্ধে লেখেন –

"পুণরুত্থানের পর্যায়ে পশ্চিম ইউরোপীয়রা অনুভব করে যে, তারা প্রাচীন রোম আর ইউনানের উত্তরাধিকারী আর তারা সেই সংস্কৃতিকে স্বীকার করে নিয়েছে, যাকে যুগ-যুগ ধরে রোমান ক্যাথলিক চার্চ 'পেগন' (ধর্ম-হীন) আর অ-খ্রীস্টান বলে ধিক্কার জানিয়ে যাচ্ছিল। এই ভাবে ভারতীয় উপ-মহাদ্বীপে থাকা মুসলমানরাও একদিন বুঝবে যে, তারা এক বৃহৎ সভ্যতার উত্তরাধিকারী, যেটা আরব আর মধ্য-পূর্বের সভ্যতার তুলনায় একদম ভিন্ন আর মহান। এটা হচ্ছে শিক্ষা আর জ্ঞানের সমস্যা।"

ভারতীয় খ্রীস্টান ও মুসলমানদের পূর্বপুরুষরা হিন্দু ছিলেন বলে তাঁদের এই ধর্মে ফিরে আসার জন্য বিকল্প পথ খুলে দেওয়া হচ্ছে, এই বোধে জাগ্রত ও উৎসাহিত করানোর আগে আমাদের নিজেদের *(হিন্দুদের)* ঘর ঠিক করা প্রয়োজন। আদি শংকরাচার্য্যের সময় থেকে প্রায় এক শতাব্দী ধরে হিন্দু ধর্মের পুণরুত্থান সম্ভব হয়নি। কিছু সাহসিক প্রচেস্টা অবশ্য হয়েছিল... কিন্তু সে যুগের রাজনৈতিক পরিবেশের জন্য, সাম্রাজ্যবাদীদের

প্রবল বাধা ও বিপত্তির জন্য সেই প্রয়াস মাঝপথেই থেমে যায়। 1947 সালে আমরা, হিন্দুরা পুণরুত্থানের অবাধ স্বাধীনতা পেয়েছিলাম, কিন্তু দীর্ঘকাল ব্যাপী এক নাস্তিক প্রধান মন্ত্রীর শাসনের জন্য আর ঈশ্বরের প্রতি আস্থাহীন কম্যুনিস্ট সোভিয়েত ইউনিয়ন থেকে রাজনৈতিক সংস্কৃতি আমদানী করার জন্য ভারতের হিন্দুদের ধার্মিক কাঠামো বিপর্যস্ত হয়। সুতরাং এই বিকৃতিকে ভাঙার জন্য বা হিন্দুদের জাগ্রত করার জন্য এক নতুন সম্যক জ্ঞান তৈরী আবশ্যক হয়ে পড়েছে। অন্যথায় হিন্দু ধর্মের বিরোধীরা একত্রিত হয়ে নিজেদের অপবিত্র উদ্দেশ্যগুলিকে সহজেই সাফল্যমণ্ডিত করে তুলবে।

আমার মুখ্য চিন্তা হল বর্ণ বৈষম্যকে নিয়ে, যা ধর্ম পরিবর্তনের মূলে রয়েছে আর তাকে উৎসাহিত করছে। এটা হিন্দু ধর্মের শত্রুদের কথা বলার এক বিষয় প্রদান করে। এমন নয় যে, একজন ব্যক্তির অন্য ধর্মে জন্মগ্রহণের ওপর ভিত্তি করে শ্রেণী বিভাগ নেই। উদাহরণস্বরূপ, যে সমস্ত পদদলিত ব্যক্তিরা ধর্ম পরিবর্তন করে নতুন ধর্মে গেছেন, তাঁরা বুঝেছেন যে, নতুন ধর্মেও তাদের স্থান কত নীচে আর তাই তাঁরা শিক্ষা ও চাকরীর ক্ষেত্রে সংরক্ষণের দাবী করেন। অবশ্য আমরা এ বিষয় মেনে নিই না, কারণ সংরক্ষণ অতীতে হিন্দু সমাজের কেবলমাত্র ভুল কার্য প্রণালীগুলোকে শুধরে নেওয়ার চিন্তা থেকে শুরু করা হয়েছিল আর বাস্তবে এই সংরক্ষণ সেই সব অনুন্নত হিন্দুদের জন্যই সীমিত হয়ে আছে, যাঁরা যুগ-যুগ ধরে পদদলিত হয়েও হিন্দু ধর্মকে আঁকড়ে ধরে বেঁচে আছেন। খ্রীস্টান আর মুসলমানরা ভারতে হাজার বছর ধরে শাসক শ্রেণী হিসাবে বিরাজ করেছে... তাই এটা নিশ্চিত যে, তাদের প্রতি কোন বঞ্চনা বা কোন প্রকার বৈষম্য ছিল না। এই অর্থে অনুন্নত জাতের হিন্দুরা অন্য জাতের তুলনায় অনেক বেশী সজাগ হিন্দু, কেন না তারা বঞ্চনা, অপমান ও বৈষম্য সহ্য করেও হিন্দু থেকেছে।

আমি বিংশ শতাব্দীর ডঃ আম্বেদকরকে এমন একজন বুদ্ধিমান ব্যক্তি হিসেবে গণ্য করি, যিনি হিন্দু সমাজে গভীর জ্ঞান প্রদানের জন্য সম্মান ও প্রশংসার পাত্র। সৌভাগ্যবশতঃ তিনি নিজের এই জ্ঞানকে

আমাদের ভালোর জন্য পুস্তক আর বিভিন্ন রচনায় লিপিবদ্ধ করে গেছেন। তিনি শুধু একজন হিন্দু দেশভক্তের মতই লেখেন নি... বরং মহাত্মা গান্ধী, সর্দার প্যাটেলের মতন তাঁকেও ভারতের সংযুক্ত রচনাকার হিসাবে গণ্য করা উচিত। অনুন্নত জাতিগুলোর জন্য পৃথক নির্বাচনী ব্যবস্থার প্রয়োজন, ইংরেজ সাম্রাজ্যবাদীদের এই প্রস্তাবকে যদি ডঃ আম্বেদকর মেনে নিতেন কিংবা যদি গান্ধী জী এর বিরুদ্ধে প্রতিবাদ না করতেন, তবে 1947 সালে ইংরেজরা ভারত ছাড়ার আগেই ভারত টুকরো-টুকরো হয়ে যেত। এই সাম্রাজ্যবাদী নীতিকে ডঃ আম্বেদকর বুঝতে পেরেছিলেন আর তাই তিনি সত্যিকারের দেশভক্তের মতন ইংরেজদের কোন সাহায্য নিতে অস্বীকার করেন। এটা ভারতের দুর্ভাগ্য যে, স্বাধীনতার পর ব্যক্তিগত ঈর্ষার কারণে তাঁকে রাজনীতিতে কোনঠাসা করে দেওয়া হয় আর এই কারণে তিনি শেষে হতাশ হয়ে পড়েন। এখনও বেশী দেরী হয়নি, আমরা জাতি প্রথার প্রচারকে ধ্বংস করে তাঁর প্রতি সম্মান প্রদর্শন করতে পারি।

"Is Caste System Intrinsic to Hinduism?" (Economic and Political Weekly, Nov. 8, 2003) শীর্ষক প্রবন্ধের জন্য আমি ডঃ এম. বি. নাদকার্নীর কাছে চির কৃতজ্ঞ, যাতে তিনি যে কোন ব্যক্তির সন্দেহের উর্দ্ধে উঠে গিয়ে প্রমাণ করেছেন যে–*"জাতি প্রথা হিন্দু ধর্মের এক অপরিহার্য অংশ, এই অতি কথাকে চূর্ণ করার প্রয়োজন।"* ডঃ নাদকার্নী খুবই আত্মবিশ্বাসের সাথে যুক্তি দিয়ে বোঝান – *"জাতি প্রথা পুরোপুরি ভিন্ন কারণে সৃষ্টি হয় ও বজায় থাকে, যার সঙ্গে হিন্দু ধর্মের কোন সম্পর্কই নেই।"* তিনি এক বড়ই দূরদর্শিতাপূর্ণ মন্তব্য দ্বারা তাঁর বক্তব্যের সমাপ্তি টানেন – *"জাতি প্রথা বর্তমানে ধ্বংস হয়ে গেছে, কারণ তার সমস্ত ক্রিয়া কলাপ বিপর্যস্ত হয়ে গেছে। এমন কি এর উপযোগিতা, ঔচিত্য, কার্য অথবা সার্থকতা সমস্তই শেষ হয়ে গেছে।"*

জাতি প্রথা ব্রাহ্মণদের জন্য আলাদা ক্ষেত্র অথবা শীর্ষ স্থান গড়ে তোলার জন্য কখনোই ভাবা হয়নি, এটা জন্ম ভিত্তিকও ছিল না। ব্রাহ্মণরা সরল জীবন যাপন করতেন এবং শিক্ষা আর ধার্মিক চিন্তনে

আত্মমগ্ন হয়ে থাকতেন... তাই ব্রাহ্মণদের সম্মান করা হত। কিন্তু ঋষি হবার জন্য ব্রাহ্মণত্বের আবশ্যকতা ছিল না। বাল্মিকী, বেদব্যাস, বিশ্বামিত্র আর কালিদাস ব্রাহ্মণ বংশে জন্মান নি, ব্রাহ্মণেরা আইনের উর্দ্ধেও ছিলেন না। রাবণ, এক প্রসিদ্ধ বিদ্বান হওয়া সত্ত্বেও রামের পত্নীকে অপহরণ করার জন্য তাঁকে চরম মূল্য দিতে হয়েছিল। এছাড়া জাতির পরিচয়ের ভিত্তি ছিল নৈতিক উৎকর্যতা *(gunahs)*, যা ভগবান শ্রী কৃষ্ণ উত্তর গীতায় অর্জুনকে বলেছিলেন।

সম্প্রতি হিন্দুদের DNA সংক্রান্ত যে গবেষণা চলছে, তাতে প্রজাতি ভিত্তিক কোন প্রভেদ নেই। হিন্দুদের ঐক্য বিরোধী এই প্রাচীন প্রথাকে কেন মেনে নেওয়া হবে? আমি সমস্ত আচার্য্য ও ধর্মগুরুদের অনুরোধ করছি জাতি প্রথা নির্মূল করার পথ দেখানোর জন্য, যাতে আমরা হিন্দুদের পুণরুত্থান করতে পারি।

ইতিহাসের এই বাঁকে হাজার বছর ধরে চলতে থাকা অত্যাচারী শাসনের থেকে মুক্তি পাওয়ার 60 বছর পর বহুত্ববাদ সম্পন্ন গণতন্ত্র আর্থিক উন্নতির দোরগোড়ায় দাঁড়িয়ে হিন্দুদের এই ব্যাপারে দুঃখ আর চিন্তা রয়ে গেছে যে, ধর্মীয় সম্প্রদায় রূপে তাদের ভবিষ্যৎ কেমন হতে চলেছে! হিন্দুরা পরিবার পরিকল্পনাকে খুবই তৎপরতার সাথে গ্রহণ করেছেন এবং নির্বাচিত সরকারগুলি আমাদের প্রতিবেশী রাষ্ট্রের থেকে আগত সংখ্যালঘুদের বে-আইনী অনুপ্রবেশ বন্ধ করতে ব্যর্থ হয়েছে, তাই আজ হিন্দুদের জনসংখ্যা কমে যাচেছ। এর থেকেও গুরুত্বপূর্ণ বিষয় হল, ভারতের কিছু রাজ্যে, যেখানকার সংখ্যাগরিষ্ঠ সম্প্রদায় মুসলিম আর খ্রীস্টানরা, সেই সব রাজ্যে হিন্দুরা তাদের প্রাপ্ত উচিত অধিকার থেকে বঞ্চিত হয়ে আছেন। ঘৃণ্য আর নির্লজ্জ ধর্মীয় নির্মূলীকরণ দ্বারা কাশ্মীর থেকে বহু হিন্দুকে বিতাড়িত করে দেওয়া হচেছ। এই গতিতে চললে আগামী 100 বছরের মধ্যে হিন্দুরা এদেশে সংখ্যালঘু সম্প্রদায়ে পরিনত হবে। ত্রিপুরায় খ্রীস্টান সন্ত্রাসবাদীরা কর্মঠ হিন্দু কর্মীদের দিনের-পর-দিন হত্যা করছে। দক্ষিণ ভারতে রাজ্য সরকার দ্বারা মিথ্যা মামলা দায়ের করে এক মনগড়া হত্যাকাণ্ডে শংকরাচার্য্যদের অভিযুক্ত করে মঠের

পবিত্রতাকে ভঙ্গ করা হচ্ছে ও পূজনীয় ধর্মপুরুষদের অপমান করা হচ্ছে। আচার্য্যের বিরুদ্ধে মামলা *(মিথ্যা)* চলছে বলে তিনি সরকারী কর্মীদের দ্বারা বাধাপ্রাপ্ত হন ও রামেশ্বরম মন্দিরে পূজা করার থেকে বঞ্চিত হন। এমন কি সরকার দ্বারা পরিচালিত ভারতীয় বিমানে দ্বারিকার কণিষ্ঠ শংকরাচার্য্যকে নিজের দণ্ড নিয়ে যাত্রা করতে দেওয়া হয়নি। তিনি যে বিমানের আরোহী ছিলেন, সেই বিমান থেকে তাঁকে নেমে যেতে হয়। এই সমস্ত ঘটনা ঘটছে হিন্দুদের ক্ষমতায় আসীন থাকার সময়তেই।

সুতরাং হিন্দুদের এক নতুন মানসিকতার আবশ্যক, 2005 সালের 16 থেকে 18-ই অক্টোবর মুম্বাইতে আয়োজিত দ্বিতীয় ধর্ম আচার্য্যসভা সম্মেলনে আমার দেওয়া বক্তৃতা *'Fundamentals of Hindu Unity and the Concept of Hindustan'*-তে তার সবিস্তার বর্ণনা আছে। আমি একথা আগেও বলেছি যে, হিন্দুরা আক্রমণকারীদের লক্ষ্যে রয়েছে আর তারা এ সম্পর্কে অবগত নয়। আজ ধর্ম পরিবর্তনের বিষয়কে নিয়ে *"ওহোম্ শক্তি"* আর *"রোম ভক্তি"*-র মধ্যে যুদ্ধ চলছে।

হিন্দুদের মধ্যে সঠিক মানসিকতার অভাবের জন্যই ধর্ম পরিবর্তন সক্রিয় হয়ে রয়েছে। এই বিপদকে আমাদের দৃষ্টিগোচরে আনতে হবে। সব থেকে বড় কথা হল, ভারতকে হিন্দুস্তান রূপে স্বীকৃত করতে হবে আর এই বিষয়ে হিন্দুদের রাজী করাতে হবে। ভারতীয়দের সত্যিকারের পরিচয় হচ্ছে যে, আমরা হিন্দু এবং আমাদের পূর্বপুরুষরা হিন্দু ছিলেন এবং হিমালয় থেকে ভারত মহাসাগর পর্যন্ত বিস্তৃত ভূখণ্ডের বাসিন্দা আমরা। এটাই হচ্ছে হিন্দু মানসিকতার প্রথম মৌলিক কথা।

দ্বিতীয় মৌলিক ভিত্তি ঃ ধর্মনিরপেক্ষতা ও সাধারণ ঐতিহ্যের প্রতি আলোকপাত

এবার আমি পুণরুত্থানের দ্বিতীয় মৌলিক ভিত্তির কথায় আসছি। এটা হচ্ছে ধর্মনিরপেক্ষতা। যেহেতু ভারতে বিভিন্ন ধর্মাবলম্বীরা থাকেন, তাই প্রত্যেক মানুষ একে-অপরের সঙ্গে ঐক্যবদ্ধ ভাবে আছেন কিনা এবং বিনা সংঘর্ষে নিজেদের ধর্মীয় আশাকে পূরণ করতে পারছেন কিনা, সে বিষয়ে আমাদের দৃষ্টি রাখা দরকার। যদিও 1000 বছর আগে ভারত 100 শতাংশ হিন্দুদের দেশ ছিল, তাই আমরা নিজেদের অতীতের সাথে পুনরায় কোন্ পথে যুক্ত হব ? এই প্রশ্ন সব সময় থেকে যায়... কারণ বর্তমানে ইসলাম ও খ্রীষ্টান ধর্ম ভারতে চলে এসেছে। এই যুক্ত হওয়ার প্রশ্ন সাধারণ ভারতীয়দের কাছে স্পস্ট নয়, তাই ধর্মনিরপেক্ষতা নিয়ে যথেস্ট অস্পস্টতা ও বিভ্রান্তি রয়েই গেছে।

এর প্রকৃত অর্থ হল, ধর্মনিরপেক্ষতার বিশুদ্ধ অর্থ হল আধ্যাত্মিক ক্ষমতাকে রাষ্ট্রীয় ক্ষমতার আদেশ থেকে পৃথক করা। ইউরোপে এই ধারণার সৃষ্টি হয়েছিল, রাজ্যের ক্ষমতাকে চার্চ ও সংগঠনগুলির ক্ষমতা থেকে পৃথক করা হয়েছিল। এই হিন্দু প্রাধান্য বহুল দেশে হিন্দুদের ধর্মীয় শাসক গোষ্ঠীর কোন *'চার্চ'* নেই, সুতরাং ভারতের জন্য প্রকৃত অর্থে ধর্মনিরপেক্ষতা নিরর্থক। অন্যথায় বামপন্থীদের পরিভাষায় যে পথে ধর্মনিরপেক্ষতা প্রয়োগ করা হয়, সে ক্ষেত্রে রাজ্য ধর্মবিরোধী। মার্কসবাদী সাংসদরা প্রধানমন্ত্রীর দ্বারা কোন পরিকল্পনায় প্রদীপ জ্বালিয়ে (এই

প্রয়োগ হিন্দু মন্দিরগুলিতে ব্যাপক ভাবে আছে) আর নারকেল ভেঙে উদ্‌ঘাটন করার ওপর প্রবল আপত্তি জানান। তাঁরা অভিযোগ করেন যে, এটা হচ্ছে হিন্দু প্রতীক আর এক ধর্মনিরপেক্ষ রাষ্ট্রে প্রধানমন্ত্রীর এ কাজ করা মোটেই উচিত নয়। ধর্মনিরপেক্ষতার এই ধারণাকে আমরা প্রত্যাহার করি। আমি একে আক্রামক বামপন্থীদের ধর্মনিরপেক্ষতা বলে চিহ্নিত করছি। 1969 সালে ধর্মনিরপেক্ষতার এই বৈশিষ্ঠ্যকে সংস্কৃতির সংরক্ষণের নামে উৎসাহ প্রদান করেছিল তৎকালীন কংগ্রেস সরকার আর সেই সমস্ত বামপন্থী শিক্ষার্থীরা, যারা জহরলাল নেহরু বিশ্ববিদ্যালয়ে অধ্যয়ণ করছিলেন বা সরকারী সহায়তায় গবেষণায় রত ছিলেন। বামপন্থীদের এই আক্রামক ধর্মনিরপেক্ষতায় বিশ্বাসী কিছু বুদ্ধিমান মানুষ মুসলমানদের মধ্যেও আছে। এটা খুবই দুঃখজনক যে, ভারত বিভাজন আর স্বাধীনতা প্রাপ্তির প্রায় ছয় দশক পরেও বুদ্ধিমান মুসলমানদের এক বিরাট অংশ ভারতে মুসলমানী কট্টরতা আর বামপন্থীদের আক্রমণান্তক ধর্মনিরপেক্ষতার মধ্যে রাস্তা খুঁজে বেড়াচেছন। এই দুটির মধ্যবর্তী অংশে যে স্থান আছে, তাকে বুদ্ধিমান মুসলিমরা গ্রহণ করতে পারেন আর সেক্ষেত্রেও পুণরুত্থানকে বিকশিত করার জন্য দৃষ্টিগোচরে রাখা উচিত। এই বিষয় পরে আলোচিত হবে।

এই ধর্মনিরপেক্ষতার অর্থ হল ঃ (ক) সমস্ত ধর্মের জন্য রাজ্য নিরপেক্ষ; (খ) আইনের চোখে সমস্ত ধর্ম সমান; (গ) ধর্মীয় দলগুলির আনুগত্য প্রদর্শনের ক্ষেত্রে একই আইন থাকবে; (ঘ) সংখ্যাগরিষ্ঠদের উপর সংখ্যালঘুদের সঙ্গে সমন্বয় গড়ে তোলার বিশেষ দায়িত্ব থাকবে *(প্রয়োজন হলে পার্সী সমুদায়ের মতন সমন্বয় সৃষ্টি করতে হবে)*... কিন্তু অবশ্যই এক্ষেত্রে উভয় পক্ষেরই দায়িত্ব রয়েছে। এই ভাবে সংখ্যালঘুরাও সংখ্যাগরিষ্ঠদের সাধনার পথকে মসৃণ করবেন। ধর্মনিরপেক্ষকা একতরফা দায়িত্ব হতে পারে না। (ঙ) সংস্কৃতির উন্নতির জন্য সংস্কৃতিকরণ প্রক্রিয়ার স্বীকৃতি।

আমি আবার এই কথার ওপরে জোর দিতে চাইছি যে, রাজ্য আর ধর্ম ভিন্ন-ভিন্ন। যদিও ধর্ম মানুষের ব্যক্তিগত ব্যাপার, কিন্তু তবুও রাষ্ট্রে এমন আইন বা নীতি প্রয়োগ করা উচিত নয়, যাতে ধর্মে প্রাচীনপন্থা জন্ম

নেয়। এর পরিবর্তে রাষ্ট্রের এমন পরিবেশ সৃষ্টি করা উচিত, যাতে মানুষ নিজেদের নমনীয়তা আর মিলে-মিশে থাকার জন্য পরিবর্তনকে এগিয়ে নিয়ে যায়। রাষ্ট্রের এমন আইন তৈরী করা উচিত, যা সংস্কৃতি আর ধর্মের মূল বিষয়ে কোন হস্তক্ষেপ করে না, সমাজকে একত্রিত করে রাষ্ট্রীয় দৃষ্টিভঙ্গীকে উৎসাহিত করে।

একটি ধর্মের পুণরুত্থান নিশ্চিত রূপে অন্য ধার্মিক আস্থাগুলিকেও প্রভাবিত করবে। উদাহরণস্বরূপ নারীদের স্থান। বর্তমানে এটা হিন্দুদের আলোচনার বিষয়, যা মুসলিমদেরও প্রভাবিত করছে। সমাজে প্রচলিত পীড়াদায়ক প্রথা, প্রাচীন বিবাহ প্রথা ও উত্তরাধিকার সূত্রে প্রাপ্ত আইনের বিরুদ্ধে হিন্দু নারীরা যে আন্দোলন শুরু করেছিল, তা মুসলমান সমাজকেও আন্দোলিত করেছিল। একটি ধর্মের প্রগতিশীল ঝোঁক অন্য ধর্মকেও নিশ্চিত রূপে প্রভাবিত করবে। ভ্রাতৃত্ব বোধের যে প্রতীক মুসলমান সমাজে ছিল, হিন্দুরা তাকে পাথেয় করে ধর্ম পরিবর্তনের পটভূমিতে অনুন্নত জাতির ক্ষেত্রে সেই চিন্তাধারাকে প্রয়োগ করেছেন।

আমার মনে হচ্ছে, মুসলমানদের তুলনায় হিন্দুদের পুণরুত্থানের পরিস্থিতি সৃষ্টি করা অনেক বেশী সহজ হবে। এর কারণ হচ্ছে এটা যে, ইসলামের আধ্যাত্মিক শক্তির কেন্দ্র ভারতের বাইরে। ভারতে এমন কোন ইসলামিক আধ্যাত্মিক ক্ষমতা নেই, যেটা ধার্মিক আদেশগুলির পুণরুত্থানের প্রয়োজন অনুসারে অর্থ তৈরী করতে পারে অথবা এমন করার জন্য অধিকার প্রাপ্ত করতে পারে। তাই রাষ্ট্রের এমন কোন পদক্ষেপ নেওয়া উচিত নয়, যার জন্য রাষ্ট্র ইসলামদের ধর্মীয় ক্রিয়াকলাপের উপর হস্তক্ষেপ করছে বলে মনে হয়। শুধু সেই পদক্ষেপ ছাড়া, যা *"আইনের দৃষ্টিতে সমান"*–য়ের ধারণাকে স্পষ্ট করে, যেমন – এক নারীর সাক্ষী পুরুষের সাক্ষীর সমান হয় *(প্রাচীনপন্থী ইসলামিক আইন এটা বলে যে, একজন পুরুষের সাক্ষ্যের মোকাবিলা কার জন্য দুটি নারীর সাক্ষ্য প্রয়োজন)*। কিন্তু আমাদের আশা এই যে, উলেমারা নিজে মুসলিম সমাজের প্রগতির ব্যাপারে চিন্তা করবেন এবং সময়ের সাথে চলবেন। মুসলমান সমাজের মোল্লারা বিবাহ এবং উত্তরাধিকার সূত্রের জন্য শরিয়তকে পাথেয় করা হোক, তা দাবী করতে না পারলেও ডাকাতির ক্ষেত্রে *(যেটাতে মুসলিমদের*

হাতের কব্জি কেটে দেওয়া হয়) মুসলমানী দণ্ড না দেওয়া হোক্, দাবী করতে পারেন। যদি সমগ্র ভারতে শরিয়তের সমগ্র অংশকে সক্রিয় না করা হয় *(উদাহরণস্বরূপ ঃ দণ্ড সংহিতা শরিয়ত ভিত্তিক হওয়া উচিত নয়)*, তাহলে শরিয়তের কোন্ অংশকে নায্য সামাজিক আইন ও দুস্কৃতীদের আইনের থেকে বাদ দিয়ে দেওয়া হবে?

এই পরিমার্জিত ও প্রচারিত ধর্মনিরপেক্ষতা আজ অর্থহীন হয়ে উঠেছে। ভারতের সাধারণ মানুষ ধর্মনিরপেক্ষতা বলতে যা বোঝেন, তা পুরোপুরি বে-মানান। এখন প্রশ্ন হল, আমরা কি ধর্মনিরপেক্ষতাকে সেই ভাবে পরিমার্জিত করব, যাতে সাধারণ মানুষ তাকে গ্রহণ করতে পারে, না কি রাস্ট্রের মৌলিক শর্তের কাছে আত্মসমর্পনের জন্য ছেড়ে দেব।

যখন মার্টিন লুথার ইউরোপে ধর্মনিরপেক্ষতার সংজ্ঞা নির্ধারণ করেছিলেন, তখন এর সরল অর্থ এই ছিল যে, চার্চের নির্দেশগুলি আলাদা রেখে রাস্ট্র স্বাধীন ভাবে দেশ শাসন করবে। এই ভাবে ধর্মনিরপেক্ষ সরকার রাস্ট্র ও রাজ্যকে সুরক্ষিত রাখবেন, এই কাজের জন্য চার্চের অনুমতি থাকুক আর নাই থাকুক। পরে মার্কসবাদীরা ধর্মকে *'জনসাধারণের আফিম'* বলে ধর্মনিরপেক্ষতাকে পরিমার্জিত করে বলেন – ধর্মকে পুরোপুরি ত্যাগ করা হোক্।

পরে ভারতের জওহরলাল নেহরু ও তাঁর অনুগামীরা মার্কসবাদী পরিমার্জিত ধর্মনিরপেক্ষতাকে গ্রহণ করে নেন। নেহরু আধুনিক ভারতের জন্য অতীতের কোন্ শিকড়টি আবশ্যক আর কোন্টিকে ত্যাগ করতে হবে, তা বেছে নিতে ব্যর্থ হন। বৈজ্ঞানিক চিন্তাধারার দোহাই দিয়ে তিনি অতীতের অধিকাংশ অংশকে অস্পস্ট ও অজ্ঞাত বলে ত্যাগ করেন। তাঁর কট্টরপন্থী ধর্মনিরপেক্ষতা ভারতীয়দেরকে নিজেদের অতীত থেকে বিচ্ছিন্ন করে দেয়, ভারতের 80% হিন্দুদের কাছে হিন্দু ধর্ম শুরুর থেকে কোন *'চার্চ'*, *'পোপ'* অথবা *'পুস্তক' (বাইবেল)* ছিল না কিংবা মার্টিন লুথার বা মার্কসকেও তারা পাননি। অপর দিকে গান্ধী জী ও প্যাটেলের অসময় মৃত্যুর জন্য নেহরুর সামনে কোন রাজনৈতিক সংকটও ছিল না, তাই 1964 সালে নেহরুর মৃত্যু পর্যন্ত মার্কসীয় ধর্মনিরপেক্ষতা নীতিরই এক

মোড়ক ভারতে থেকে যায়। ধর্মনিরপেক্ষতার প্রধান ধারণাকে না মেনে নেহরু নিজের খেয়ালে একে বদলাতে চান আর তার ফলে এর ধারণায় এক বিশাল শূণ্যতার সৃষ্টি হয়... যেটাকে পূরণ করা ছিল অত্যন্ত আবশ্যক।

কিন্তু কংগ্রেস পার্টি রাজনৈতিক ধর্মনিরপেক্ষতার রূপ অঙ্কন করতে ব্যর্থ হয়। একজন ভারতীয় নাগরিক কি ভাবে ধর্মনিরপেক্ষতা বজায় রেখে অন্যান্য ধর্ম, প্রদেশ ও ভাষাভাষী নাগরিকদের সাথে মিশবেন, যার ভিত্তিতে অন্যান্যরা নিজেদের ভারতীয় নাগরিক হিসাবে মেনে নেবেন। হিন্দুরা এটা ভাবতে পারে না যে, ভারত হচেছ সেই অঞ্চল, যাকে ইংরেজ সাম্রাজ্যবাদীরা একটা দেশ হিসাবে বেঁধে রেখেছে। এই ধরণের হাস্যকর চিন্তা জওহরলাল নেহরু বিশ্ববিদ্যালয়ের ইতিহাসবিদ্‌রা পোষণ করেন, কিন্তু ভারতীয় নাগরিকদের গেলাতে ব্যর্থ হন। এই ধারণা শূণ্যতার সৃষ্টি করে, কিন্তু এতগুলি বছরে প্রচার মাধ্যমের বৃদ্ধির সাথে-সাথে জনসাধারণের ভারতীয় হবার আকাঙ্খা আরও বৃদ্ধি পেয়েছে। এই শূণ্যতাকে ভরাট করতে হবে আর জনসাধারণের রাষ্ট্রীয় মর্যাদার আকাঙ্খাকে সফল করতে হবে।

আমার দৃষ্টিতে নেহরু সৃষ্ট এই ধর্মনিরপেক্ষতা ব্যর্থ হওয়ার কারণ তিনি ভারতের সংস্কৃতির পথে বাধার সৃষ্টি করেছিলেন। নেহরু সৃষ্ট ধর্মনিরপেক্ষতাকে সমাজ ব্যবস্হা উদাসীনতা ও নেতিবাচকতার স্তুপে ফেলে দিয়েছে। একে আত্মসাৎ করার জন্য ইতিবাচক দৃষ্টিভঙ্গী *(সংস্কৃতিকরণ)*-র ঘাটতি ছিল।

হিন্দু ধর্মের সংস্কৃতিকরণের প্রক্রিয়া রাষ্ট্রীয় স্বয়ং সেবক সংঘ দ্বারা প্রতিপাদিত হয়েছিল বলে নিম্ন আর বঞ্চিত জাতিগুলির প্রতি আকর্ষণ বেশী ছিল। যবে থেকে উত্তর প্রদেশের রাজনৈতিক শক্তি দ্বারা সংস্কৃতিকরণ শুরু হয়েছে, তবে থেকে যাদব, কূর্মী আর লোধেরা হিন্দু ধর্মের প্রতি সর্বাধিক অনুগামী হয়ে উঠেছে।

তাই যাদবদের নেতা মুলায়ম সিংহ, কূর্মী নেতা নীতিশ কুমার ও লোধ নেতা কল্যাণ সিংহ আর উমা ভারতী হিন্দু ধর্মের তাপ অনুভব করেছেন

আর সেই অনুযায়ী তাঁদের উপর কাজের চাপ বেড়েছে। RSS-য়ের নেতৃত্বের স্থানে ব্রাহ্মণরা প্রাধান্য পেলেও এই দল গঠিত হয়েছে মুখ্যতঃ বজরঙ্গ দল আর হিন্দু দরিদ্র আর শ্রমিক মানুষদের নিয়ে।

সুতরাং সংস্কৃতিকরণের পথে জাতি প্রথা যে হিন্দু বিরোধী, সেই বোধকে উৎসাহিত করা উচিত। এই ধরণের আহ্বানের জন্য পর্যাপ্ত ধার্মিক চিন্তন হাতের কাছেই রয়েছে, যেমনটি ডঃ এম. ভি. নাদকার্নী বলেছিলেন *(আগেই উল্লেখ করা হয়েছে)*। তিনি বিশ্বাসপূর্বক প্রমাণ করে দিয়েছিলেন যে, জন্মভিত্তিক জাতি প্রথা হিন্দু ধর্মীয় সিদ্ধান্তের পরিপন্থী।

কেবল এই ধরণের পদ্ধতিই ভারতীয় মানসকে সাম্প্রদয়িক দূষণ থেকে মুক্ত করতে পারে আর অধিনায়কত্বের সামনে আসা বিপদকে রুখতে পারে। ভারতীয় সংস্কৃতির আধুনিকীকরণ চাই, পশ্চিমীকরণ নয়। আমাদের ভারতের ধর্মীয় উম্মাদনাকে রোখার জন্য ধর্মের সঠিক ব্যবহার করতে হবে।

বামপন্থীদের আক্রমণাত্মক ধর্মনিরপেক্ষতা এই কাজটা করতে পারে না, কেন না কর্তৃত্বপূর্ণ মার্কসবাদ রাজ্যের অনুকূল নয়, কারণ এতে ধর্মকে দেশদ্রোহী শক্তি হিসাবে আখ্যা দেওয়া হয়। অন্য দিকে আছেন ধর্মীয় কট্টরপন্থীরা, তাঁরা অন্য ধর্মের স্বাধীনতার প্রতি বাধা-নিষেধ লাগু করতে চাইলেও নিজের ধর্মের ব্যাপারে নিজেদের দৃষ্টিভঙ্গীর ভিত্তিতেই অর্থ নির্ধারণের স্বাধীনতা চান। এমনটি কেবল কোন ধার্মিক রাজ্যেই সম্ভব। ভারতের হিন্দু পুরাতনপন্থীরা *(ঈশ্বরের কৃপায় যাদের সংখ্যা খুবই নগন্য)* কঠোর জাতি প্রথা, অস্পৃশ্যতা ও নারীদের নিম্ন স্তরে রাখার বিষয়ে মত পোষণ করেন, কিন্তু মুসলমানী প্রথার নিন্দাতেও তারা পিছপা নন। এমন মতবাদীদের জন্য ইসলাম প্রবর্তিত বিশ্বব্যাপী ভ্রাতৃত্ববোধ অনুকরণ করা উচিত নয়, কারণ তাঁরা এই প্রথাকে ভিত্তি করে নিজেদের জাতিপ্রথাকে আরও শক্ত করতে চাইবেন।

ভারতের মুসলমান কট্টরপন্থীরা দুই ধরনের মানদণ্ডে উপদেশ দেন। তাঁদের বিশ্বাসের স্তম্ভ হল প্রতিক্রিয়াশীল ধর্মনিরপেক্ষতা। তাঁরা ইসলামী

দেশগুলিতে হিন্দুদের প্রতি করা বৈষম্যপূর্ণ ব্যবহারকে ন্যায়সঙ্গত মনে করেন, অপর দিকে ধর্মনিরপেক্ষতার নামে ভারতীয় মুসলমানদের জন্য নিরাপত্তা ও সংরক্ষণের দাবী করেন। উদাহরণস্বরূপ ঃ সৌদী আরবে যদি কোন প্রবাসী শ্রমিক কোন মূর্তির পূজা করেন বা দেওয়ালীর উৎসব পালন করেন, তবে তাঁকে সত্ত্বর গ্রেপ্তার করা হয় এবং দণ্ড দেওয়া হয়। সৌদী আরব এক মুসলিম রাষ্ট্র, এই ভিত্তিতে কট্টরপন্থী মুসলিমরা একে উচিত বলে মনে করেন। কিন্তু ভারতে তাদের প্রতি সামান্য বাধা-নিষেধ আরোপ *(উদাহরয়স্বরূপ ঃ শাহ বানো মামলায় সর্বোচ্চ আদালতের প্রসিদ্ধ সিদ্ধান্ত)* করা হলে কট্টরপন্থীরা সর্বাধিক হিংসাত্মক ভাব প্রদর্শন করতেও পিছপা হননি। মুসলিম কট্টরপন্থীদের দ্বারা প্রয়োগ করা এই মানদণ্ডের জন্য হিন্দুদের দৃষ্টিতে ধর্মনিরপেক্ষতার স্বরূপ হেয় হয়েছে এবং এর ফলে প্রতিক্রিয়াশীল সাম্প্রদায়িক শক্তিগুলি আরও মজবুত হয়েছে। এই কারণে আমি একে প্রতিক্রিয়াশীল ধর্মনিরপেক্ষতা বলি।

কিন্তু এই ধর্মনিরপেক্ষতার স্বরূপ ভালো আর সেটা আমাদের পরিবেশের সাথে মিল খায়। ভারতের ইতিহাসে ধর্মীয় বোধের ধারণা বৌদ্ধ আর মোগল কালের। সব মিলিয়ে বলা যায়, হিন্দু রাজারা যে ধর্মনিরপেক্ষতা ব্যবহার করেছিলেন, সেটা আক্রমণাত্মক বামপন্থী এবং প্রতিক্রিয়াশীলবাদীদের ধরণ থেকে ভিন্ন।

তবুও ইতিহাসের বর্তমান বাঁকে স্বাধীনতা প্রাপ্তির প্রায় ছয় দশক পর ধর্মনিরপেক্ষতাকে পুনরায় পরিমার্জিত করার প্রয়োজন আছে। ধর্মনিরপেক্ষতার এই ধারণা অতীতের সঙ্গে যুক্ত, ভালো এবং খারাপ – উভয় ধারণাই। আমরা গৌরবান্বিত অধ্যায় থেকে অবশ্যই শিক্ষা নেব আর লজ্জাজনক বিষয় থেকেও। এই ধরণের ধর্মনিরপেক্ষতা কোন সম্প্রদায়ের ভ্রাতৃত্ববোধ, তাদের সম্মান ও অনুসন্ধানের ভিত্তিতে গড়ে উঠবে।

কট্টরপন্থী মুসলিমরা ভারতীয় রাষ্ট্রে কেবল শরিয়তের সেই জিনিসগুলিকেই কার্যকর করতে চান, যেগুলি তাঁরা পছন্দ করেন। একজন মুসলিম ভারতে ডাকাতি করলে শরিয়ত নির্দেশিত আইন *(হাত কেটে*

নেওয়া) তার পর বর্তাবে না, এক ধর্মনিরপেক্ষ রাষ্ট্র এই ধরণের আংশিকতাকে কি ভাবে স্বীকার করতে পারে? যদি মুসলিমরা ভারতে উম্মাদী শরিয়তের অংশ বিশেষকেই বলবৎ করতে চান, তাহলে এই অংশের শেষ কোথায়? এই আংশিকতার মধ্যে তারা নিজেদের আইনকে শামিল করে নিচেছন না কেন?

ভারতের জন্য সমান নাগরিক নিয়মাবলী ঃ

ভারতের নাগরিকদের জন্য সমান নিয়মাবলী স্বীকার করা উচিত কি না? এই প্রশ্নকে আইনী প্রশ্ন হিসাবে মানা উচিত, কেন না এটা সংবিধানের নির্দেশিত সিদ্ধান্তের অন্তর্ভুক্ত 44 নং ধারা দ্বারা *'রাজ্য'*-কে দেওয়া আদেশ।

দুর্ভাগ্যবশতঃ ভারত যখনই আইনী প্রশ্নে মুসলিম ভোটের প্রতি ভরসা করে, তখনই রাজনীতিকরণ প্রয়োজন হয়ে পড়ে।

সংবিধানের 44 ধারায় আছে ঃ

'ভারতীয়দের জন্য রাজ্য সমস্ত অঞ্চলে সমান নাগরিক অধিকার বলবৎ করার প্রয়াস চালাবে।'

পারিবারিক ও ব্যক্তিগত বিষয়ে আইন প্রণয়নের ক্ষেত্রে এই নাগরিক নিয়মাবলীতে বৈপরীত্যের সৃষ্টি হয়েছে, যেমন – বিবাহ বিচেছদ, উত্তরাধিকার ও দত্তক প্রভৃতি বিষয়গুলির ক্ষেত্রে এক বিবাদ দাঁড়িয়ে যায়।

সংবিধান নির্মাতাদের *'ব্যক্তিগত আইন'*-য়ের অর্থ কি ছিল, এটা সংবিধানের অনুচেছদ 7, তালিকা III, দফা 5 দ্বারা স্পষ্ট রূপে বলা যায়।

দফা 5 বলছে ঃ

"5 = বিবাহ আর বিবাহ বিচেছদ; বাচ্চা আর নাবালক; উইল; মৃত্যুর আগে উইল তৈরী করতে না পারা আর উত্তরাধিকার; সংযুক্ত পরিবার আর ভাগাভাগি; সেই সব বিষয় এই সংবিধান শুরু হবার ঠিক আগেই আইনী মামলার সঙ্গে যুক্ত প্রতিনিধিদের সমর্পন করা হয় আর তাঁরা তাঁদের ব্যক্তিগত আইন দ্বারা সমাধান করতেন।"

ইসলামী ধর্মের ভিত্তিতে মুসলমনাদের জন্য পৃথক ব্যক্তিগত আইনের বিধান করার ফলে মুসমান সম্প্রদায়ের আলাদা পরিচিতির সৃষ্টি হয়েছিল। এর প্রভাব যে কতটা ক্ষতিকারক ছিল, তা সংবিধান প্রণেতারা দেখেছেন। এর দুঃখজনক ফলাফল–'*দুই রাস্ট্র*'-র সিদ্ধান্তের ভিত্তিতে ভারত বিভাজন এবং এই সিদ্ধান্তের মূলে ছিল ধর্ম। সুতরাং সংবিধানসভায় এই কথা স্পস্ট করে দেওয়া হয় যে, একটি ধর্মনিরপেক্ষ রাস্ট্রে বিবাহ, ঐতিহ্য আর উত্তরাধিকারের মত বিষয়গুলির নির্ধারণ ব্যক্তিগত আইন করবে না, করবে দেশের আইন। তাই রাস্ট্রের ঐক্যের জন্য সমান নাগরিক নিয়মাবলীর প্রয়োজন ছিল *(কে. এম. মুন্সী VII, সি.এ.ডি. 547-48)*। পরে যখনই সংসদে নাগরিকদের সমান অধিকার নিয়ে প্রশ্ন তোলা হয়েছে, তখনই সেটা মুসলমানদের মনোভাবে আঘাত সৃষ্টি করা হবে ভেবে সরকার এই বিষয়ের বিরোধিতা করেছেন। যতক্ষন না মুসলমানরা নিজে থেকে এর দাবী তুলছেন, ততক্ষন পর্যন্ত মৌলিক আইনের নির্দেশ কার্যকরী করা যাবে না *(দেখুন ঃ 15-ই আগস্ট, 1995 – লাল কেল্লা থেকে প্রাক্তণ প্রধানমন্ত্রী শ্রী নরসিম্হা রাও-য়ের স্বাধীনতা দিবস উপলক্ষে দেওয়া ভাষণ)*। এর পরও সর্বোচ্চ আদালত একাধিক সময়ে সুপারিশ করে যে, সমান নাগরিক অধিকার তৈরী করার জন্য সত্ত্বর পদক্ষেপ নেওয়া উচিত *(মুদ্গল বনাম ভারত সংঘ (1995). এস. সি. সি. 635 কুলদীপ সিংহ এবং সহায়. ন্যায়াধীশ)*।

শরিয়ত ভুল করতে পারে না অথবা এটা অপরিবর্তনশীল, তার প্রমাণ এই তিক্ত সত্যে রয়েছে ঃ কয়েকটি মুসলমান দেশ একে হয় কয়েকটি দিক থেকে পাল্টেছে অথবা একে ছুঁড়ে ফেলে দিয়েছে। আর এই কাজটি করেছে কট্টর মুসলমান রাস্ট্র টিউনিশিয়া, সে ধর্মগ্রন্থগুলোর উদার আর প্রগতিশীল অর্থ স্থির করছে।

(শরিয়তের) অপরিবর্তনশীলতার ওকালতি করা ব্যক্তিরা পাকিস্তানের লাহোর উচ্চ আদালতের মুসলমান জজ হক্-য়ের নিম্নলিখিত উল্লেখ দ্বারা শান্ত হয়ে যাবে –

আইনের ইতিবাচক শাসনের স্বার্থে এমন ব্যবস্থা নেওয়া সঠিক হবে না যে, দেশে আজকের আদালতগুলির কোরানের ভিন্ন অর্থ করার

অধিকার অথবা শক্তি নেই, যেমনটা আগের ন্যায়বিদ অথবা ইমামরা করেছিলেন। এমন চিন্তাধারা গ্রহণ করলে কোরানের ধর্ম আর আইনগুলির গতিময়তা আর বিশ্বব্যাপী স্বরূপ বিপদগস্ত হয়ে পড়বে।

এই যুক্তি যে, শরিয়তে কোন সংশোধন সম্ভব নয়, সংবিধান সভায় কিছু মুসলমান সদস্যরা তুলেছিলেন, কিন্তু সেটাকে ডাঃ আম্বেদকর অস্বীকার করে দেন। এই প্রসঙ্গে ডাঃ আম্বেদকর কি বলেছিলেন, হয়তো সেটা দেখে বা পড়ে কিছু লোকের চোখ খুলে যাবে *(VII সি. এ. ডি. 5)*।

'1935 পর্যন্ত উত্তর-পশ্চিম ফ্রন্টিয়ার প্রান্তের ওপর শরিয়তের আইন লাগু ছিল না; তারা উত্তরাধিকার আর অন্য মামলায় হিন্দু আইনের পালন করতেন... এমন কি 1939 সালে কেন্দ্রীয় বিধানসভাকে এই ক্ষেত্রে আসতে হল আর উত্তর-পশ্চিম ফ্রন্টিয়ার প্রান্তে মুসলমানদের জন্য হিন্দু আইনকে সমাপ্ত করতে হল আর তারপর তাদের ওপর শরিয়তের আইন জারী করা হল...। উত্তর-পশ্চিম ফ্রন্টিয়ার প্রান্ত ছাড়া 1937 সাল পর্যন্ত ভারতের বাকী অংশেও, যেমন – সংযুক্ত প্রান্ত, কেন্দ্রীয় প্রান্ত আর মুম্বাই-তে মুসলমানেরা খুবই অধিক সীমা পর্যন্ত উত্তরাধিকারের মামলায় হিন্দু আইন দ্বারা শাসিত হতেন... এমন কি উত্তর মালাবারে মরুমক্কাথয়মে আইন সবার ওপর জারী ছিল... শুধুমাত্র হিন্দুদের ওপরেই নয়, বরং মুসলমানদের ওপরেও।'

ভারতেও 19 শতাব্দীর শুরুতেই *দণ্ড সংহিতা* আর *সাক্ষ্য আইন* তৈরী করে অপরাধ আর সাক্ষ্য সম্বন্ধীয় ব্যাপারে কোরানের আইনগুলিকে স্থগিত করে দেওয়া হয়েছিল এবং এটা করে মুসলমানদের নিম্নলিখিত মধ্যযুগের যন্ত্রণার থেকে মুক্ত করে দেওয়া হয়, যা এখনও পাকিস্তান আর বাংলাদেশের মতো মুসলমান দেশগুলিতে প্রচলিত আছে।

(ক) চুরির অপরাধে সাজা হিসাবে অপরাধীর হাত কেটে নেওয়া আর ব্যাভিচার করলে শাস্তিস্বরূপ পাথর ছুঁড়ে-ছুঁড়ে নারীর প্রাণ নিয়ে নেওয়া।

(খ) ব্যাভিচার করলে আর ধর্ম ছেড়ে দেওয়ার শাস্তি মৃত্যু।

(গ) যেখানে সাক্ষী নারী; সেখানে পুরুষের সাক্ষ্যের বিরুদ্ধে অনুপাত 2:1।

নতুন আইন প্রণয়ণের মাধ্যমে ভারতীয় দণ্ডবিধি পাল্টে দেওয়া হয়েছে।

ভারতে অপরাধ আর সাক্ষ্যের আইন মুসলমান আর অ-মুসলমানের মধ্যে কোন ভেদাভেদ করে না। মুসলমানদের অভ্যন্তরীণ বিবাদের সমাধানের জন্য বিচারকের মুসলমান হওয়াটা আবশ্যক নয়।

এই প্রসঙ্গে একজন সমালোচক বলেন যে, গোয়ায় পর্তুগীজদের শাসনের দিনে মানুষ সমান নাগরিক অধিকার দ্বারা শাসিত হত আর তাতে গোয়ার মুসলমানদের পরিচিতি অথবা সংস্কৃতি সমাপ্ত হয়নি। সুতরাং এবার সংসদের এক সমান নাগরিক অধিকারের নিয়মাবলী তৈরী করা উচিত। বিচক্ষণ হিন্দুদের একদল জোরদার বিরোধিতা করার জন্য, সংসদ হিন্দুদের বিবাহ আর উত্তরাধিকার সম্পর্কিত আইনগুলিকে পাল্টে দেয়। স্বয়ং ডাঃ রাজেন্দ্র প্রসাদ এই ভিত্তিতে এটার বিরোধিতা করেছিলেন যে, যেহেতু সংবিধানের ধারা 44 সবার ওপর সমান ভাবে সারা দেশে লাগু হয়, একে যেন কেবল হিন্দুদের ওপর চাপানো না হয় আর সরকার হিন্দুদের ব্যক্তিগত আইনের স্থানে যে হিন্দু কোড বিল আনছিল, সেটার নিজের নির্বাচন মণ্ডলের কাছ থেকে এই ধরণের অধিকার প্রাপ্ত ছিল না।

এই সব কিছুর উর্দ্ধে, দেশ বিভাজনের পর যেসব মুসলমান ভারতে থেকে গিয়েছিলেন, তাঁদের এটা ভালো ভাবে জানা ছিল যে, বিভাজিত ভারত সংসদীয় গণতন্ত্রের ধারণাকে স্বীকার করতে চলেছে আর এখানে মধ্যযুগের মত কোন মুসলিম প্রথা থাকবে না, যাতে শরিয়তের আইন দেশের সর্বোচ্চ আইন হবে। তাঁদের এটাও জানা ছিল যে, আলাদা-আলাদা সম্প্রদায়গুলির ধর্মভিত্তিক ব্যক্তিগত আইন ভারতের *'ধর্ম নিরপেক্ষ'* রাষ্ট্রের ধারণার সাথে খাপ খায় না, যার ওপর স্বাধীন ভারত নিজের বুনিয়াদ দাঁড় করিয়েছিল।

তথ্যের দৃষ্টি থেকেও ভারত সরকার এটা সঠিক বলে মনে করে না যে, সমস্ত মুসলিম সম্প্রদায় 44 ধারা লাগু করার বিরোধী। শাহ বানোর মামলায় এই কথা সামনে চলে আসে যে, মুসলমানদের মধ্যে কেবল সুন্নী শ্রেণীই এই সিদ্ধান্তের জোরদার বিরোধিতা করেছিল।

সর্বোচ্চ আদালত ধারা 44-য়ের মামলায় এই ভিত্তিতে নিজের হাত

গুটিয়ে পারে না যে, এটা নির্দেশিত সিদ্ধান্ত আর একে সরাসরি লাগু করা যায় না। *(জর্ডন বনাম চোপড়া, 1985-3, এস. সি. সি. 62)* এ ছাড়াও সর্বোচ্চ আদালতের কিছু ন্যায়াধীশ আদালতের বাইরে এই ধরণের মত ব্যক্ত করেন। গজেন্দ্র গাডকর, মুখ্য ন্যায়াধীশ এবং চেয়ারম্যান, বিধি আয়োগ, নিজের পুস্তক *সেক্যুলারিজম্ এ্যাণ্ড দ্য কন্সটিটুশন অফ্ ইণ্ডিয়া (1971)* পৃষ্ঠা 126-তে, ন্যায়াধীশ শৈলত, *সেক্যুলারিজম্, প্রিন্সিপল্স এ্যাণ্ড এ্যাপ্লিকেশন (1972)*, ন্যায়াধীশ হেগড়ে, জানুয়ারী 1972-তে *ল ইন্সটিটিউটে*, ন্যায়াধীশ তুলজাপুরকর এ. আই. আর.-য়ের এক লেখায় (1987), জোরস 17; মুখ্য ন্যায়াধীশ বেগ নিজের মোতিলাল নেহরু লেকচার *'ইম্প্যাক্ট অফ্ সেক্যুলারিজম্ অন্ লাইফ এ্যাণ্ড ল'*-তে এই বিষয়ে মত ব্যক্ত করেন। ন্যায়াধীশ কুলদীপ সিংহের আগেও বহু মামলায়, সর্বোচ্চ আদালত সরকারের অকর্মণ্যতার চিকিৎসা করেছেন। তিনি ধারা 32 (2)-য়ের সাহায্য নিয়ে *(একে আদালতের হাতে ন্যায়োচিত অধিকার হিসাবে)* উল্লেখিত সিদ্ধান্তগুলির বিভিন্ন নির্দেশগুলিকে কার্যকরী করার জন্য সরকারকে সংবিধানের ধারা 38, 39, 39এ, 41, 42 আর 43-য়ের অধীনে আসার আদেশ দিয়েছেন।

আর্টিকল *(ধারা)* 44-য়ের ব্যাপারেও সর্বোচ্চ আদালতের প্রাক্তন শাখা সরকারের অকর্মণ্যতার ওপর এবং ধারা 44-কে সত্ত্বর কার্যকর করার আবশ্যকতার ওপর নিম্ন মন্তব্য করেন –

(ক) শাহ বানোর মামলায়, সর্বসম্মত সংবিধানিক বিচারসভা *(প্যারা 32)*

(খ) জর্ডন-য়ের মামলায়, ন্যায়াধীশ চিন্নপ্পা রেড্ডী *(এর আগে উদ্ধৃত) কথন দ্বারা সৃষ্ট বিভাগীয় বিচারসভায়*

শরিয়তের ব্যক্তিগত আইন অতি পবিত্র *(Sacrosanct)* নয়, মুসলমান বহুল *(নিম্ন)* দেশগুলির উদাহরণ দ্বারা স্পষ্ট হয়ে যায়, যারা বহু পত্নী প্রথাকে হয় অনেকটাই পাল্টে দিয়েছে অথবা বাতিল করে দিয়েছে।

তুর্কী – আদালত দ্বিতীয় বিবাহকে অবৈধ ঘোষিত করতে পারে, যদি দ্বিতীয় বিবাহের সময় প্রথম পত্নী বেঁচে থাকে *(তুর্কীর নাগরিক অধিকার, আর্টিকল 74)*

পাকিস্তান – আর্বিট্রেশন কাউন্সিলের অনুমতি সাপেক্ষ কোন ব্যক্তি

দ্বিতীয় বিবাহের চুক্তি করতে পারে না। এক পত্নী এই ভিত্তিতে তালাক নিতে পারে যে, তার স্বামী দ্বিতীয় কোন মহিলাকে বিবাহ করে নিয়েছে।

ইরান – আদালতের অনুমতি ছাড়া কোন ব্যক্তি দ্বিতীয় বিয়ে করতে পারে না।

মিশর, জোর্ডন, মরক্কো, সিরিয়া – যে ভাবে একাধিক বিবাহের ওপর বিধি-নিষেধ ইরান আর পাকিস্তানে রয়েছে, সেই রকম বিধি-নিষেধ মিশর, জর্ডন, মরক্কো আর সিরিয়াতেও আছে।

টিউনিশিয়া – বহু পত্নী প্রথা এখানে *টিউনিশিয়া ল' অফ্ পার্সোনাল স্টেটস্* দ্বারা পুরোপরি বর্জিত।

ইরান, আলজিরিয়া, ইন্দোনেশিয়া আর *মালয়েশিয়া*-তেও সমস্ত বিবাহের রেজিস্ট্রীকরণ, যার মধ্যে সেই সব বিবাহও রয়েছে, যেগুলো শরিয়ত অনুসারে, প্রচলিত রীতি অনুসারে হয়েছে, সে ক্ষেত্রেও অনিবার্য্য।

এই ধরনের আইন ভারতে স্বীকার করা যাবে না অথবা গ্রহণ করা যাবে না, এমন কোন কারণ নেই।

আমাদের সবাইকে নিজের দেশে সবার আগে এই মনোভাবে অভ্যস্থ করাতে হবে যে, আমাদের সবারই ভারতের হিন্দু অতীতের সাথে গভীর সম্পর্ক রয়েছে। ভারতের 82% জনসংখ্যা, অবশ্যই হিন্দু, কিন্তু আমাদের সংখ্যালঘু মুসলমান সম্প্রদায়কে এটা ভালো করে বুঝিয়ে দেওয়া উচিত যে, তাঁদের পূর্বপুরুষরা অধিকাংশ হিন্দু ছিলেন। তাঁদের ভালো আর সত্যিকারের মুসলমান হয়ে থাকার অধিকার আছে, কিন্তু তাঁরা নিজেদের হিন্দু অতীতের যেন নিন্দা না করেন, এটাও শেখা উচিত। এর মধ্যে আমাদের সাহিত্য, ভাস্কর্য, সঙ্গীত, ভাষা আর আমাদের পরিবেশের সাংস্কৃতিক দিক শামিল আছে। উদাহরণ স্বরূপ, যদি আজ একজন মুসলিম সংস্কৃত শেখেন, তাহলে কট্টর মুসলমান সেটাকে সন্দেহের দৃষ্টিতে দেখেন আর এমনটা মানেন যে, এ তো আধা হিন্দু আজ থেকেই হয়ে গেল। যদি একজন মুসলমান পিতা নিজের ছেলের নাম 'আফতাব' না রেখে 'সূর্য্যপ্রকাশ' রাখেন, তাহলে কট্টরপন্থীদের নজরে তিনি ধিক্কৃত আর হেয় হন, যখন কি এই দুই শব্দের (নামের) একটিই অর্থ।

অন্য শব্দে, প্রতিক্রিয়াশীল ধর্ম নিরপেক্ষতাব প্রয়োগ মুসলমান

কট্টরপন্থীদের ঢেকে রাখার জন্য করা হয়েছে, বর্তমান মুসলমানদের হিন্দু পূর্বপুরুষদের থেকে বিচ্ছিন্ন করা হয়েছে আর এই কাজগুলি অবদান রেখেছে দুই সম্প্রদায়কে সম্পূর্ণ বিচ্ছিন্ন করতে। ইন্দোনেশিয়া এটা দেখিয়ে দেয় যে, এই ধরনের সম্পর্ক বিচ্ছেদ ইসলামিক আস্থার পক্ষে অত্যাবশ্যক নয়।

ভারতের ধর্ম নিরপেক্ষতার জন্য দায়বদ্ধ হয়ে থাকা উচিত, কিন্তু আক্রমণাত্মক বামপন্থী আর প্রতিক্রিয়াশীল মানুষদের এর থেকে বাইরে রাখতে হবে। *তাহলে আমাদের ধর্মনিরপেক্ষতার অর্থ কি?* যেখানে নেহরু, যিনি ভারতে এই শব্দ প্রচলিত করেন, যার অর্থ ছিল ধর্ম বিরোধীর প্রতি দায়বদ্ধতা, যার উপর ইতিহাস-সম্পর্কিত পরিবর্তনের *'প্রগতিশীল'* দৃষ্টিভঙ্গীরও হাল্কা প্রভাব আছে/ছিল, গান্ধীজী একে ধর্মীয় সম্প্রদায়ের মধ্যে ভ্রাতৃত্ব হিসেবে মানতেন, যাতে সত্যের অনুসন্ধান আর সম্মানের প্রতি দায়বদ্ধতাও যুক্ত ছিল। গান্ধীজীর ধর্মনিরপেক্ষতার অন্তিম পরীক্ষা সত্য ছিল আর ধর্ম নিরপেক্ষতার পালন করার অর্থ ছিল সত্যের পথে চলা। *এটা হচ্ছে সেটা, যাকে আমি প্রবুদ্ধ ধর্মনিরপেক্ষতা বলি আর রাষ্ট্রীয় পুণরুত্থানের ভিত্তি হিসাবে আমরা ধর্মনিরপেক্ষতার এই সংজ্ঞাকে গ্রহণ করতে পারি।*

যদি মুসলমান নিজের হিন্দু পূর্বপুরুষদের স্বীকার করে নিত, তাহলে সম্প্রতি হিন্দু আর মুসলমানদের সমস্যাগুলিকে নিয়ে হওয়া বড় আর গম্ভীর উত্তেজনাকে খুবই তৎপরতার সাথে মিটিয়ে ফেলা যেত। তার ফলে *'হতাশ সংস্কৃতির রাজনীতি'*-র উদয়কে রোখা যেত, যা প্রো. ফ্রিটজ স্টর্ন-য়ের মত অনুসারে জার্মানীতে নাৎসীবাদ বৃদ্ধিতে উৎসাহ দানের পেছনে দায়ী ছিল। উদাহরণস্বরূপ, রামের জন্মভূমি নিয়ে বিবাদ কখনোই ছড়াতে পারত না। বেশ কিছু শতাব্দী থেকে হিন্দুরা ধৈর্য্যপূর্বক এই অধার্মিক কাজকে সহ্য করেছে, যেটা বাবরের এক সেনাপতি করেছিল, তার অর্থ এটা নয় যে, হিন্দুদের মানসিকতার অভাব *(1976 থেকে আর্কিয়োলোজিকাল সার্ভে অফ্ ইণ্ডিয়ার কাছে এর প্রমাণ আছে যে, মীর বকী সেখানে অবস্থিত মন্দির ভেঙ্গে বাবরী মসজিদ তৈরী করেছিল আর 2003 সালে এলাহাবাদ উচ্চ আদালত দ্বারা স্থাপিত কমিশনও এটাকে পুনঃ প্রতিষ্ঠিত করেন)* বাস্তবে, 1193 সাল থেকে নিয়ে *(যখন মোহম্মদ*

ঘোরী আজমীরকে বিধ্বস্ত করে) 1729 সাল পর্যন্ত, যখন কুলী খান ত্রিপুরায় এক মন্দির ভেঙ্গে মাটিতে মিশিয়ে দিয়েছিল, প্রায় 80-টি বড় মন্দির *(যেমনটা নীচের টেবিলে পরিস্কার বোঝা যায়)* ভাঙ্গা হয় আর হাজারো ছোট-ছোট মন্দিরকে অপবিত্র করা হয়। এটা সত্য যে, মুসলমান কট্টরপন্থীদের দ্বারা এই মনোভাবের কারণেই আজ হিন্দু চেতনায় প্রবল আলোড়ন সৃষ্টি হয়েছে।

মন্দির অপবিত্র করার ঘটনাগুলি

ক্রম	*তারিখ*	*স্থান*	*জেলা*	*রাজ্য*	*এজেন্ট*
	ক্রমাঙ্ক 1-24-র জন্য মানচিত্র 1 দেখুন, দিল্লী শাসনের সাম্রাজ্যবাদ 1192-1394				
01.	1193	আজমীর	আজমীর	রাজস্থান	মোহম্মদ ঘোরী *(স)*
02.	1193	সমানা	পাতিয়ালা	পাঞ্জাব	আইবক *(গ)*
03.	1193	কুহরাম	কমল	হরিয়াণা	আইবক *(গ)*
04.	1193	দিল্লী	-	-	মোহম্মদ আইবক *(স)*
05.	1194	কোল	আলিগড়	উ. প্র.	ঘোরী
06.	1194	বেনারস	বেনারস	উ. প্র.	ঘোরী সেনা
07.	সি 1202	নালন্দা	পাটনা	বিহার	বক্তিয়ার খিলজী *(সি)*
08.	সি 1202	ওদান্তপুরী	পাটনা	বিহার	বক্তিয়ার খিলজী
09.	সি 1202	বিক্রমশিলা	সহরসা	বিহার	বক্তিয়ার খিলজী
10.	1234	ভিলসা	বিদিশা	ম. প্র.	ইলতুৎমিশ *(স)*
11.	1234	উজ্জয়িনী	উজ্জয়িনী	ম. প্র.	ইলতুৎমিশ
12.	1290	ঝৈন	সওয়াই মাধোপুর	রাজস্থান	জালালুদ্দীন খলজী *(স)*
13.	1292	ভিলসা	বিদিশা	ম. প্র.	আলাউদ্দীন খিলজী *(গ)*
14.	1298-1310	বিজাপুর	মহসানা	গুজরাত	খিলজী আক্রমণকর্তা
15.	1295	দেবাগিরি	ঔরঙ্গাবাদ	মহারাষ্ট্র	আলাউদ্দীন খিলজী *(গ)*
16	1299	সোমনাথ	জুনাগড়	গুজরাত	উলুঘ খান *(সি)*
17.	1301	ঝৈন	সওয়াই মাধোপুর	রাজস্থান	আলাউদ্দীন খিলজী *(স)*
18.	1311	চিদম্বরম	দক্ষিণ আরকোট	তামিলনাড়ু	মালিক কাফুর *(সি)*
19.	1311	মাদুরাই	মাদুরাই	তামিলনাড়ু	মালিক কাফুর
20.	সি 1323	বারাঙ্গল	বারাঙ্গল	অন্ধ্র প্রদেশ	উলুঘ খান *(পি)*
21.	সি 1323	বোধন	নিজামাবাদ	অন্ধ্র প্রদেশ	উলুঘ খান
22.	সি 1323	পিলালমারী	নালগোণ্ডা	অন্ধ্র প্রদেশ	উলুঘ খান
23.	1359	পুরী	পুরী	উড়িষ্যা	ফিরোজ তুঘলক *(স)*
24.	1392-93	সাম্হালী	গুড়গাঁও	হরিয়াণা	বাহাদুর কে. নাহার *(সি)*

সূত্র ঃ ফুস্টলাইন *(দ্য হিন্দু)* ডিসেম্বর 22, 2000

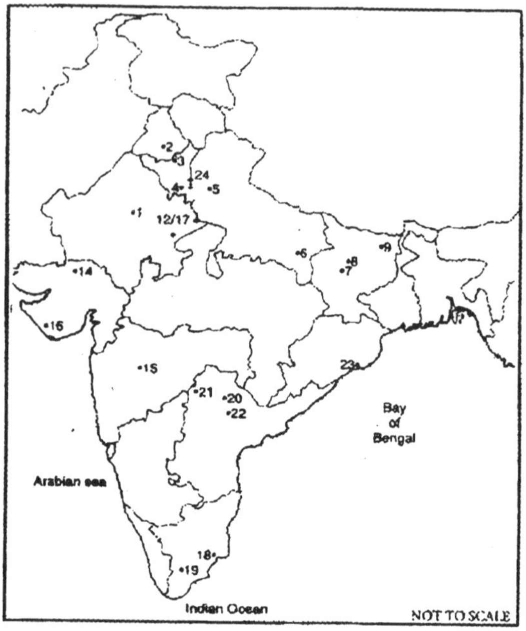

মানচিত্র 1

ক্রমাঙ্ক 25-55-র জন্য মানচিত্র 2 দেখুন, প্রাদেশিক শাসনের বিকাশ 1394-1600					
25.	1394	ইদর	সবর-কে	গুজরাত	মুজফ্‌ফর খান *(গ)*
26.	1395	সোমনাথ	জুনাগড়	গুজরাত	মুজফ্‌ফর খান
27.	সি 1400	পারসপুর	শ্রী নগর	কাশ্মীর	সিকন্দর *(স)*
28.	সি 1400	বিজবেহড়া	শ্রী নগর	কাশ্মীর	সিকন্দর
29.	সি 1400	ত্রিপুরেশভারা	শ্রী নগর	কাশ্মীর	সিকন্দর
30.	সি 1400	মার্তণ্ড	অনন্তনাগ	কাশ্মীর	সিকন্দর
31.	1400-01	ইদর	সবর-কে	গুজরাত	মুজফ্‌ফর শাহ *(স)*
32.	1400-01	দিউ	আমরেলী	গুজরাত	মুজফ্‌ফর শাহ
33.	1406	মানভী	রামচুর	কর্ণাটক	ফিরোজ বহমানী *(স)*
34.	1415	সিধপুর	মহসানা	গুজরাত	আহমদ শাহ *(স)*
35.	1433	দেলওয়াড়া	সবর-কে	গুজরাত	আহমদ শাহ
36.	1442	কুম্ভলমীর	উদয়পুর	রাজস্হান	আহমদ খিলজী *(স)*
37.	1457	মাণ্ডলগড়	ভীলওয়াড়া	রাজস্হান	মেহমুদ খিলজী
38.	1462	মালন	বনসকণ্ঠ	গুজরাত	অলালদ্দীন সোহরাব *(সি)*
39.	1473	দ্বারকা	জামনগর	গুজরাত	মেহমুদ বেগধা *(স)*
40.	1478	কোণ্ডাপালী	কৃষ্ণা	অন্ধ্র প্রদেশ	মোহম্মদ II বহমনী *(স)*
41.	সি 1478	কাঞ্চী	চিঙ্গলপুট	তামিলনাড়ু	মোহম্মদ II বহমনী

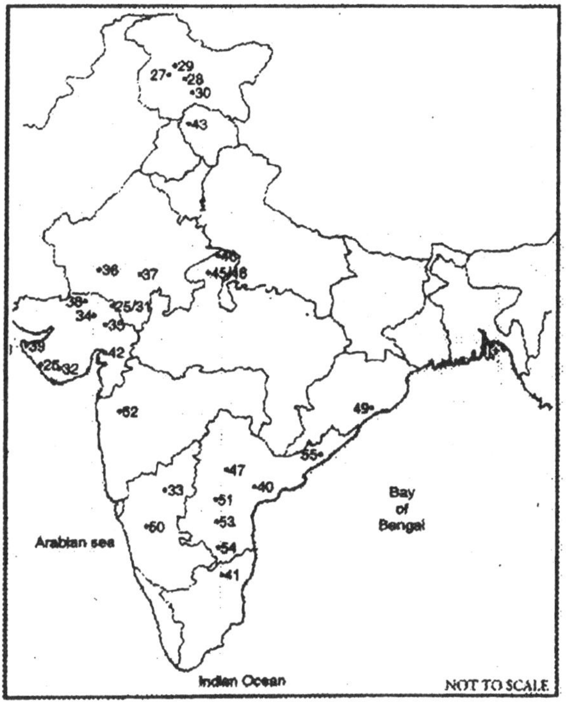

মানচিত্র 2

42.	1505	আমোদ	ব্রোচ	গুজরাত	খলীল শাহ *(জি)*
43.	1489-1517	নাগরকোট	কাঙ্গড়া	হি. প্র.	খবাস খান *(জি)*
44.	1507	উৎগির	সাওয়াই মাধোপুর	রাজস্থান	সিকন্দর লোদী *(স)*
45.	1507	নরবার	শিবপুরী	মধ্য প্রদেশ	সিকন্দর লোদী
46.	1518	গোয়ালিয়র	গোয়ালিয়র	মধ্য প্রদেশ	ইব্রাহিম লোদী
47.	1530-31	দেবরকোণ্ডা	নালগোণ্ডা	অন্ধ্র প্রদেশ	কুলী কুতবশাহ *(স)*
48.	1552	নরবার	শিবপুরী	মধ্য প্রদেশ	দিলাবর খান *(জি)*
49.	1556	পুরী	পুরী	উড়িষ্যা	সুলেমান করানী *(স)*
50.	1575-76	বাঁকাপুর	ধারওয়ার	অন্ধ্র প্রদেশ	মুরাহরী রাও *(সি)*
51.	1579	আহোবিলাম	কুরনুল	অন্ধ্র প্রদেশ	মুরাহরী রাও *(সি)*
52.	1586	ঘোড়া	পুনা	মহারাষ্ট্র	আলি আদিল জামান
53.	1593	কুডপ্পা	কুডাপ্পা	অন্ধ্র প্রদেশ	মুরতাজা খান *(সি)*
54.	1593	কালী হস্তী	চিত্তর	অন্ধ্র প্রদেশ	ইতবর খান *(সি)*

ক্রমাঙ্ক **56-80**-র জন্য মানচিত্র **3** দেখুন, মোগল শাসনের পুনঃ বিস্তার **1600-1760**

মোগল শাসনের পুনঃ বিস্তার 1600-1760

55.	1599	শ্রী কুরমন	বিশাখাপত্তনম	অন্ধ্র প্রদেশ	কুতুবশাহী জেনারেল
56.	1613	পুস্কর	আজমীর	রাজস্থান	জাহাঙ্গীর *(ই)*
57.	1632	বেনারস	বেনারস	উত্তর প্রদেশ	শাহজাহান *(ই)*
58.	1635	ওরছা	টীকমগড়	মধ্য প্রদেশ	শাহজাহান
59.	1641	শ্রীকাকুলাম	শ্রীকাকুলাম	অন্ধ্র প্রদেশ	শের মোহম্মদ খান *(জি)*
60.	1642	উদয়গিরি	নৈলোর	অন্ধ্র প্রদেশ	গাজী আলী *(সি)*
61.	1653	পুনামালী	চিঙ্গলপুট	তামিলনাড়ু	রুস্তম বি. জুলফিকার *(সি)*
62.	1655	বোধন	নিজামাবাদ	অন্ধ্র প্রদেশ	ঔরঙ্গজেব *(পি.জি.)*
63.	1659	তুলজাপুর	উস্মানাবাদ	মহারাষ্ট্র	আফজল খান *(জি)*
64	1661	কুচবিহার	কুচবিহার	পশ্চিমবঙ্গ	মীর জুমলা *(জি)*
65.	1662	দেবলগাওঁ	শিবসাগর	অসম	মীর জুমলা
66.	1662	গড়গাওঁ	শিবসাগর	অসম	মীর জুমলা
67.	1664	গোয়ালিয়র	গোয়ালিয়র	মধ্য প্রদেশ	মুতামদ খান *(জি)*
68.	1667	অকোট	আকোলা	মহারাষ্ট্র	মুহম্মদ আশরফ *(সি)*
69.	1669	বেনারস	বেনারস	উত্তর প্রদেশ	ঔরঙ্গজেব *(ই)*

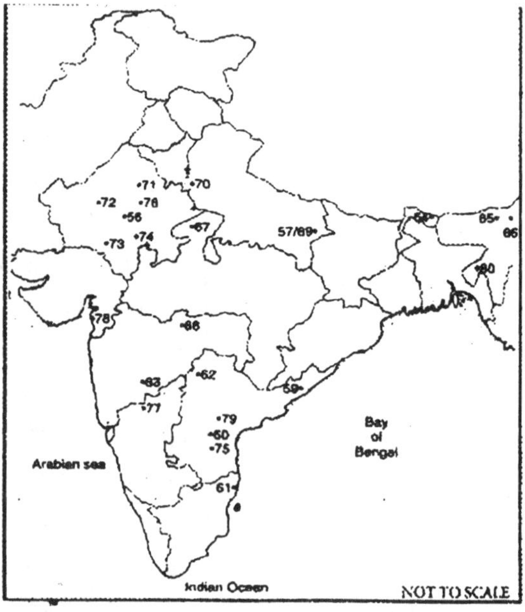

মানচিত্র 3

70.	1670	মথুরা	মথুরা	উত্তর প্রদেশ	ঔরঙ্গজেব (ই)
71.	1679	জোধপুর	জোধপুর	রাজস্থান	খান জহাঁ (সি)
72.	1679	খণ্ডেলা	সীকর	রাজস্থান	দারব খান (জি)
73.	1680	উদয়পুর	উদয়পুর	রাজস্থান	রুহুলা খান (সি)
74.	1680	চিতোর	চিতোরগড়	রাজস্থান	ঔরঙ্গজেব
75.	1692	কুডাপ্পা	কুডাপ্পা	অন্ধ্র প্রদেশ	ঔরঙ্গজেব
76.	1697-98	সাম্ভর	জয়পুর	রাজস্থান	শাহ সব্জ আলী (?)
77.	1698	বীজাপুর	বীজাপুর	কর্ণাটক	হমীদ অলদীন খান (সি)
78.	1718	সুরাত	সুরাত	গুজরাট	হায়দর কুলী খান (জি)
79.	1729	কুম্বুম	ওঙ্গল	অন্ধ্র প্রদেশ	মুহম্মদ সলীহ (জি)
80.	1729	উদয়পুর	ওয়েস্ট	ত্রিপুরা	মুর্শীদ কুলী খান

ই – শাহেনশাহ; স - সুলতান; গ - গভর্নর; সি-শাহজাদা

●●●

তৃতীয় মৌলিক ভিত্তিঃ অর্থনৈতিক উন্নতির জন্য বিশ্বব্যাপী মুক্ত বাণিজ্যিক নীতি গ্রহণ

বহু শতাব্দী ধরে ভারতে আসা পর্যটক আর গণ্যমান্য ব্যক্তিদের দ্বারা করা বর্ণনাগুলি থেকে এটা স্পষ্ট যে, ভারত সেই দিনগুলিতে প্রচলিত মানদণ্ড অনুসারে এক সম্পন্ন আর বিকশিত দেশ ছিল আর এই কথা সম্প্রতি হিসাবে 1780 সালকে দেখা যেতে পারে। সম্ভবতঃ সমাজের এক শ্রেণীর মধ্যে বৈষম্য আর দারিদ্রতা খুবই বেশী ছিল, তবুও এটা সত্য যে, পৃথিবীর অন্য দেশগুলোর সঙ্গে ভারতের বেশ কয়েক শতাব্দী পর্যন্ত ব্যবসা ভালোই চলেছিল আর ফুলে-ফেঁপেও উঠেছিল; কারণ ভারত সেই সব জিনিষের উৎপাদন আর ব্যবসা করত, যেগুলো বিশ্বের এক বড় অংশে উৎপাদিন হতনা এবং ফলে তারা সেগুলির ব্যবসা করতে পারত না ফলস্বরূপ, ভারতের সঙ্গে ইউরোপের আর বিশ্বের এক বড় অংশের ব্যবসায়িক সমীকরণ *'খুবই বড়'* মাত্রায় ভারতের পক্ষে ছিল। সারা পৃথিবী থেকে ব্যবসায়ীরা মাল কেনার জন্য ভারতীয় বাজারে আসতেন।

কিন্তু 1870 পর আসতে-আসতে ভারত অবনতির দীর্ঘ দৌড়ের দিকে নেমে যেতে থাকে যা1947 সাল পর্যন্ত *(অর্থাৎ 7 দশক পরে)* টিকে থাকে। ভারতকে, যদি বিংশ শতাব্দীর আধুনিক শৈল্পিক মাপদণ্ডে দেখা হয়, তাহলে ভারত আধুনিক-সম্পন্ন দেশ থেকে পাল্টে দরিদ্র, কম বিকশিত দেশ হয়ে যায়। এই অপ্রত্যাশিত পেছিয়ে পড়াটা ভারতীয় নেতৃত্বের সংগঠিত না হওয়া আর বৈজ্ঞানিক আবিস্কারগুলি *(যেমন বাস্প ইঞ্জিন আর ধোঁওয়া চুল্লি)*-কে আর্থিক প্রগতির জন্য প্রয়োগ করতে

না পারার কারণে হয়, যদিও পাশ্চাত্য দেশগুলি এগুলোর প্রয়োগ নিজেদের জন্য সফলতার সাথে করে। কিন্তু ভারতীয় নেতৃত্বের ব্যর্থতাকে ইংরাজী সাম্রাজ্যবাদ কর্তৃক নিস্ঠুর সত্যে বদলে দেওয়া হয়।

দুঃখের কথা হচ্ছে এই যে, 1947-য়ের আগে ভারত উন্নয়নের এক সুযোগ হাতছাড়া করে দেয়; স্বাধীনতা সংগ্রামের কার্যকালে, মহাত্মা গান্ধী সমস্ত স্তরে ভালো নেতৃত্ব তৈরী করেছিলেন আর আমাদের কাছে যথেস্ট পরিকাঠামো ছিল, লঘু শিল্প ছিল আর বিদেশী মুদ্রাও ছিল।

কিন্তু হায়, কেন্দ্রে সোভিয়েতের ছাঁচে গঠিত অর্থনৈতিক পরিকাঠামো লাভ নস্ট করে দেয়। সেই মডেল বিকেন্দ্রীকরণের হিন্দু ধারণার সম্পূর্ণ বিপরীত ছিল।

ভারতের আর্থিক রণনীতি জওহরলাল নেহরু সোভিয়েত রাশিয়ার থেকে ধার নিয়ে পাঁচের দশকে ভারতীয়দের ওপর চাপিয়ে দেন – এ বিষয়ে কোন আলোচনাই করা হয়নি। *এটা সেই রণনীতি ছিল না, যার ওকালত মহাত্মা গান্ধী এবং সর্দার প্যাটেল স্বাধীনতা সংগ্রামের কার্যকালে করেছিলেন।* এই রণনীতির প্রণেতা অর্থাৎ নেহরু, যে কারণগুলির জন্য এই সোভিয়েত মডেল বাছলেন, সেটা বহু মানুষ জানত না আর আশ্চর্য্য এবং বিরোধাভাসের কথা এই যে, এই নীতি আমাদের দেশে দুই নিহিত স্বার্থ পর দলের খুবই অনুকূল ছিল; এক তো সামন্ত দিগ্‌গজ, যাদের সন্তানরা ব্রিটিশ শাসনে ইংরেজী শিক্ষা প্রাপ্ত করে আর সিবিল সার্ভিস পরীক্ষাগুলির দ্বারা আমলা পদে প্রবেশ পেয়ে যায়। দ্বিতীয় সমূহ হচ্ছে বাম-প্রেরিত ভারতীয় বুদ্ধিমান মানুষ, যারা তৃতীয় আর চতুর্থ দশকে অক্সফোর্ড আর কেম্ব্রিজে শিক্ষা প্রাপ্ত করেছিল *("কিম ফিল্বী" সমূহ)*। এই পরের সমূহ নেহরুকে আবশ্যক মগজী খোরাক দিয়ে দেয় আর নেহরুর সাথে বন্ধুত্বের হাত মিলিয়ে সরকারে, খবরের কাগজগুলিতে, শিক্ষা প্রতিস্ঠান গুলিতে আর 1947-এ ভারতের স্বাধীনতা লাভের পর কূটনীতি সেবায় উচ্চ আর গুরুত্বপূর্ণ পদগুলি পাবার জন্য করে।

সোভিয়েতের ছাঁচে ভারতে বৃহৎ আকারে সহজে স্বীকার করে নেওয়া হয়েছিল... কেন না 19 শতাব্দীর সামন্ত শ্রেণী স্নাতক উপাধী প্রাপ্ত হয়ে আমলাতন্ত্র রাজনীতি, খবরের কাগজ আর শিক্ষা সংস্হাগুলির মুখ্য বিন্দু অধিকার করেছিল, আর এর ওপর পা ছড়ানো এই সব বামপন্থীরা

আর্থিক নীতিগুলিকে জনপ্রিয় চিন্তার আবরণ প্রদান করে। এই শ্রেণীরা ভারতীয় অর্থব্যবস্থার এই ছাঁচে নিরন্তর সংরক্ষণও প্রাপ্ত করে। রাজতন্ত্রের সিদ্ধান্তকারী কেন্দ্রগুলির ওপর শক্ত দখলই, স্বাধীনতার পর মহাত্মা গান্ধী আর সর্দার প্যাটেলের চিন্তাধারাকে রাজনৈতিক স্তরে প্রসঙ্গহীন করে দেয় আর চক্রবর্তী রাজগোপালাচারীর মত ব্যক্তিত্বকে আমেরিকা দ্বারা উদ্বুদ্ধ বলে পেছনে সরিয়ে দেয়। আর কোনও জায়গা থেকে তো চ্যালেঞ্জ আসার ছিলই না। রাজনেতাদের মধ্যে কেবল চরণ সিংহ সোভিয়েত মডেলের যৌক্তিতার ওপর প্রশ্ন তোলার হিম্মত দেখান। কিন্তু বামপন্থী আর সামন্তবাদী সামনে তাঁর কথা বেশী এগোতে পারেনি। যদিও চরণ সিংহ রাজনৈতিক ধুরন্দরদের মধ্যে খুবই বেশী শিক্ষিত ছিলেন আর আর্থিক বিষয়গুলির ওপর যথেস্ট লিখে চলেছিলেন, তবুও প্রচার মাধ্যমগুলি তাঁকে অর্দ্ধ-শিক্ষিত কুলক বলে, যার চিন্তাকে আদম স্মিথের ভোঁতা চিন্তার সাথে তুলনা করে পাশে সরিয়ে রাখা হয়।

ভারতীয় এই পরিকল্পনা গুলিকে খোঁচা দেওয়ার মত একজন পদার্থ বিজ্ঞানী যিনি সাংখ্যকার হয়ে রয়ে যান আর যিনি অর্থশাস্ত্রের ঔপচারিক শিক্ষা প্রাপ্ত করেননি, প্রো. পি. সি. মহলানবিশ ছিলেন, যিনি কোলকাতায় ইণ্ডিয়ান স্ট্যাটিস্টিক্যাল ইনস্টিটুটের বুনিয়াদ তৈরী করেছিলেন। প্রো. মহলানবিশ একজন পাকা বামপন্থী বুদ্ধিজীবি, দ্বিতীয় দশকে ফ্যান্ডম্যান দ্বারা প্রতিপাদিত সোভিয়েত বৃদ্ধি আর উন্নয়ন মডেল দ্বারা প্রেরিত হয়েছিলেন আর তিনিই এটা ভারতীয় পরিকল্পনায় লাগু করিয়ে দেন।

এই মডেল ভারতীয় আর্থিক অবস্থার জন্য পুরোপুরি অনুপযুক্ত ছিল, কেন না এটা তিনটে অব্যবহরিক যুক্তিগুলি নিয়ে চলেছিল; এতে অপচয় দীর্ঘকাল পর্যন্ত স্থগিত করা এবং সংক্ষিপ্ত করায়, কৃষি শিল্পের উন্নয়ন এবং বৃদ্ধির জন্য অর্থ জোগাড় করতে পারবে; আর পুঁজিগত মাল নিজের জন্য তৈরী করতে পারবে। সত্য কিন্তু ঠিক এর বিপরীত ছিল। 1947 সালে ভারত এক ভয়ানক আকালের মধ্য দিয়ে যায়, সেই সময় দেশ দীর্ঘ স্বাধীনতা সংগ্রাম আর রক্তপাতময় বিভাজন থেকে বেরিয়ে আসছিল আর দ্বিতীয় বিশ্বযুদ্ধের তো চর্চা করার দরকারই নেই। গ্রামীণ মানুষদের বৃহৎ সমুদায় হয় দারিদ্র সীমারেখায় অথবা তারও নীচে দাঁড়িয়ে

ছিলেন। তাঁদের কোমর বাধার জন্য জায়গা কোথায় ছিল! এর বিপরীতে, জীবন স্তরকে ওপরে তোলার জন্য শ্রমজীবি পত্রের ক্রমাগত বৃদ্ধি জরুরী ছিল। ব্রিটিশ সাম্রাজ্যবাদী শাসনে কৃষি তো একদম খুবই নীচু, যা হোক্ করে চালানোর স্তরে নেমে আসে, কারণ ইংরেজরা ভারতীয় ঔপনিবেশিক জমিদারী *(ঠিকাদারী)* কাঠামো বানিয়ে একে খারাপ ভাবে শোষণ করেছিল। এই ভাবে কৃষি শিল্পকরণের জন্য অর্থ সংস্থান করতে পারত না। বাস্তবে, একে আরও নীচে নেমে যাওয়ার হাত থেকে বাঁচানোর জন্য (এই ক্ষেত্রের জন্য) অর্থের প্রয়োজন ছিল।

চলুন, যাই হোক্, এটা নেহরুবাদীদের দ্বারা নিয়ন্ত্রিত অর্থব্যবস্থার প্রতি বৌদ্ধিক দায়বদ্ধতা আর ভূস্বামীদের নিহিত স্বার্থের সঙ্গম ছিল, যা স্বার্থপর সমূহের এই আরামদায়ক মনোভাব থেকে সৃষ্টি হচ্ছিল যে, শক্তির হস্তান্তরণ কেবল ডান হাত থেকে *'বাম'* হাতকে প্রদান করা সংসাধনগুলিকে দিয়ে দেবার মধ্যে ছিল। এই কারণে জমিদারদের বামপন্থী বাদী ছেলেদেরসামন্তী শ্রেণীর ভারতীয় সমাজের *'সমাজবাদী ধাঁচে'*-র সঙ্গে সমাঞ্জস্য গড়ে তুলতে কোন বৌদ্ধিক বাধা আসেনি। একে সুরক্ষিত করার জন্য তাদের বিদেশী শিক্ষা তাদের সরকারী তন্ত্রে নীতি নির্ধারণের মুখ্য জায়গাগুলিতে বসিয়ে দেয়।

এটা চেনা অত্যন্ত জরুরী যে, যদি সমান ইতিহাসসম্পন্ন দেশগুলোকে তুলনামূলক দৃষ্টিতে দেখা যায়, তাহলে যে দেশগুলি বাজারী অর্থ ব্যবস্থা পদ্ধতি গ্রহণ করেছিল, তারা সোভিয়েত আর্থিক মডেল গ্রহণকারী দেশগুলোর তুলনায় ভালো কাজ করে দেখায়। নীচে দেওয়া তালিকা 1 এই তথ্য পূর্ব আর পশ্চিম জার্মানী আর উত্তর তথা দক্ষিণ কোরিয়ার তুলনা করে দেখায়। ভারতেও পরিসংখ্যান *(তালিকা - 1)* এটা স্পষ্ট জানায় যে, সোভিয়েত আর্থিক রণনীতি গ্রহণ করে ভারত ব্রিটিশ সাম্রাজ্যবাদী শাসনের তুলনায় উচ্চ সকল ঘরুয়া উৎপাদন দর প্রাপ্ত করে, তাও আবার বৃদ্ধি দর 3.5% হলে ভালো বলা যায় না। তারপর লাগাতার হওয়া প্রগতিশীল উদারতা আর আর্থিক সংস্কার থেকে বৃদ্ধি দর তীব্র হয়ে যায়।

এই ভাবে, তীব্র আর্থিক উন্নয়ণের জন্য সারা বিশ্বের আলাদা-

তালিকা 1 ঃ পঞ্চবার্ষিকী পরিকল্পনায় হওয়া বৃদ্ধি

(শতকরা / প্রতি বর্ষ)

				লক্ষ্য	বাস্তবিক প্রাপ্তি
1.	প্রথম পরিকল্পনা	(1951-1956)		2.1	3.61
2.	দ্বিতীয় পরিকল্পনা	(1956-1961)	সোভিয়েত মডেল মেয়াদ	4.5	4.27
3.	তৃতীয় পরিকল্পনা	(1961-1966)		5.6	2.84
4.	চতুর্থ পরিকল্পনা	(1969-1974)		5.7	3.30
5.	পঞ্চম পরিকল্পনা	(1974-1979)		4.4	4.80
6.	ষষ্ঠ পরিকল্পনা	(1980-1985)	উদারীকরণ মেয়াদ	5.2	5.66
7.	সপ্তম পরিকল্পনা	(1985-1990)		5.0	6.01
8.	অষ্টম পরিকল্পনা	(1992-1997)	আর্থিক সংস্কার মেয়াদ	5.6	6.78
9.	নবম পরিকল্পনা	(1997-2002)		8.0	6.20

স্রোত ঃ যোজনা কমিশন, নতুন দিল্লী, এপ্রিল 2002

তালিকা, 2 দক্ষিন / উত্তর কোরিয়া (1995-96) আর পশ্চিম / পূর্ব জামানী (1989)-য়ের আর্থিক সংকেতগুলির তুলনা

	দক্ষিণ কোরিয়া	উত্তর কোরিয়া	দক্ষিণ / উত্তর অনুপাত	পশ্চিম জামানী	পূর্ব জামানী	পশ্চিম / পূর্ব অনুপাত
1	2	3	4	5	6	7
জনসংখ্যা						
মিলিয়ন (10 লক্ষ)	44.9	23.9	1.9	62.1	16.6	3.8
সকল রাষ্ট্রীয় উৎপাদন						
(100 কোটি ডলার)	451.7	22.3	20.3	1,207	96	12.6
প্রতি ব্যক্তি আয়						
ডলার	10,067	957	10.5	19,283	5840	3.3
আর্থিক বৃদ্ধি						
বার্ষিক %-তে, 1990-95	+7.6	-4.5	-	3.0	-0.8	-
সরকারী ব্যয়						
100 কোটি ডলার	97.1	19	5.1	547.7	61.8	8.9
(সকল রাষ্ট্রীয় উৎপাদনের %)	(21.5)	85		(45.5)	(64.4)	
প্রতিরক্ষা ব্যয়						
100 কোটি ডলার	14.4	5.2	2.8	28.5	1.2	2.6
(সকল ঘরোয়া উৎপাদনের %)	(3.2)	(23)		(2.5)	(1.6)	
প্রতি ব্যক্তি (ডলার)	318	218	1.5	459	675	0.7

বিদেশী বাণিজ্য						
100 কোটি ডলার	260.2	2.05	126.9	61.1	47.0	13.0
(সকল ঘরোয়া উৎপাদনের %)	(57.6)	(9.2)		(50.6)	(49)	
জিনিষের রপ্তানী 100 কোটি ডলার	125.1	0.74	169	341.3	23.7	14.4
বস্তুর আমদানী 100 কোটি ডলার	135.1	1.31	103	269.8	23.3	11.5
বিদেশী ঋন						
100 কোটি ডলার	79	11.8	6.6	106.7	22	4.9
(সকল ঘরোয়া উৎপাদনের %)	(17.5)	(53)		(8.8)	(23)	
জীবনকাল সম্ভাবনা						
বছরে (1995)	72.0	70.5	1.02	75.0	74.0	1.01
শিশু মৃত্যু হার						
প্রতি 1000 জন্ম (1995)	10.	26	0.28	7.4	7.5	0.99
গ্রামীণ জনসংখ্যা						
মোট শতকরার (1995)	19.	39	0.49	3.7	10.8	0.34
অনুপাত[1]						
প্রতি 1,000 অধিবাসী (1989)	1,003	207	4.9	8.3%	99%	0.84
টেলিভিশন[2]						
প্রতি 1,000 অধিবাসী 1989)	207	14	14.8	94%	57%	1.65

সৌজন্য ঃ ন্যাশনাল ইউনিফিকেশন বোর্ড, ব্যাঙ্ক অফ্ কোরিয়া; সেটিসিস্টশ্স বুণ্ডেসামট, সেটিসিস্টশ্স. জাহরনুশ্ডর) ডি. ডি. আর ঃ ব্যান্টব্যাঙ্ক

1. পশ্চিম আর পূর্ব জার্মানীর জন্য ঃ ঘরের অনুপাত সমেত শতাংশ

2. পশ্চিম আর পূর্ব জার্মানীর জন্য ঃ রঙ্গীন টেলিভিশনের ঘরের শতাংশ

আলাদা শ্রেণী থেকে পাওয়া গণনাগুলি এই স্পষ্ট নির্যাস দেখায়, গণতন্ত্র আর বাজারভিত্তিক অর্থ ব্যবস্হা হচেছ অত্যাবশ্যক পূর্ব শর্ত। এই তথ্যকে আড়াল করার জন্য বামপন্থী অর্থশাস্ত্রীরা ভারতের 3.5%-য়ের সকল ঘরোয়া উৎপাদনের খুবই কম দরকে, যা 1991-য়ের আগে সোভিয়েত মডেলের ওপর আর্থিক পঞ্চবার্ষিক পরিকল্পনায় প্রাপ্ত হয়েছিল, *"হিন্দু বৃদ্ধি হার"* বলেন অর্থাৎ কোন হিন্দু রাষ্ট্র এর থেকে উঁচু বৃদ্ধি হার পেতেই পারে না, তা সোভিয়েত প্রথা যতই অদ্ভূত হোক্ না কেন। প্রধানমন্ত্রী হিসাবে নরসিমহা রাও অর্থ ব্যবস্হাকে উদার করে বৃদ্ধি হারকে দুই গুণ করে সেই মিথ্যুকদের পর্দা ফাঁস করে দেন।

কিন্তু রাও যে সংস্কারগুলি প্রারম্ভ করেন, সেগুলি *তদর্থক* আর মৌলিক ছিল না। সেগুলি ছিল লাভকারি এবং অ-নিয়মিত যেটা ভারতীয় অর্থ ব্যবস্হাকে নিয়ন্ত্রণ আর লাইসেন্সগুলির দম বন্ধ করে তোলা

পরিবেশের থেকে মুক্তি পেতে সাহায্য করে। কিন্তু আজ অর্থ ব্যবস্হাকে সুস্হ করে তোলার জন্য রাষ্ট্রের পূণঃনির্মাণ আর নতুন করে কাঠামো গড়ে তোলা জরুরী। আমাদের আজ বাজার ভিত্তিক অর্থ ব্যবস্হা দিকে সামগ্রিক ভাবে এগিয়ে যাওয়ার দরকার... উল্টে বিশ্বায়ণকৃত কাঠামোয় বাজারের শক্তিকে শাসনের নয়া রূপ দিতে হবে, যা আমাদের প্রাচীন দেশের পরিবেশের সাথে খাপ খায়। এর অর্থ প্রবুদ্ধ হিন্দু সাংস্কৃতিক পরম্পরাগুলির সাথে সামঞ্জস্য থাকা চাই। না হলে নিজের ভিত্তি-ভূমির অভাবে, আন্তজার্তিক শক্তিরা আমাদের নিজেদের ইচেছমত ঘোরাবে। উদাহরণস্বরূপ পূর্ব এশিয়ার অর্থ ব্যবস্হাগুলি 1980 আর 1990-য়ের দশকে ঝড়ের গতিতে ওপরের দিকে উঠে যাচিছল, কিন্তু তাদের শাসনে নিয়ম খুবই দুর্বল ছিল। 1997-য়ের মধ্যে এক দিন সংযুক্ত রাজ্য আমেরিকা ওয়াল স্ট্রীট বাণ্ড মার্কেটের সুদের দরে এমন ছলনাময় চাল চালল যে, তাতে মুদ্রার চাহিদা দারুণ ভাবে বেড়ে উঠল আর ব্যাঙ্ক বসে যায়। পরিণাম এই দাঁড়াল যে, এক মহা সংকটের সৃষ্টি হল, যার থেকে পূর্ব এশিয়া আজ পর্যন্ত বেরোতে পারেনি।

সুতরাং যেখানে আমরা এক দিকে চালু বিশ্বায়ণ প্রক্রিয়ার বাইরে আসতে পারি না, অন্য দিকে সেই প্রক্রিয়ার ভেতরে থেকেও আমাদের এদিকে সতর্ক দৃষ্টি রাখতে হবে যাতে, আন্তজার্তিক দাঁওবাজ আর সাট্টাবাজরা আমাদের ক্ষতি না করে দেয়। যে বিশ্বায়ণ আমরা স্বীকার করি, তাতে নৈতিক জোড়ও থাকা উচিত বিশ্বায়ণ খুবই সহজে জীবন মূল্য পাল্টে ফেলতে পারে, রোগ ছড়াতে পারে আর আমাদের পরিবার প্রথাকে গড়বড় করে দিতে পারে, যা ভারতে উত্তেজনা আর অস্হিরতার বিরুদ্ধে এক বড় ধাক্কা সহ্য করার মত হবে।

আমার এটা স্বীকার করে নেওয়া উচিত যে, বিশ্বায়ণ প্রক্রিয়া শুরু হবার অনেক আগেই পণ্ডিত দীনদয়াল উপাধ্যায় বিশ্বায়ণ বিপদগুলিকে আর চোখ বুজে পশ্চিমের নকল করার দুস্পরিণামের পুর্বানুমান করে নিয়েছিলেন। তিনি নিজের *'ইন্টীগ্রাল হিউম্যানিজম' (1965)*-তে নয়া আর্থিক রণনীতিকে ভ্রুণের রূপে সেই রূপরেখা প্রস্ত্তত করেন, যেটা রাষ্ট্রের মনোভাবের সাথে খাপ খায়। দত্তোপন্ত ঠেঙ্গড়ী, দীনদয়াল জী-র চিন্তার অনুসরণ করেত গিয়ে *(যিনি 1947-য়ের পরের দশকগুলোয় সব*

চেয়ে মৌলিক বিচারক ছিলেন) এক লেখায় লিখেছিলেন যে, বাজারভিত্তিক অর্থ ব্যবস্থা আর হিন্দু মানব মূল্যের মাঝে বিবাদ কেমন করে মেটানো যেতে পারে। সেই রচনাকে ভিত্তি করে 1978 সালে ফ্রেণ্ডস অফ্ ইণ্ডিয়া সোসাইটি ইন্টারন্যাশনালের নিউ ইয়র্ক সম্মেলনে আমি দীনদয়াল জী-র চিন্তাধারাকে এক লেখায় আধুনিক অর্থশাস্ত্রীয় ভাষার জঞ্জালে পুনরায় প্রস্তুত করেছিলাম, যেটা সেই সম্মেলনের উদ্যোক্তারা প্রকাশিত করেছিলেন।

কিন্তু তারপর দুর্ভাগ্যবশতঃ গান্ধী জী-র সমাজবাদ মঞ্চের মাঝের স্থানটা দখল করে নেয় আর এই ভাবে রাস্ট্রীয় পুণরুত্থানের *'ইন্টীগ্রাল হিউম্যানিজম'*-কে ব্যাপক কার্য যোজনা রূপে বিকশিত করা যায়নি। এই ভাবে সরকার পাল্টানো সত্ত্বেও নেহরুবাদ বজায় ছিল, চলতে থাকে।

এবার সময় হয়ে এসেছে যে ভারতের ভাবী গর্বের স্বার্থে সোভিয়েত আর্থিক ছাঁচের শেষাংশকে কবর দেওয়া হোক। আমাদের এটা করার জন্য এক বৈকল্পিক নীতিগত কাঠামো গ্রহণ করতে হবে আর তার জন্য *'ইন্টীগ্রাল হিউম্যানিজম'* প্রকাশ স্তম্ভ হতে পারে।

সংক্ষেপে, *'ইন্টীগ্রাল হিউম্যানিজম'* এটা মেনে চলে যে, একটি প্রজাতান্ত্রিক বাজারভিত্তিক অর্থ ব্যবস্থায়, ব্যক্তির পছন্দ করার জন্য প্রযুক্তি স্বাধীনতা হাতের কাছে রয়েছে... কিন্তু সঠিক নিরাপত্তার অভাবে এই ব্যবস্থা মানুষের কম-বেশী যোগ্যতায় আর প্রকৃতিপ্রদত্ত গুণগুলির সামঞ্জস্য স্থাপন করতে পারবে না। কেন না এই ব্যবস্থায় *'যোগ্যতমের জীবিত থাকার'* ধারণা রয়েছে, সুতরাং কিছু ব্যক্তি খুবই প্রগতি করে [illegible], যেখানে অন্যরা এর থেকে সৃষ্টি হওয়া *'ইঁদুর দৌড়'*-য়ে পড়ে হয়তো থেঁতলে যাবে অথবা বিকলাঙ্গ হয়ে যাবে। সুতরাং আমাদের নিজের নীতিতে এমন একটি নিরাপত্তা জাল তৈরী করতে হবে, যাতে পেছিয়ে পড়া আর বিকলাঙ্গরা সুরক্ষিত থাকেন... আর গুণধর আর প্রতিভাবানরা পুরস্কার পান। অন্যথায় প্রজাতন্ত্রে রাজনৈতিক ভাবে শক্তিশালী দরিদ্ররা, যাদের সংখ্যা অত্যন্ত বেশী, তাঁরা কম সংখ্যক আর্থিক ভাবে শক্তিশালী লোকেদের সঙ্গে সংঘর্ষে জড়িয়ে পড়বেন আর এর ফলে বাজারের ব্যবস্থায় অস্থিরতা আর বিদ্রোহের সৃষ্টি হয়ে পড়বে।

যদিও পুঁজিবাদী ব্যবস্হায় সর্বাধিক লাভকেই সিংহাসনে অভিষিক্ত করা হয়, মানুষকে প্রযুক্তির আকাশ ছোঁওয়া তীব্র চাহিদার সাথে সামঞ্জস্য রাখতে হবে, মানবতার অন্তরতম প্রয়োজনগুলির সাথে সামঞ্জস্য তৈরী করার পরিবর্তে। সুতরাং *'ইন্টিগ্রাল হিউম্যানিজম'* ভিত্তিক একটি নয়া আর্থিক রণনীতি আমাদের রাস্ট্রীয় পুণরুত্থানের জন্য এমন ভাবে তৈরী করতে হবে, যেটা বিভিন্ন প্রকারের শাসনের ওপর জোর দেবে, যা অর্থ ব্যবস্হার ভিন্ন-ভিন্ন দিকগুলোয় এগিয়ে যাওয়া বিভিন্ন মানবীয় স্বার্থের মধ্যে বিবাদগুলিকে সমন্বয়পূর্বক মেটাবে। হিন্দু নিজের বর্ণ আশ্রম ধর্ম দ্বারা বহু শতাব্দী ধরে এই কাজ করে আসছে, যাতে শক্তির চার স্রোত – বিদ্যা, সিংহাসন অর্থ আর ভূমি – কোন একজন ব্যক্তির মধ্যে কেন্দ্রীভূত হত না, উল্টে মানুষের মধ্যে ছড়িয়ে ছিল। দুর্ভাগ্যবশতঃ এই অবধারণা জন্মভিত্তিক জাতি প্রথা আর অস্পৃশ্যতা দ্বারা ভ্রস্ট হয়ে যায়, যেখানে দুটোর মধ্যে কোনটাই বৈদিক গ্রন্থগুলোয় পাওয়া যায় না।

ব্যবহারিক ভাবে এসবের অর্থ কি ? এর অর্থ হচ্ছে এই যে, দীর্ঘ সময় পর্যন্ত পরীক্ষা করা জীবন মূল্য প্রণালীর অনুকূল আর্থিক নীতিগুলি নির্ধারিত করার সময়ে আমাদের নিজের লক্ষ্য, প্রাথমিকতা, রণনীতি, সংসাধন একত্র করা প্রযুক্তি আর সংস্হাগত কাঠামোকে ভালো ভাবে বোঝা আর চিনে নেওয়া উচিত।

তালিকা 3 বৈকল্পিক আর্থিক পরিদৃশ্য

মাপদণ্ড	পুঁজিবাদ	সমাজ তন্ত্র	সাম্যবাদ	রাষ্ট্রীয় পুণরুত্থান
1. লক্ষ্য	অধিকতর লাভ কল্যাণ	অধিকতর জিনিষ-সামগ্রী	অধিকতর উৎপাদন উন্নয়ন	সর্বাধিক রাস্ট্রীয়
2. অগ্রাধিকার	কর্মের অগ্রাধিকার	সুরক্ষিত গ্যারান্টীড জীবন-স্তর	শক্তিভিত্তিক প্রথার প্রাথমিকতা	মানুষের প্রাথমিকতা *'পুরুষার্থ'*-র সন্তুলন উন্নয়ন দ্বারা
3. উন্নয়ণের রণনীতি	প্রযুক্তির প্রাথমিকতা	শীর্ষত্বের দাবি আর সার্বজনিকের জাতীয়করণ বিতরণ *(কট্রল)*	উৎপাদনের উপায়গুলির সম্পূর্ণ মালিকানাআর	পূরকগুলি দ্বারা বিবাদ সমন্বয়
4 সংস্হান	প্রলোভন আর খরচ করার ঝোঁক	খাজনা (ট্যাক্স)	আয়ের ওপর সম্পূর্ণ নিয়ন্ত্রণ	ট্রাস্টী ভাবনা আর মিতব্যয়িতা
5 সংস্হাগত	যোগ্যতমের উদ্বর্তন অবাধ নীতি	প্রশাসনিক নিয়ন্ত্রণ লাইসেন্স আর নিয়মন	অনিবার্য শ্রেণী সংগ্রাম আর সমাপ্তি বিনাশ	অনিবার্য পঞ্চায়েত রাজ আত্মনির্ভরতা আর বাজার অর্থ ব্যবস্হা

রাষ্ট্রীয় পুনরুত্থানের আর্থিক পরিদৃশ্য, যার ওকালতি আমরা করছি, অন্য প্রতিদ্বন্দ্বী চিন্তাধারাগুলির, (পুঁজিবাদ, সমাজতন্ত্র আর সাম্যবাদ, যেমন এর আগে উল্লেখিত তালিকা-3-তে সংক্ষেপে দেওয়া হয়েছে) থেকে মূলতঃ ভিন্ন। পুঁজিবাদ আর সাম্যবাদে লক্ষ্যের আর সংস্থাগত কাঠামোয় সমানতা আছে। যদি উৎপাদনে লগ্নি হয়ে যায়, তাহলে অধিকতর লাভ আর অধিকতর উৎপাদন, দুটো একই কথা। তাহলে, শ্রেণী সংগ্রাম আর বিনাশ, সর্বশ্রেষ্ঠের জীবিত থাকা, কেবল এই সীমা পর্যন্ত ভিন্ন যে, সাম্যবাদ দেখে যে, *'সর্বশ্রেষ্ঠ'* শ্রেণী জীবিত থাকবে, অন্য দিকে পুঁজিবাদ আশা করে যে, *'সর্বশ্রেষ্ঠ'* ব্যক্তি সব চেয়ে উগ্র প্রতিযোগিতায় লেগে থাকবে আর অন্য প্রতিদ্বন্দ্বীদের বিনাশ করে দেবে। এই ভাবে সমাজবাদ আর সাম্যবাদের মধ্যে পার্থক্য *কেবল মাত্রা (ডিগ্রী)*-র রয়েছে, বলপ্রয়োগ আর নিয়ন্ত্রণের প্রসঙ্গে আর কোন মৌলিক বিষয়ে কোন পার্থক্য নেই। এই কারণে কার্ল মাকর্স সাম্যবাদকে *'বৈজ্ঞানিক'* সমাজবাদ বলতেন, যদিও এতে বৈজ্ঞানিক কিছুই নেই। যেহেতু এক সমাজবাদ আর অন্য সমাজবাদের মধ্যে পার্থক্য শুধুমাত্র ডিগ্রীর, সুতরাং সমাজবাদের অনেকগুলি ধরণ আছে, যা হিটলারের নাৎসীবাদ থেকে নিয়ে জওহরলাল নেহরুর সমাজবাদ আর স্যুইডেনের প্রজাতান্ত্রিক সমাজবাদ পর্যন্ত ছড়িয়ে রয়েছে। এগুলো কেবলমাত্র বিভ্রান্তির সৃষ্টি করেছে আর ছদ্ম রূপের জন্য প্রচুর জায়গা খালি রেখেছে।

আমাদের এই চিন্তাধারাগুলির দোষের ওপরে খুব বেশী কিছু না বলে, দৃঢ় ভাবে সেই পদক্ষেপের বিষয়ে চিন্তা করতে হবে, যেটা রাষ্ট্রের দ্রুত আর্থিক বৃদ্ধি আর উন্নয়ণের জন্য নেওয়া উচিত।

ভারতের পক্ষে 2020 পর্যন্ত এক বিকশিত দেশ আর বিশ্বশক্তি হিসেবে তৈরী হওয়া সম্ভবপর, যদি আমরা এটা সুনিশ্চিত করে তুলি যে –

(ক) সকল ঘরোয়া উৎপাদন 2008 সালের পর পরবর্তী 10 বছর পর্যন্ত প্রতি বছরে 10% হারে বাড়তে থাকবে আর তার পরে 2020 আর তার পরেও প্রতি বছরে 7% হারে বাড়তে থাকবে। এই বৃদ্ধি হার আমাদের বিশ্বায়ণ কাঠামোর অর্ন্তভুক্ত, যেটা অবশ্যম্ভাবী

অবাধ আর অপরিবর্তনীয় হয়ে দাঁড়িয়েছে, প্রাপ্ত করতে হবে। কিন্তু বিশ্বায়ণে সুযোগ আর ঝুঁকি দুইই আছে। সুতরাং ভারতকে সামাজিক রূপে সহ্যশীল আর নৈতিক রূপে পর্যাপ্ত করে দেবার পরেই বিশ্বায়ণে শামিল হতে হবে।

(খ) মানুষদের তথ্য প্রযুক্তি প্রিয় স্ব-উপার্জন কুশলতাগুলি দ্বারা আরও মজবুত করার শিক্ষাকে উৎসাহ দেওয়া হবে আর এমন ধর্ম নিরপেক্ষ দেশভক্তিপূর্ণ পরিবেশ বিকশিত করা হবে, যা কট্টরতা আর সন্ত্রাসবাদের সাহসপূর্বক মোকাবিলা করবে। এই ধরনের দিশা-দৃষ্টি দেশকে উন্নয়ন সম্পর্কিত বিষয়ের ওপরে ধ্যান মগ্ন করতে সহায়ক হবে।

(গ) বিভিন্ন স্তরে যুক্ত হবার জন্য সমন্বয়পূর্বক আন্তর্জার্তিক মৈত্রী-চুক্তি করা হবে – যেমন সাংস্কৃতিক *(SAARC), আফগানিস্তান, বর্মা আর আসিয়ান (ASEAN) দেশের সাথে)*, রণনীতি পরক *(যেমন চীন, ইজরায়েল আর ইরানের সাথে)*, ঠিকাদারের মত *(যেমন সংযুক্ত রাজ্যের সাথে, উদাহরণস্বরূপ ইরাকে সংযুক্ত রাজ্যের সাহায্যের জন্য)*, বৈকল্পিক, প্রথমেই সেরে নেওয়া পরিকল্পনাগুলি *(উদাহরণস্বরূপ, যদি তালিবান পাকিস্তানী রাষ্ট্রপতিকে হটিয়ে দেয়)* তৈরী করা হবে।

প্রথম আবশ্যকতার পূর্তি হতে পারে, যদি আমরা সকল ঘরোয়া উৎপাদনের 24%-য়ের বর্তমান লগ্নি হারকে বাড়িয়ে 30% করতে পারি আর সাথে-সাথেই পুঁজির কার্যকুশলতাকে বাড়াই, যেটা পুঁজি আর উৎপাদনের অনুপাতকে কমিয়ে 4 থেকে 3 করে দিলে হতে পারে। লগ্নির এই স্তর কি ভাবে প্রাপ্ত করা হবে, সেটা এক নৈতিকতার নীতি। উদাহরণস্বরূপ, আয়করকে সমাপ্ত করে আর উৎপাদন শুল্ক আর আমদানী শুল্ককে সরল করে অধিক লগ্নিকে উৎসাহ প্রদান করা যেতে পারে। তাতে ঘরোয়া সঞ্চয়ের হার বেড়ে উঠবে, কিন্তু এর জন্য বাজেট তৈরী করার প্রক্রিয়ায় বড় আকারের পরিবর্তন করা আর তাকে পুরো মাত্রায় সার্বজনিক করার প্রয়োজন। আমরা এই লগ্নির স্তরে সরাসরি বিদেশী লগ্নিকেও যুক্ত করতে পারি, যার জন্য আমাদের অধিক বিনিয়গ করতে হবে আর বিশ্বস্তরে শিল্পের দ্রুত উন্নতির জন্য অনুরূপ ব্যবস্থা

করতে হবে। সেই পকেটগুলিতেও, যেগুলোকে সেজ *(SEZ)* বিশেষ আর্থিক ক্ষেত্র বলছে। যদিও ভারতের মজুরি লাগত কম, কিন্তু সমাজবাদী শ্রম-আইনগুলি আর দুর্নীতির কারণে এই লাভ সমান-সমান হয়ে যাবে। ই গর্ভর্নেন্স *(ইলেকট্রোনিক শাসন)* সহায়তার কুশলি প্রক্রিয়ায় লেনদেনের খরচ কমানো যায়, কিন্তু তার জন্যও আমলাতন্ত্রের বৃহৎ পরিবর্তন করার দরকার হবে। এসবের অর্থ হচেছ সংস্কারের দ্বিতীয় প্রজন্মের প্রয়োজন।

এই প্রশ্ন এখনও সরবরাহের বিজয়ের সাথে জড়িত। সকল ঘরোয়া উৎপাদনে 10%-য়ের বৃদ্ধিতে নিহিত মাল আর পরিষেবার বরাবর চাহিদা পক্ষ বাড়ানোর জন্য আমাদের আক্রমনাত্মক ভাবে রপ্তানী বাড়াতে হবে। তুলনামূলক লাভের পুরোটা উসুল করেই এই কাজ হতে পারে, যার জন্য আমাদের চুক্তিকে সম্মান প্রদর্শন করার নতুন কার্য-সংস্কৃতি, সময়-লক্ষ্যের ওপর বজায় থাকার কার্য-সংস্কৃতি আর সিদ্ধান্ত প্রক্রিয়ায় পারদর্শিতার প্রয়োজন হবে। আমাদের ঝুঁকি নেবার পরিবেশকে উৎসাহ প্রদান করতে হবে আর যে কোন মূল্যে নিজের জন্য ভবিষ্যত সুরক্ষিত করার সমাজবাদী টুপিকে ছুঁড়ে ফেলে দিতে হবে। আজ ভারতীয়রা ঝুঁকিপূর্ণ সম্পন্নতার তুলনায় সুরক্ষিত দারিদ্রতাকে পছন্দ করেন। সাধারণ মানুষের হাতে তাড়াতাড়ি ক্রয় ক্ষমতা তুলে দেওয়ার উদ্দেশ্য আমাদের এমন নীতিগুলি গ্রহণ করা উচিত, যেমন – নদীগুলিকে একে-অপরের সাথে জুড়ে দেওয়া আর অন্য বিশাল পরিকল্পনাগুলি, যাতে না কেবল সম্পদ তৈরী হবে আর বড় আর্থিক অবস্হা হবে... বরং গরীব মানুষরাও এটা অনুভব করেন যে, *'বিজয় 2020'*-তে তাঁদেরও স্হান রয়েছে।

ব্যবসায় নতুন ধারণা সৃষ্টি করতে গেলে গ্রাহক ও কোম্পানী গুলির মধ্যে সু-সম্পর্ক গঠন করতে হবে। *[ফিউচার অফ্ কম্পিটিশন, লেখক প্রহ্লাদ আর রামাস্বামী (ডবল ডে, 2004)]*-এর সাথে ভারতের উন্নয়ণের জন্য বিশ্বায়ণ খুবই আবশ্যক হয়ে উঠেছে।

বিশ্বায়ণকে এই ভাবে পরিভাষিত করা যেতে পারে – উৎপাদন সম্পর্কিত আর্থিক ক্রিয়াকে দ্বিতীয় পর্যায়ে নিয়ে যাওয়া, পুনরায় কাঠামো তৈরী করা আর কিছু জিনিষ, কাজ, পরিষেবাগুলি দূর থেকে করিয়ে নেওয়া, যার লক্ষণ রূপে উৎপাদনের কারণগুলি অধিকতর মুক্ত চলাচল, জ্ঞান, প্রযুক্তি আর পরিষেবাগুলি যুক্ত থাকে আর এসবের ঘাত-

প্রতিঘাত, অর্ন্তঘাত আর এই ভাবে চলাচলের প্রভাবও এর মধ্যে আসে। এরফলে বিশ্ব উৎপাদনে আনুপাতিক দৃষ্টিতে এক চুড়ান্ত পরিবর্তন আসবে এবং এই উৎপাদন বেড়িয়ে আসবে আন্তজর্তিক কাঠামো থেকে।

আজ বিশ্বায়ণ হল মজবুত আর দ্রুতগতিতে ধেয়ে আসা এক ভূমণ্ডলীয় সত্য, যেটা আগেই নিজের অবাধ দ্রুততায় আরও গতিময় হয়ে গেছে। আজ বিশ্বের উৎপাদিত মালের এক-পঞ্চমাংশ আন্তজার্তিক ব্যবসায় চলছে আর মুদ্রা বাজারে প্রতি দিন 1.5 ট্রিলিয়ন ইউ. এস. ডলার *(10,000 কোটি ডলার)*-য়ের বিনিময় হচেছ। প্রতিটি দেশের নিজের এমন রণনীতি তৈরী করা উচিত, যাতে স্হানীয় কারণ আর বাধাগুলিকে মনে রেখে বিশ্বায়ণ পথে নিজের নৌকাকে নিয়ে যেতে হবে, সেই পথে, যাতে হাওয়ার প্রতিকূলতার মধ্যে ও এই রণনীতি সহজেই এগিয়ে যেতে পারে। এই পদ্ধতির কিছু লাভও আছে, যেগুলোকে ধরার আর অধিকতর তৈরী করা দরকার, আবার কিছু ঝুঁকিও আছে, যেগুলিকে বুঝে নিয়ে কম করার প্রয়োজন।

এই কথাটা মনে রাখতে হবে যে, বিশ্বায়ণ প্রত্যেক ধাপের সাথে সকল ঘরোয়া উৎপাদন আর বাণিজ্য তো বৃদ্ধি হয়েছে, কিন্তু বিশ্বের আয়ের ও অসম বন্টন সৃষ্টি হয়েছে। বিশ্বের শীর্ষস্হ 20% দেশের আয় আর নিম্নতম 20% দেশের আয়ের অনুপাত 1820 সালের 3:1 থেকে বেড়ে 1970 সালে 20:1 আর 1998 সালে 86:1 হয়ে পড়েছে। একবিংশ শতাব্দীতেও এই ঝোঁক বজায় থাকবে, কেন না বিশ্বায়ণ প্রক্রিয়া আজ যে প্রকার যেমন প্রকারের কাঠামো আছে, সেটা দুই ধরণের দেশের মধ্যে ভুল রেখা *(Fault Line)* তৈরী করবে, এক, যার কাছে জ্ঞানভিত্তিক তথ্য-প্রযুক্তির কুশলতা আর গতিশীলতা দ্বারা সমৃদ্ধ হবার শক্তি আছে আর দুই, যার কাছে এটা নেই। যতক্ষন না এই ভুল রেখাকে ঠিকঠাক করে নেওয়া হবে, রাষ্ট্রের মধ্যে বেড়ে ওঠা বৈষম্য আরও তীব্র গতিতে বেড়েই চলবে আর যার কারণে পৃথিবীর সামনে সামাজিক উথাল-পাথালের বিপদ বেড়ে উঠবে। আর যেহেতু এই ভুল রেখা রাষ্ট্রের ভেতরেও তৈরী হতে থাকে, শিক্ষিত সম্ভ্রান্ত আর অ-সম্ভ্রান্ত সমূহের মধ্যে, সুতরাং সেই ধরণের সামাজিক উথাল-পাথালের বিপদ রাষ্ট্রের

ভেতরেও বজায় থাকার সম্ভাবনা রয়েছে। সুতরাং পুঁজির ছড়িয়ে পড়া আর সুলভতা থেকে যে জিনিষটার বিশ্বায়ণে বেশী দরকার সেটা হচ্ছে দরিদ্র আর পেছিয়ে পড়া মানুষের মধ্যে জ্ঞান আর *'নো হাউ' (Know how)*-য়ের বিস্তার করা। বিশ্বায়ণ এই নেতিবাচক *(Negetive)* প্রভাবকে সামাল দেবার জন্য এটা অত্যাবশ্যক যে, এই কাজ করার জন্য সঠিক পদ্ধতি খুঁজে বার করতে হবে।

এখানে প্রশ্ন এটা ওঠে যে, বিশ্বায়ণ এই ঝোঁককে কিভাবে মোকাবিলা করা যাবে আর ভারতের মত দেশ এটা কেমন করে বুঝতে পারবে অথবা মাননসই হবে? এতে কোন সন্দেহই নেই যে, সংযুক্ত রাজ্য আমেরিকা আজ বিকশিত দেশগুলির নেতৃত্ব দিচেছ আর তারা সবাই সাময়িক ভাবে বৈশ্বিকরণের প্রক্রিয়ার ওপর নিজের প্রভুত্ব কব্জা করে আছে। এছাড়া আজ খুবই বৃহৎ সংখ্যায় উন্নয়নশীল দেশ সংযুক্ত রাজ্য আমেরিকা দ্বারা দেখানো পথে চলছে। আপনি এটা যে কোন আন্তজার্তিক সম্মেলনে দেখতে পারেন। সুতরাং, ভারত আর চীনের মত দেশের সামনে এক চ্যালেঞ্জ রয়েছে – এই দুটোই প্রাচীন দেশ আর অনুগামী হতে পারে না... কিন্তু সাথে-সাথেই তারা আর্থিক ভাবে এতটা বিকশিতও নয় যে, বিকশিত দেশ নিজে থেকে বেছে নিজের সাথে শামিল করে নেবে অথবা বৈকল্পিক রূপে তারা এক সমান্তরাল আর্থিক ব্যবস্হা তৈরী করার পর্যায়ে থাকতে পারে।

হ্যাঁ, একটা কথা আজ আমার সামনে খুবই স্পস্ট যে, বিশ্বায়ণের প্রক্রিয়া থেকে সরে আসাটা বুদ্ধিমত্তা নয়, কেন না এই প্রক্রিয়া আজ প্রায় সমগ্র বিশ্বের স্বীকৃতি পেয়ে গেছে আর তা নিজেই এক অদমনীয় গতি ধরে নিয়েছে। উদাহরণস্বরূপ, ডব্লিউ. টি. ও. *(বিশ্ব বাণিজ্য সংগঠন)*-য়ের 01. 01. 04-তে সদস্য সংখ্যা ছিল 146; এই দেশগুলি এর কঠোর নিয়মগুলিকে স্বীকার করে নিয়েছে আর এই ভাবে তা স্বতঃ রূপে এম. এফ. এন. *(অত্যধিক পছন্দের রাষ্ট্র)* পদের পারস্পরিক লাভ ওঠাচেছ। আজ ডব্লিউ. টি. ও.-কে ছেড়ে যাওয়ার অর্থ আপনি রপ্তানীর জন্য দ্বিপাক্ষিক চুক্তিগুলি ঠিক করবেন, যা নিজেই এক কষ্টকর আর ভয়াবহ কাজ, তাতে খুবই কম দেশ এই ধরনের চুক্তিতে হস্তাক্ষর করার জন্য রাজী হবে, আর এম. এফ. এন. পদ প্রদান করার তো প্রশ্নই ওঠে না।

সুতরাং বুদ্ধিমানের কাজ হবে বিশ্বায়ণের প্রক্রিয়ায় ঢুকে থেকে সেই সব পদ্ধতি আর পথগুলির খোঁজা, যেটা নিজেদের জন্য কোন কোণা অথবা স্হান হতে পারে। আমি নিজের দেশের জন্য এটারই ওকালতী করছি। *(তার সাথে আমি এটাও বলার সাহস করছি যে, যে যুক্তি ভারতের ক্ষেত্রে লাগু হয়, সেই যুক্তি বড় আকারে, ইরানের জন্যও লাগু হয়। আমি সেই কারণগুলিকে নীচে সংক্ষিপ্ত করছি)* এটা এক মাপকাঠি, যা বিশ্বায়ণ চ্যালেঞ্জগুলি থেকে বোঝাপড়ায় *'বটম লাইন' (নিম্নতম রেখা)* অথবা চিহ্নের কাজ করবে। একে *(বৈশ্বিকরণকে)* ছাড়াটা উচিত হবে না।

বৈশ্বিকরণের পাঁচটি প্রকার আছে ঃ উৎপাদনের আন্তজার্তিকরণ; নিয়মে উদারতা; ওজন, মাপ আর উৎকৃস্টতার বিশ্বব্যাপী স্তরীকরণ; অক্ষেত্রীকরণ; আর রুচির পশ্চিমীকরণ। এই পাঁচটি প্রক্রিয়াকে সামাজিক ভাবে সহ্যনীয় আর নৈতিক রূপে যথেস্ট করার জন্য ভারতীয় আর ইরানী সভ্যতাগুলির বিশেষ দায়-দায়িত্ব আছে যে, তারা প্রচীরঘেরা আর নিশানাযুক্ত চিহ্ন নির্ধারিত করুক, যার ভেতরেই বিশ্বায়ণ প্রক্রিয়া সীমিত থাকবে। এমনটাও সম্ভব যে, বেলাগাম বিশ্বায়ণ অনেক কিছুকে কম করতে পারে, যেমন – সমুদায়ের মধ্যে মিলনের মনোভাব, একে-অপরের প্রতি বিশ্বাস আর পেছিয়ে থাকার জন্য পারস্পরিক পরিবারভিত্তিক দায়িত্বের স্বীকৃতি, যা ভারতীয় আর ইরানী সমাজের বৈশিস্ঠ্য। এমনটা এজন্য যে, এতে অন্তর্নিহিত গ্রাহী আর ভৌতিক ব্যক্তিবাদ, যা লাগাম ছাড়া বিশ্বায়ণের মূলে রয়েছে, সামাজিক আত্মা বা এমন কি নিস্ঠাগুলির, যা পারস্পরিক সংস্কৃতিতে বিদ্যমান আছে, মূলে কুঠারাঘাত করে।

সুতরাং বিশ্বায়ণ প্রক্রিয়ার ধারায় চললে এটা আবশ্যক যে, *'আমাকে স্বাধীন ছেড়ে দাও'* গ্রহণ করা চলবে না। এর বিপরীতে এটা অত্যন্ত আবশ্যক যে, যখন প্রয়োজন হবে, তখনই রাষ্ট্র হস্তক্ষেপ করবে আর বিশ্বায়ণ পর্যন্ত পৌঁছনোর সীমাগুলি নির্ধারিত করে, অপব্যবহারকে ঠিক করার জন্য সঠিক, ন্যায়পূর্ণ বিধি-নিষেধ লাগানো হোক। সর্বশ্রেষ্ঠের জীবিত থাকা এবং আমাদেরকে *'স্বাধীন ছেড়ে দাও'*-কে সামাজিক সিদ্ধান্ত রূপে নির্ণায়ক ভাবে অস্বীকার করে দেওয়া উচিত। আধুনিক সমাজকে দুর্বলদের আর অনুন্নতদের নিরাপত্তা-তন্ত্র প্রদান করতে হবে।

বিশ্বায়ণের চ্যালেঞ্জের মুখোমুখি হবার রণনীতির এই মানদণ্ড এক নয়া শাসনের দাবী রাখে, খুবই সচেতন সরকার হওয়া চাই, কেন না বিশ্বায়ণের অর্থ খুবই বেশী টাকা-পয়সা সম্বন্ধীয় ওঠা-নামা, সবার ওপরে যাওয়া আর পড়ে গিয়ে ছিটকে যাওয়ার ছোট চক্র, শিল্পগুলি এক স্থান থেকে অন্য স্থানে নিয়ে আসলে কর্মক্ষেত্রের অসুরক্ষা আর স্বাস্থ্য সম্বন্ধীয় বিপদ, আসবে, যেমন – এইডস্ ঃ 1996 সালে ভারতে এইচ. আই. ভি. *(HIV)* পোজিটিভের একটা মাত্র ঘটনা শোনা গেছিল। 2004 সালে সেই সংখ্যা 50 লক্ষে গিয়ে দাঁড়াল। এসবের কারণে সরকার হস্তক্ষেপ করার জন্য সময়ও খুবই কম পায়। সুতরাং বিশ্বায়ণের কারণে অর্থ ব্যবস্থাগুলিতে অস্থিরতা আসার সম্ভাবনা বেশী আর গোপনও। 1997-য়ের পূর্ব এশিয়ার সংকট আর এই সম্প্রতি আর্জেন্টিনার সংকট এই দিশায় সতর্ক বার্তার সংকেত প্রদান করে। সুতরাং বিশ্বায়ণের দুনিয়ার সরকারগুলির ভূমিকা খুবই বড়, তাদের প্রভাবী রূপে ধাক্কা সহ্য করার কাজ, অগ্নি নির্বাপনের কাজ আর উন্নয়ণের কাজে কখনো-কখনো পুলিশের কাজও করতে হবে। এই কারণে এখন প্রশ্ন সরকারকে *'বাড়ানো'* অথবা *'কমানো'*-র নয়, উল্টে বিশ্বায়ণের জন্য সঠিক আকার বজায় রাখতে হবে।

2050 সাল পর্যন্ত আমেরিকার সমান হবার জন্য, ভারতকে নিজের যুব জনসংখ্যাকে ভবিষ্যতের নবীন অনুসন্ধানের কাজে লাগিয়ে দিতে হবে। যেমন ভারতের রাস্ট্রপতি ডাঃ আব্দুল কলাম বলেছেন, আগত বছরগুলিতে মানুষের জীবন তথ্য প্রেরিত উৎপাদন আর প্রণালীগুলির সাথে, বায়ো-টেক্নোলোজী আর মহাকাশ টেক্নোলোজীর সঙ্গে যুক্ত হবে। আমরা পৃথিবী ছেড়ে অন্য গ্রহে বসবাস করার দলে রয়েছি আর সেখান থেকে সৌর উর্জা কিরণের রূপে পৃথিবীতে পাঠানোর জন্য অর্থ লগ্নি করতে পারি। এছাড়া অতি স্বন-বাহন, 10 মাখ *(Mach)*-য়ের থেকে দ্রুত গতিসম্পন্ন, এক প্রায়দ্বীপ হতে অন্য প্রায়দ্বীপে উড়বে আর শস্ত্র পৌঁছনো-ফেলার কাজেও প্রয়োগ হবে। জনামিক *(Genomic)* আর বায়ো-টেক্নিক্যাল অনুসন্ধানের প্রয়োগ দ্বারা মানব জীবন আরও দীর্ঘ হয়ে উঠবে। খাওয়ার যোগ্য টীকার ক্ষেত্রে তো আরও বেশী সম্ভাবনা

রয়েছে। এটা ভারতের জন্য এক আশীর্বাদ হবে, কেন না এত লক্ষ-লক্ষ মানুষ পোলিও আর হেপাটাইটিস-'*বি*'-র মত রোগে প্রভাবিত হয়। এই টীকা প্রাপ্ত করানোর জন্য এক পদ্ধতি বিকশিত করা আবশ্যক।

ন্যানো টেক্নোলোজী *(অতি ক্ষুদ্র যন্ত্রের শিল্প প্রযুক্তি)* মানব প্রয়োগে বিভিন্ন যাতায়াত-পদ্ধতিগুলির নিয়ন্ত্রণ করার নতুন পদ্ধতিগুলি, চিকিৎসা যন্ত্রপাতি আর বায়ুক্ষেত্র প্রণালীগুলি, যেমন – অতি ক্ষুদ্র উপগ্রহ, ক্ষুদ্র আর. পি. বি.-র নিয়ন্ত্রণ পদ্ধতিগুলির রূপে আসবে। আগামী দশকগুলিতে মানবের জন্য চিন্তার এক অন্য বিষয় হবে দুনিয়ার শক্তির জন্য নির্ভরতার রূপরেখা টানা।

তালিকা 4 ভবিষ্যতে সম্পর্ক

1.	ভৌতিক সম্পর্ক	সড়ক, যাতায়াত, হাওয়াই আড্ডা, বন্দর, ভালো শক্তি *(বিদ্যুৎ)*
2.	ই-সম্পর্ক	ইন্টারনেট নেটওয়ার্ক, টেলিকম্, স্বাস্থ্য, শিক্ষা, কৃষি, ই-বাণিজ্য
3.	জ্ঞান-সম্পর্ক	ভালো দক্ষতা, সম্পন্ন কাঠামো ভিত্তিক স্কুল, পেশাদারী সংস্থাগুলি
4.	বাজার সম্পর্ক	বিশ্বায়ণের ফলে উন্নত বিশ্বের কাছে পৌঁছানো আর অংশ নেবার সিদ্ধান্ত
5.	কল্যাণ-সম্পর্ক	স্বাস্থ্য, পেনসন, সামাজিক নিরাপত্তা আর সুরক্ষা তন্ত্র।
6.	সরকার-সম্পর্ক	পারদর্শিতা, শাসন, পরিস্কার আর স্বচ্ছ রাজনীতি।

এই ভাবে ভারতের একটি বিশ্বশক্তি হবার জন্য এমন এক বিকশিত অর্থ ব্যবস্থার মুখ্য প্রয়োজন, যা বিশ্বের বাজারগুলির সাথে ভালো রকম যুক্ত হবে। বাণিজ্য, সরাসরি বিদেশী লগ্নি আর অর্থ-পরিকল্পনা অত্যন্ত জরুরী, যাতে ভারত কম পক্ষে আগামী এক দশক পর্যন্ত নিজের সকল ঘরোয়া উৎপাদনে *(GDP)* 10% বার্ষিক বৃদ্ধি করতে পারে আর অর্থ ব্যবস্থা দ্রুত এগিয়ে যেতে পারে। প্রতিরক্ষা ব্যয় সকল ঘরোয়া উৎপাদনের 7% মধ্যে সীমিত করে দেওয়া উচিত আর এতে অধিকাংশ অংশ, নৌ বাহিনী, অনুসন্ধান আর উন্নয়ন তথা অস্ত্র প্রাপ্ত করার জন্য ব্যয় করা উচিত।

এর অর্থ দাঁড়াল যে, আগামী তিন বছরে বৃদ্ধি হারকে 7% থেকে বাড়িয়ে 10% করা উচিত আর তার পরের দশক পর্যন্ত সেটা 10% বজায় থাকা উচিত। তারপর 2020 পর্যন্ত, অর্থ ব্যবস্থাকে জি. ডি. পি.-র 7%-য়ের বার্ষিক বৃদ্ধি বজায় রাখার প্রয়োজন আছে। প্রযুক্তির দৃষ্টি

থেকে, তার জন্য লগ্নি জি. ডি. পি.-র 30% *(বর্তমান 24% থেকে বেড়ে)*-য়ের সমান হওয়া উচিত আর বেড়ে চলা পুঁজি-উৎপাদন অনুপাত *(Incremental Capital Output Ratio - ICOR)* 3.0 হওয়া উচিত *(বর্তমান 4.5 থেকে কমে)*। লগ্নি হারকে হয় ঘরোয়া সঞ্চয় হার *(বর্তমান 22%)*-কে বাড়িয়ে অথবা বিদেশী লগ্নি *(বর্তমান 2%)* হারকে বাড়িয়ে অথবা দুটোকেই বাড়িয়ে, বাড়ানো যেতে পারে। আই.সি.ও.আর. *(ICOR)*-এর, কার্য অকুশলতাকে পুঁজির বর্তমান বিধান দ্বারা কমিয়ে অথবা সমস্ত উৎপাদকতাকে বাড়িয়ে, কম করা যেতে পারে। এর জন্য নতুন সংস্কারের দরকার, যা নিম্ন সমস্যাগুলির সমাধান করবে – (i) আর্থিক ঋণ জাল; (ii) বাজেটের সংকীর্ণতা *(অনমনীয়তা)*; ব্যাঙ্কগুলির থেকে সরকার দ্বারা ধার নেবার কারণে ব্যক্তিগত-লগ্নি না হতে পারা; (iii) রাজ্য আর স্থানীয় স্তরে অ-নিয়মন; (iv) নমনীয় ইনফ্রাস্ট্রাকচর ঃ শক্তি আর রাস্তা; (v) দুর্নীতি আর অগতি থেকে বেড়ে ওঠা সৌদাগুলির মূল্য।

কি ধরণের সংস্কারের প্রয়োজন ? সংস্কারগুলিকে না কেবল কুশলতায় *(দক্ষতায়)* উৎকৃষ্ট হতে হবে, উল্টে মানুষদের উৎসাহিত করে তুলতে হবে আর স্থানীয় বাজারগুলিকে রাষ্ট্রীয় বাজারে মিশিয়ে ফেলতে হবে আর রাষ্ট্রীয় বাজারকে বিশ্বের বাজারে। এই ধরণের সংস্কার মানুষদের মধ্যে কাজ সৃষ্টি করবে আর এই ভাবে ভোটদাতাদের সংস্কারগুলির প্রতি দায়বদ্ধতা সৃষ্টি হবে।

সংস্কারের মুখ্য ক্ষেত্রগুলো পরের পাতায় দেওয়া চার্টে দেখানো হয়েছে।

তিনটি মূল প্রতিবন্ধকতা ভারতের বৃদ্ধিকে অবদমিত করছে
সি.এ.জি.আর. *(2000-2010)*

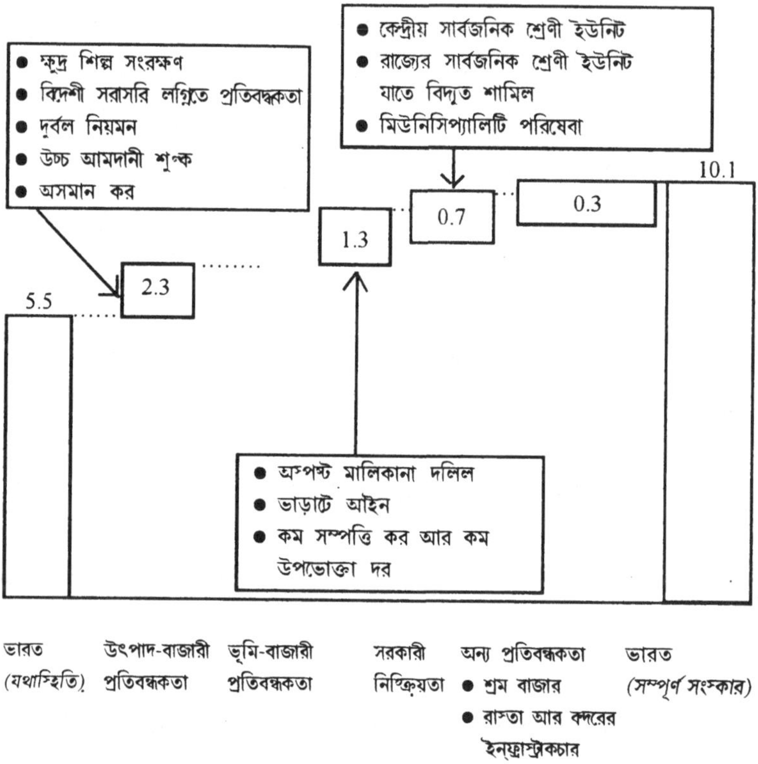

সৌজন্য ঃ ম্যাকিন্সে কন্সালট্যান্টস্, ন্যু ইয়র্ক, 2001

সরকারকে 13-টি মুখ্য কাজের ওপরে দৃষ্টি দিতে হবে (1/2)

শ্রেণী	নির্ণয়	যেসব মুখ্য সেক্টর সরাসরি প্রভাবিত হবে
উৎপাদ বাজার	1. ক্ষুদ্র শ্রম শিল্পের উৎপাদনগুলি থেকে সংরক্ষণ সরানো।	• 836 তৈরী হওয়া জিনিষ
	2. এক সেক্টরের সমস্ত শ্রেণীকে কোম্পানীদের জিনিষ বিক্রী কর আর উৎপাদন কর হোক, আর একে শক্ত ভাবে লাভ করা হোক।	• ম্যানুফ্যাকচারিং *(যেমন ইস্পাত আর কাপড়)* • রিটেল ব্যবসা • রেস্টুরেন্ট আর হোটেল
	3. প্রভাবী নিয়ম কাঠামোগুলি আর উন্নত সংস্থাগুলির উন্নয়ন।	• শক্তি *(বিদ্যুত)* • টেলিকম্ • জল আপূর্তি
	4. সেই সব লাইসেন্সী আর আধা-লাইসেন্সী প্রতিবন্ধতাকে সরানো, যা একটি শিল্পের উদ্যোগীদের সংখ্যা সীমিত করছে।	• ডেয়ারি প্রোসেসিং • চিনি মিল • পেট্রোলিয়ামের কেনা-বেচা • ব্যাঙ্কের ব্যবসা • ভবিষ্যনিধি-প্রবন্ধন
	5. আগামী 5 বছরে আমদানী শুল্ককে কমিয়ে আসিয়ান *(Asean)* দেশগুলির স্তর (10%) পর্যন্ত নিয়ে আসা।	• ম্যানুফ্যাকচারিং *(যেমন স্বচালিত অটোমোটিভ)*
	6. রিটেল *(খুচরো)*-তে সরাসরি বিদেশী লগ্নির অনুমতি আর সমস্ত সেক্টরে সরাসরি বিদেশী লগ্নির ওপর সীমারেখা সরানো।	• রিটেল, (খুচরো) • টেলিকম্ • বীমা

সৌজন্য ঃ ম্যাকিন্সে বিশ্লেষণ

সরকারকে 13-টি মুখ্য কাজের ওপরে দৃষ্টি দিতে হবে *(2/2)*

শ্রেণী	*নির্ণয়*	*যেসব মুখ্য সেক্টর সরাসরি প্রভাবিত হবে*
জমি বাজার	7. অস্পৃষ্ট মালিকানা অধিকার সম্পর্কিত ফয়সালা করা আর বিবাদ মেটানো।	• কনস্ট্রাকশন. (নির্মাণ)
	8. সম্পত্তি কর বাড়ানো মিউনিসিপ্যাল পরিষেবায় উপভোক্তা হার বাড়ানো. আর স্ট্যাম্প ডিউটি কম করা।	• রিটেল ব্যবসা • রেস্টুর‍্যান্ট আর হোটেল
	9. ভাড়াটে আইনে সংস্কার, যাতে ভাড়া বেড়ে বাজার স্তর পর্যন্ত হতে পারে।	
সরকারী মালিকানা	10. রাজ্য বিদ্যুত পরিষদগুলি, সার্বজনিক সেক্টর ইউনিটগুলি আর মিউনিসিপ্যাল পরিষেবার ব্যক্তি মালিকানা সব চেয়ে বড় কোম্পানী দিয়ে শুরু করানো প্রতি বছর 30-টি কোম্পানীর লক্ষ্য থাকা।	• শক্তি-বিদ্যুত • ব্যাঙ্ক • বীমা • ম্যানুফ্যাকচারিং আর খনন • এয়ার লাইন্স আর সড়ক যাতায়াত
অন্যান্য	11. শিল্প বিবাদ আইনের ধারা 5*(বি)*-কে বাতিল করে শ্রম আইন সংস্কার, স্ট্যাণ্ডার্ড ছাঁটাই-য়ের সূত্রপাত-ক্ষতিপূরণের নিয়ম-ভিত্তি; ঠিকাদারী-শ্রমিকদের কাজে লাগানোতে পুরোপুরি নমনীয়তার অনুমতি।	• শ্রম-নিবিড় ম্যান্যফ্যাকচারিং
	12. সব চেয়ে কম ভরতুকি *(সাব্সিডি)* চাইতে থাকা ব্যক্তিকে রাস্তা নির্মাণের ঠেকা দেওয়া, বর্তমান রাস্তা. বন্দর আর হাওয়াই আড্ডার *(উদাহরণস্বরূপ, কোচিন হাওয়াই আড্ডা) প্রবন্ধন ঠেকার* মাধ্যমে হোক্	• রাস্তা • বন্দর • হাওয়াই আড্ডা
	13. কৃষি ফসলে বৃদ্ধির জন্য কৃষি বিস্তার সেবাকে শক্তিশালী করা হোক।	• কৃষি

সৌজন্য ঃ ম্যাকিন্সে বিশ্লেষণ

চতুর্থ মৌলিক ভিত্তি ঃ রাষ্ট্রকে সুরক্ষিত করার জন্য বিশ্বব্যাপী সম্পর্কের সিদ্ধান্ত

যদি বাজার উম্মুখ অর্থ ব্যবস্থা, যা ব্যক্তিদের মধ্যে আত্মনির্ভরতা বিকশিত করে আর দুর্বল মানুষদের সুরক্ষা তন্ত্র দ্বারা বাঁচিয়ে রাখে, পুণরুত্থানের জন্য আদর্শ হয়, *তাহলে এক প্রভাবশালী রাষ্ট্রীয় নিরাপত্তা সিদ্ধান্ত, যার লক্ষ্য রাষ্ট্রের সম্পত্তির সুরক্ষা করা আর আন্তর্জাতিক শক্তি কাঠামোয় ভারতের জন্য এক অক্ষয় স্থান প্রাপ্ত করা, দেশের পক্ষে সর্বদা উপযুক্ত আর আমাদের রাষ্ট্রীয় পুণরুত্থানের জন্যও হিতকারী হয়।* কোন রাষ্ট্রের রাষ্ট্রীয় সুরক্ষা সকল ঘরোয়া উৎপাদন, প্রতিরক্ষা সক্ষমতা, প্রভাবী আর অনুসন্ধানী জনসংখ্যা, টেক্নিক্যাল ক্ষমতা, রাষ্ট্রীয় স্বাস্থ্য আর পরিবেশীয় স্থিরতার মিশ্রণ।

ভারত এক বিশাল ভৌগলীক স্থানের অধিধকারী হলেও বিশাল শক্তি সঞ্চয়ের ক্ষমতা রাখে, এক খুবই বৃহৎ প্রগতিশীল জনংসংখ্যা রয়েছে, যা দুনিয়ার তৃতীয় সব চেয়ে বড় বৈজ্ঞানিক আর অভিযান্ত্রিক জনশক্তি, এর ভিত্তিতে এক মহান শক্তি হওয়ার ক্ষমতা ভারতের রয়েছে। কিন্তু ভারতীয় রাষ্ট্রে ভারতের সম্ভাবনাগুলির পূর্ণ সীমারেখা পর্যন্ত প্রাপ্ত করার জন্য সামূহিক '*ইচ্ছাশক্তি*'-র প্রয়োগ করার ক্ষমতা আছে কি ? দুর্ভাগ্যের কথা হচ্ছে এটা যে, স্বাধীনতা প্রাপ্তির পর গত ছয় দশকে এই ইচ্ছাশক্তির নিতান্তই অভাব দেখা গেছে। এমনটা আমাদের পরিচিতির সংকটের কারণে হয়েছে।

এই সংকটকে শেষ করার জন্য, ভারতীয়দের এক মনে এটা স্বীকার

করে নিতে হবে যে, আমাদের সভ্যতা হিন্দু বুনিয়াদের ওপর টিকে রয়েছে। আর এটাও মেনে নিতে হবে যে, ভারত হিন্দুদের রাষ্ট্র, যাদের পূর্বপুরুষরা হিন্দু ছিলেন আর সংখ্যালঘু, সম্প্রদায় (যেমন – পার্সীরা) হিন্দু সংস্কৃতিকে স্বীকার করেন। সুতরাং ভারতকে হিন্দুস্থান বলা যেতে পারে।

সমগ্র ইতিহাসে প্রাচীন হিন্দুস্থানের মহান রাজা এই ভূমির আভ্যন্তরীণ মহানতাকে জানতেন আর দেশের আকার অনুপাতে শক্তির প্রয়োগ করতেন। দক্ষিণ ভারতে চোলেরা বৃহৎ নৌ-সৈনিক শক্তি হয়ে উঠেছিল আর ভারতের প্রভাবকে ইন্দোনেশিয়া, কাম্পুচিয়া আর ভিয়েতনাম পর্যন্ত ছড়িয়ে দিয়েছিল। এটা বেশী সময় আগের কথা নয়, যখন শিবাজী আরব সাগরকে নিয়ন্ত্রণ করতেন, অন্য দিকে মহারাজা রঞ্জিত সিংহ ভারতের প্রভাব আর নিয়ন্ত্রণকে আফগানিস্তান পর্যন্ত ছড়িয়ে দেন। এই প্রভাবের এক আলাদা স্বরূপ ছিল। ভারত সেই সম্পর্ক স্থাপন করে, যেটা ধার্মিক, সাংস্কৃতিক আর সভ্যতা সম্পর্কিত ছিল।

নতুন শতাব্দীর শুরুতে, সকল ঘরোয়া উৎপাদন আর (Purchasing Power Parity) দর দ্বারা মাপা 10-টি সব চেয়ে বৃহৎ অর্থ ব্যবস্থাগুলিতে, সংযুক্ত রাজ্য আমেরিকা সব চেয়ে বড়, দ্বিতীয় স্থান চীনের অর্থ ব্যবস্থার, তৃতীয় সব চেয়ে বড় অর্থ ব্যবস্থা জাপানের আর ভারতের স্থান চতুর্থ। আগামী পাঁচটি স্থানে ইউরোপের চারটি বড় দেশ রয়েছে ঃ জার্মানী, ইউনাইটেড কিংডম, ফ্রান্স আর ইটালী... তার নীচে ব্রাজীল আর রাশিয়া, এই দুই দেশের মিলিত আকার ভারতের থেকে কম।

বর্তমান দশকের সমাপ্তির আগে, ভারতের অর্থ ব্যবস্থা জাপানের থেকে বড় হয়ে যাবে আর সংযুক্ত রাজ্য আমেরিকা আর চীনের পর ভারতের স্থান তৃতীয় হয়ে পড়বে। আগে থেকেই চীন, ভারত আর সংযুক্ত রাজ্য আমেরিকা এই ভূমণ্ডলে সর্বাধিক জনসংখ্যা অধ্যুষিত দেশ হয়ে রয়েছে।

অর্থ ব্যবস্থাগুলির তুলনামূলক আকারে প্রস্তাবিত পরিবর্তনে বিশ্বব্যাপী শাসন, বিশ্বব্যাপী শক্তি ভারসাম্য আর এশিয়ার স্থিরতার ওপর খুবই গভীর অর্থ দাঁড়াবে, যেমনটা এখন সম্প্রতি পাকিস্তানী অর্থ বিজ্ঞানী শাহিদ বুর্কী বলেছেন। মনে রাখা দরকার, শক্তির কাঠামোয় হওয়া গুরুত্বপূর্ণ পরিবর্তন উত্তর আমেরিকা, এশিয়া আর ইউরোপের সামনে বড় চ্যালেঞ্জ দাঁড় করাবে, সেটা আজ খুব কম লোকই বুঝতে পারছে অথবা ভালো ভাবে নজর দিতে পারছে। আমার বিশ্বাস যে, ভারত এটা

করতে পারবে। এ ছাড়া 2015-য়ের পর ভারতের যুব জনসংখ্যার *'এক জনসংখ্যক লাভাংশ'* প্রাপ্ত করার দ্বিতীয় সুযোগ পাওয়া যাবে। ভারতের যুব জনসংখ্যা 29 বছরের হবে, তুলনামূলক ভাবে চীনের যুব জনসংখ্যা 37 বছরের আর জাপানের যুব জনসংখ্যা 48 বছরের হবে।

কয়েকটি অন্য বৈকল্পিক দৃশ্যও আছে, যেখানে ভারতবর্ষ 2020 সালে পৌঁছবে, এটা দুটি প্রান্তের মধ্যে বিরাজ করছে। এক প্রান্তে আশাবাদী দৃশ্য রয়েছে, যেটাতে ভারতে এক বিকশিত দেশ হয়ে উঠবে, সংগঠিত আর সুরক্ষিত রাষ্ট্র, যার কাছে যথেস্ট সৈন্যশক্তি আর সংযুক্ত রাষ্ট্র নিরাপত্তা পরিষদের ভেটো সমেত স্হান হবে, একটি এমন রাষ্ট্র, যেখানে দরিদ্র শুধু নামের জন্য হবে অথবা বেকারীত্ব, স্বাস্হ্য আর পরিবেশ সম্পর্কিত বিপদ কেবল নামের জন্য হবে। অন্য প্রান্তে রয়েছে নিরাশাবাদী দৃশ্য, যেটায় ভারত ভেঙ্গে যাচেছ... পুরোন রুশ, যুগোস্লাভিয়া, লেবাননের মত টুকরো হয়ে যাচেছ অথবা কলম্বিয়ার মত ভাগ হয়ে যাচেছ, যেটা এক আলাদা দেশ হবে অথবা এমন ক্ষেত্র, যেখানে খোলা সন্ত্রাসবাদ, মাদক ঔষধের কেলেংকারী, এইড্স, প্রচণ্ড দারিদ্রতা আর বেকারত্ব হবে।

ভারত আগেই আঠারো আর উনিশ শতাব্দীতে হতাশাজনক দৃশ্যের মধ্য দিয়ে গেছে। বিংশ শতাব্দীতে যুগোস্লাভিয়া আর সোভিয়েত রুশের উদাহরণ আমাদের এটা দেখাচেছ যে, আমরা এমনটা একবিংশ শতাব্দীতেও করতে পারি। সুতরাং ভারতীয়দের *'বাছাই'* করতে হবে, কোন্ পথ গ্রহণ করা উচিত? 2020 পর্যন্ত বিকশিত দেশ হয়ে ওঠার ইচছা করাটাই যথেস্ট হয় না। আমাদের তার জন্য কাজ করতে হবে।

ভারত 2050 পর্যন্ত চীনকে পেছনে ফেলে দিতে পারে আর সংযুক্ত রাজ্য আমেরিকার সমান হতে পারে... কিন্তু শর্ত হচেছ এটা যে, এমন দেশ সত্ত্বর হতে হবে। তৈরী বাজেট সম্পর্কিত সংকটগুলি থেকে উদ্ধার পেতে হবে। সত্ত্বর এই কারণে হতে হবে, কেন না সরকারের নতুন করে ধার নেবার ক্ষমতা শীঘ্রই সংকুচিত হয়ে পুরোন ঋণের টাকা মেটানোর ক্ষমতাও কমে যেতে থাকবে, এর কাছে লগ্নির জন্য কোন প্রয়াসই থাকবে না। কিছু স্হায়ী ব্যয়, যেমন – প্রতিরক্ষা, ভর্তুকি, পেনশন আর পুলিশের ওপর করা ব্যয়ের সমস্ত কটনযোগ্য উপায় শেষ হয়ে যাবে। রাজ্য সরকারগুলি তো আগেই দেউলিয়া হয়ে গেছে আর প্রায় দেউলিয়া হয়ে পড়া কেন্দ্রীয় সরকারের দানের ওপর নির্ভরশীল হয়ে রয়েছে। এই ধরণের পরিস্হিতি থেকে বাইরে বেরিয়ে আসার জন্য একটি নতুন গতিশীল

আধুনিক রাজনৈতিক নেতৃত্বের প্রয়োজন, যা প্রদানে ভারতীয় গণতন্ত্র ব্যর্থ হয়েছে, যেমনটা আমরা অতীতে 1967 সালে অন্ন সংকট আর 1991 সালে বিদেশী বাণিজ্য পরিশোধ ভারসাম্য সংকটের সময় দেখেছি।

আশাবাদী দৃশ্য কি আজকের ভারতে যথার্থবাদী অথবা সম্ভব বলে মনে হচ্ছে ? হ্যাঁ, যদি আমরা সঠিক চিন্তাধারা আর নীতি গ্রহণ করি। স্বাধীনতার পরের ছয় দশকে আমাদের ভুল নীতি গ্রহণ করার প্রচুর উদাহরণ ছড়িয়ে আছে, যেগুলোয় রাস্ট্রের ক্ষমতা-আর সম্পদের মধ্যে সামঞ্জস্য ছিল না আর আমরা *একটি সংকট তৈরী হবার পরেই তাকে ঠিক করতে পেরেছিলাম।* উদাহরণস্বরূপ, পঞ্চবার্ষিকী পরিকল্পনাগুলিতে কৃষি ক্ষেত্রকে চেপে রাখা 1966-67-য়ের খাদ্য সংকটের পরেই রোধ করা গেল। রাজ্যের অধিনায়কবাদী চিন্তাধারা 1975-77-য়ের জরুরী অবস্থার সংকটের পরেই সমাপ্ত হয়। বর্বাদ করে তোলা সোভিয়েত মডেল 1990-91-য়ের বিদেশ বাণিজ্য পরিশোধ ভারসাম্য সংকটের পরেই ভাঙ্গা অথবা ত্যাগ করা হয়। সুতরাং এবার আমাদের অভিজ্ঞতা থেকে শিক্ষা নেওয়া উচিত আর 2025 সাল পর্যন্ত ভারতকে এক বিকশিত দেশ হিসেবে গড়ে তোলার জন্য আবশ্যক সঠিক নীতিগুলি গ্রহণ করার জন্য পরবর্তী সংকটের অপেক্ষা করা উচিত নয়।

শুরুতেই, আমাদের এক এমন যোগ্য আর আধুনিক নেতৃত্বের নির্বাচন করতে হবে, যা আধুনিক আর দেশভক্ত হবার সাথেই নিজের মূল ভারতের অতীতের সঙ্গে যুক্ত রাখে। এর জন্য নির্বাচক জনতাকে জাতিগত উম্মাদনা আর ধর্মান্ধভক্তির উর্দ্ধে উঠে নিবাচিত করতে হবে। সরকারগুলি শাসন আর নেতৃত্ব দান করুক আর আজকের অত্যন্ত পরিস্কার বিশ্বে ভারতে আধুনিক দৃষ্টিকোণসম্পন্ন নেতাদের প্রয়োজন রয়েছে।

যদি এই ধরণের নেতৃত্ব, নির্বাচনের পর পদ সামলায়, তারপর কি করতে হবে ? *সবার আগে*, আমাদের বুঝে-শুনে এক রাস্ট্রীয় নিরাপত্তা সিদ্ধান্ত গ্রহণ করতে হবে, যেটা লক্ষ্যকে পরিভাষিত করবে, প্রাথমিকতা নির্ধারিত করবে, প্রতিরক্ষা রণনীতি নিশ্চিত করবে আর প্রতিরক্ষা উন্নয়ন আর কূটনীতিকে এক সঙ্গে যুক্ত করে আনুসঙ্গিক সিদ্ধান্ত তৈরী করবে। সেই সময় পর্যন্ত, আণবিক / পারমাণবিক অস্ত্র নস্ট করা যেতে পারে, যাতে এমন সিদ্ধান্তকে ব্যবহারিক দৃস্টিকোণ থেকে লাগু করা যেতে পারে। আমাদের পারমাণবিক অস্ত্র, তার প্রয়োগ-ব্যবস্থা সহিত প্রাপ্ত করতে

হবে। এর পেছনে বিশ্বাসযোগ্য পাল্টা-হামলা রণনীতি, যেটা আটকাতে পারবে, তার মদত হওয়া উচিত। এমনটা করার টেক্‌নিক্যাল যোগ্যতা তো আমাদের কাছে আগে থেকেই আছে।

এই প্রাপ্তি কাছের অথবা দূরের, বড় অথবা ছোট সেই সব রাস্ট্রের বিরুদ্ধে আমাদের বীমা হবে, যারা এ ধরনের অস্ত্র দিয়ে আমাদের ভয় দেখাতে পারে। আণবিক অস্ত্রের ওপর অধিকার আমাদের '*এক আন্তর্জাতিক ড্রাইভারের লাইসেন্স*'-ও আছে, যেটা আমাদের বিশ্ব অঞ্চলে ঘোরার অনুমতি প্রদান করছে। এ ছাড়া, যাতে বিশ্ব আমাদের সিদ্ধান্তকে গম্ভীর ভাবে নেয়, ভারতকে এটা দেখাতে হবে যে, ভারত নিজের পায়ের ওপর দাঁড়াতে পারে আর যে কোনও স্থানে, কাছে অথবা দূরে, রাস্ট্রীয় স্বার্থের ওপর আঁচ আসার পরিস্থিতিতে নিজের শক্তির প্রয়োগও করতে পারে। ভারতকে নিজের সৈন্য শক্তিকে যে কোন জায়গায় পাঠানোর জন্য তৈরী থাকা উচিত, যেখানে ভারতবিরোধী জাতি-বংশগত বিবাদগুলি মানবিক অধিকারগুলিকে বিপদগ্রস্ত করে। এমনটা এই জিনিষটার প্রদর্শন করবে যে, আমরা নিজেদের রাস্ট্রীয় স্বার্থকে সুরক্ষিত রাখার জন্য শক্তিকে সমস্ত প্রকারে প্রয়োগ করার ইচ্ছা রাখি। আর একবার এই ধরণের শক্তি বাইরে পাঠানোর পর, আমাদের বিদেশে থাকা ভারতীয় সমুদায়ের শান্তিপূর্ণ অস্তিত্বের নিরাপত্তার জন্য মূল্যও দিতে হবে। কিন্তু অতীতে আমরা এমনটা করতে গিয়ে বার-বার ব্যর্থ হয়েছি, উদাহরণস্বরূপ শান্তি বজায় রাখা ভারতীয় সৈন্য বাহিনীর শ্রী লংকা থেকে পেছিয়ে আসা। শ্রী লংকায় আমাদের ইলম গড়তে কোন সংকোচ করা উচিত নয় – যেমনটা আমরা বাংলাদেশের ক্ষেত্রে করেছিলাম – যদি তামিলদের নিরাপত্তার *এটাই একমাত্র পথ* হয়। কিন্তু একটি কথা আরও স্পস্ট হওয়া উচিত যে, ইলমের জন্য আমরা সন্ত্রাসবাদীদের শক্তিশালী করতে পারি না। যদি ইলম গড়তেই হয়, তাহলে সেটা ভারতীয় সংরক্ষণে হওয়া উচিত। আমাদের ভারতীয়কে ফিজি, দক্ষিণ আফ্রিকা, গুয়ানা আর অন্যান্য জায়গায় রক্ষা করা উচিত... যেখানে তাদের কেবল এজন্য নিশানা করা হচ্ছে যে, তারা ভারতীয়।

এই ধরণের খেলার সিদ্ধান্তের দিকে তাকিয়ে, এক রাস্ট্রীয় নিরাপত্তা নীতি-সিদ্ধান্তকে রণনীতিগত বিষয়ে পরিভাষিত করা উচিত, প্রতিটি বিষয়ের উপযুক্ত খেলোয়াড় ঠিক করা উচিত, প্রতিটি খেলোয়াড় যেন রণনীতিগত লক্ষ্যের সঙ্গে পরিচিতি হয়, প্রতিটি খেলোয়াড়ের সম্ভাব্য

কার্য নির্ধারিত করা উচিত আর শক্তির-খেলায় সম্ভাব্য কাঠামো নির্ধারণ করা উচিত, যেমন – কাজ ক্রমানুসারে হবে, এক সাথে হবে, এক ধমাকায় হবে অথবা ধীরে-ধীরে বেড়ে উগ্র হতে থাকবে ইত্যাদি।

কিন্তু আমরা এই *'খেলা'* ততক্ষন পর্যন্ত খেলতে পারি না, যতক্ষন না আমরা প্রভাবশালী শক্তি অর্জন করে নিচিছ, যেটা অন্যান্য শক্তিগুলিকে এটা বুঝিয়ে দেয় যে, সেই শক্তির পরিণাম কি ? এই ধরণের শক্তির বোঝানোর, একটি পথ, ভারতীয় নৌবাহিনীর বৃহৎ রূপে উন্নয়ন, যাতে সেটা আমাদের নিকোবার দ্বীপ থেকে ইন্দোনেশিয়ায় সুমাত্রা পর্যন্ত সামুদ্রিক পথের ওপর নিয়ন্ত্রণ রাখতে পারে। *যদি আমরা নৌবাহিনীর শক্তির এই বিন্দু পর্যন্ত উন্নয়ন করতে পারি যে, সেটা এই জলডমরুমধ্য-র ওপরে নজরদারী রাখতে পারে, তাহলে তাতে ভারতের হাতে আন্তর্জার্তিক ঘটনাগুলিকে প্রভাবিত করার শক্তি আর উপায় এসে যাবে। আর্থিক বিশ্ব শক্তিগুলির 90% থেকে অধিক বাণিজ্যিক সামুদ্রিক যাতায়াত সংকীর্ণ (90 মাইল লম্বা) মলক্কা জলডমরুমধ্য হয়ে যায়। এর মধ্যে কিছু কূটনৈতিক জিনিষ জড়িয়ে আছে।* এটা অত্যন্ত পরিস্কার, উদাহরণস্বরূপ, যে আমরা ইন্দোনেশিয়ার সক্রিয় সাহায্য ছাড়া মলক্কা জলডমরুমধ্য-র ওপরে নিয়ন্ত্রণ করতে পারি না। কিন্তু আমরা কূটনীতি চাল চেলে ইন্দোনেশিয়ার সাহায্য পেতে পারি আর সেই দেশের সাথে রণনীতিপরক সম্পর্ক গড়তে পারি, কেন না অতীতের সাংস্কৃতিক সম্পর্কের মাধ্যমে এই দ্বীপগুলির সাথে আমাদের দীর্ঘ ঐতিহাসিক সম্পর্ক রয়েছে।

এই ভাবে ভারতের রাষ্ট্রীয় নিরাপত্তার লক্ষ্য নিজের শক্তিকে নিম্ন কার্যগুলিতে পুরোপুরি প্রয়োগ করার মধ্যে রয়েছে ঃ (1) হিন্দুস্তানের ঐক্য আর সমগ্রতা বজায় রাখা আর *হারানো অঞ্চলগুলির পুনরুউদ্ধার;* (2) হিন্দুস্তান রাষ্ট্র-রাজ্যের মৌলিক মুল্যগুলির নিরাপত্তা আর স্থায়িত্ব, যেটা আমাদের সংবিধানে মূর্ত্ত, যেমন – গণতন্ত্র, এক আলোকিত ধর্ম নিরপেক্ষ সমাজ, এক যুক্ত রাষ্ট্রীয় রাজনীতি, এক সংস্কারমুখী উন্নয়ন ব্যবস্হা আর নৈতিক হিন্দু সাংস্কৃতিক মূল্য; (3) নিজের সীমান্তগুলির শান্তি-নিরাপত্তা; (4) আর্থিক উন্নয়ণের জন্য আভ্যন্তরীণ নিরাপত্তা সুনিশ্চিত করা আর (5) গোটা বিশ্ব জুড়ে ভারতীয় মানুষদের রক্ষা করা *(যাঁদের এত দিন মৌলিক মানবিক অধিকারগুলি থেকে বঞ্চিত রাখা হয়েছে)*।

এই লক্ষ্যগুলির জন্য হওয়া রাষ্ট্রীয় নিরাপত্তা নীতি-সিদ্ধান্তকে কার্যকরী করার জন্য আমাদের এক দৃঢ় রাষ্ট্রীয় রণনীতি গড়ায় সম্পূর্ণ অনুশাসনাত্মক দিশা গ্রহণ করতে হবে। তা পাবার জন্য আমাদের রাষ্ট্রীয় নিরাপত্তা পরিষদকে শক্তিশালী করতে হবে, যেটায় নাগরিক, সৈন্য আর বিশেষজ্ঞ সদস্যরা থাকবেন, *যাঁরা অন্তর-মন্ত্রীমণ্ডলীয় দলগুলির সাথে আদান-প্রদান করতে থাকবেন* আর লাগাতার রাজনৈতিক বিষয়ের মন্ত্রীমণ্ডলীয় কমিটি *(সি.সি.পি.এ)*-র মত শীর্ষস্থ রাজনৈতিক দলের জন্য বিকল্প তৈরী করা / প্রস্তাব দিতে থাকবেন, যেটা রাষ্ট্রীয় নিরাপত্তা বিষয়গুলোর ওপরে সিদ্ধান্ত নেবে। এই সময় আমাদের কাছে এই ধরণের কোন প্রভাবশালী সংগঠন নেই, আর আজ পর্যন্ত এমন কেন প্রচেস্টা হয়নি যাতে আমাদের রাষ্ট্রীয় নিরাপত্তা প্রয়োজনগুলির এতটা ব্যাপক আর সামগ্রিক রূপে রূপরেখা তৈরী হতে পারে।

রাষ্ট্রীয় নিরাপত্তা দেশের বাইরের পরিবেশ আর অভ্যন্তরীণ পরিস্হিতি, আর এই দুটোর ক্রিয়া ও প্রতিক্রিয়ার উপর নির্ভরশীল, প্রথম উল্লেখিত বিষয়টি বর্তমান আন্তর্জাতিক ব্যবস্হার বৃহৎ লক্ষণগুলি, নিকটবর্তী আর দূর পর্যন্ত ছড়ানো প্রতিবেশীদের স্বভাব আর বৃহৎ শক্তি দ্বারা প্রভাবিত হয়। অভ্যন্তরীন অবস্হায় রাষ্ট্রীয় জীবনের বেশ কয়েকটি দিক আসে, যেমন – আইন আর ব্যবস্হা থেকে নিয়ে আর্থিক মৌলিক জিনিষগুলি আর শাসনের উৎকৃস্টতা থেকে নিয়ে রাষ্ট্রীয় একরূপতা। একটি দেশের বাইরের পরিবেশ আর আভ্যন্তরীন অবস্হা সুনিশ্চিত করাটা আলাদা-আলাদা ভাগে থাকে না, বরং একে-অন্যের ওপর এই ধরণের ক্রিয়া আর প্রতিক্রিয়া করে, যার দ্বারা দেশের নিরাপত্তা প্রভাবিত হয়। আজকের দুনিয়ায় তো অভ্যন্তরীণ আর বাহ্যিক নিরাপত্তা চিন্তাগুলির বিভাজক রেখা প্রায় ধোঁয়াশা আর অস্পস্ট হয়ে উঠেছে।

রাষ্ট্রীয় নিরাপত্তার ঐতিহ্যগত অবধারণায় বহু বছর মেয়াদী অতীতের মৌলিক পরিবর্তন হয়ে গেছে। আজ এটা রাস্ট্র আর তার স্বার্থ রক্ষাকারী যথেস্ট সৈন্য শক্তির পর্যায়ে নেই। আজকের দুনিয়ায় শুধু সৈন্য শক্তি রাস্ট্রের সার্বভৌমিকতা আর নিরাপত্তার প্রতিভূ হয় না। রাষ্ট্রীয় নিরাপত্তার ব্যাপক দৃস্টিতে আজ আর্থিক শক্তি, আভন্ত্যরীণ একরূপতা আর প্রযুক্তিগত শৌর্য্য শামিল রয়েছে। একজন *(ব্যক্তি)* নাগরিকের মৌলিক নিরাপত্তার মধ্যে শামিল রয়েছে – জীবন আর সম্পদের সুরক্ষা, খাদ্যের সুরক্ষা, শক্তির *(বিদ্যুত)* সুরক্ষা, স্বচছ বাতাবরণ, শিক্ষা আর স্বাস্হ্য। রাষ্ট্রীয়

পরিচিতির স্পস্ট মনোভাব আর ভালো শাসনও রাষ্ট্রীয় নিরাপত্তার অন্তরঙ্গ অংশ, ঠিক সেইভাবে, যেমন রাজনৈতিক আর আর্থিক সার্বভৌমত্ব বজায় রাখার যোগ্যতা আর সিদ্ধান্ত নেবার স্বাধীনতা আর এসব কিছুই বিশ্বায়ণ আর বেড়ে চলা পারস্পরিক আত্মনির্ভরতার যুগে রয়েছে।

বাহ্যিক আর আভ্যন্তরীণ পরিবেশ আজ দ্রুত পাল্টে যাচ্ছে, যার পেছনে আছে পারমাণবিক অস্ত্রের আর প্রেক্ষনাস্ত্রের উন্নয়ণ, বেড়ে চলা সীমাপারের সন্ত্রাসবাদ, ধার্মিক কট্টরবাদিতা বৃদ্ধি, মাদক ঔষধের আর শাস্ত্রের মধ্যে দুরভিসন্ধি, বেআইনী অনুপ্রবেশ তথা বামপন্থী এবং জাতীয় কট্টরতা, এই সব জিনিষ দেশের নিরাপত্তাকে প্রভাবিত করছে। এর সাথেই দ্রুত গতিতে হওয়া প্রযুক্তির উন্নয়ণ আমাদের প্রতিক্রিয়াকে শুধু সুবিধাজনকই করে দিচ্ছে না, উল্টে তারা স্বয়ং হুমকি, বিপদ আর চ্যালেঞ্জগুলিতে একেবারে নতুন প্রকারের পক্ষ যুক্ত করছে।

এই নাটকীয় ঘটনাক্রমের মাঝে রাষ্ট্রীয় নিরাপত্তা ব্যবস্থাপনার পারস্পরিক কাঠামো আর প্রক্রিয়াগুলির ওপরে যথেস্ট চাপ বাড়ছে। সেটা কেবল 60 বছর পুরোনই নয়, সময়ের সাথে-সাথে তার উপযোগিতা খুবই দুর্বল হয়ে গেছে। রাষ্ট্রীয় নিরাপত্তা প্রতিস্ঠানকে সঠিক ভাবে নুতন কাঠামো দেওয়া আর শক্তিশালী করে তোলা দরকার, যাতে সে আমাদের সামনে নতুন আর উঠে আসা চ্যালেঞ্জগুলির মোকাবিলা করতে পারে, যেটায় আমাদের গুপ্ত তথ্য, অভ্যন্তরীণ নিরাপত্তা, সীমান্ত আর প্রতিরক্ষা ব্যবস্থাপনার ক্ষেত্রে দেখা যাচ্ছে, যাতে আমরা 21 শতাব্দীর জন্য আরও বেশী কুশল আর লগ্নির তুলনায় বেশী প্রভাবশালী ভাবে রাষ্ট্রীয় নিরাপত্তা প্রণালী রাষ্ট্রীয় পুণরুত্থানকে সুবিধাজনক করে বিকশিত করতে পারি।

এটা মেনে নেওয়া সত্ত্বেও যে, ভারত 100 কোটি জনসংখ্যা অধ্যুষিত দেশ আর সোফ্টওয়ার এবং কম্প্যুটার প্রযুক্তিতে বিশ্বকে নেতৃত্ব দেয়, তবুও কয়েক বছর ধরে এক ঘেরাবন্দীতে ফেঁসে থাকা রাষ্ট্র-রাজ্য রয়েছে, যেটা দেশের প্রত্যেক কোণায় বিছিন্নতাবাদ আর সন্ত্রাসবাদের আগুনকে নেভানোর ব্যর্থ প্রয়াস করছে। আজ ভারতের 40% সেনা প্রত্যক্ষ অথবা পরোক্ষ ভাবে নাগরিক ব্যবস্থা বহাল করার কাজে লেগে আছে। সম্ভবত বিদ্রোহের নতুন-নতুন অঞ্চল হঠাৎ করে সামনে এসে পড়ছে। LTTE দ্বারা সমর্থিত তামিল উগ্রবাদী, এখন যার কাছে অপহরণের দুনিয়ার টাকা রয়েছে, যেটা তারা ঠগ বীরপ্পনের কাছ থেকে আর কেন্দ্রে

বসা মন্ত্রীদের দপ্তরগুলি থেকে নিজেদের সাঙ্গ-পাঙ্গ দ্বারা প্রাপ্ত করেছে, তারা আজ এমন অবস্থায় রয়েছে যে, তামিলনাড়ু রাজ্যে নাগরিক ব্যবস্থার ওপর প্রহার করছে আর পি.ডব্লিউ.জি., উল্ফা, নকশালপন্থী, মাওবাদী আর পাকিস্তানী আই.এস.আই.-য়ের সাথে করা গুপ্ত চুক্তির জোরে গভীর অব্যবস্থা ছড়াতে পারে।

ভারতীয় রাজ্যের শক্তিগুলিতে বিগত ছয় দশক থেকে লাগাতার ক্ষয় হয়ে চলেছে, তথাপি বিগত 10 বছরে নিম্নগামী ত্বরণে গুরুত্বপূর্ণ তীব্রতা এসেছে। রাজ্যের প্রভুত্ত্বায় চিন্তাজনক হ্রাস 1990-য়ের শুরুই শুরু হয়, যখন ভি. পি. সিং সরকার রুবাইয়া অপহরণ মামলায় নিজেদেরকে সমর্পন করে দেয়। এখানে লক্ষ্য করার মত বিষয় হচেছ এটা যে, বাকী সমস্ত বেঁচে যাওয়া লোকেদের ন্যাশনাল ফ্রন্টের ভীড়ে দেখা গেছিল।

রুবাইয়া অপহরণ মামলায় সমর্পন আর তার পরিবর্তে পাঁচ জন অত্যন্ত কট্টর উগ্রপন্থীদের ছেড়ে দেওয়া... একই ঝট্‌কায় রাজ্যের শত্রুদের ছবি নায়কদের মত চমকিয়ে দেয় যে, তারা 100 কোটি ভারতীয়দের সরকারকে নিজের সম্মুখে নত করতে পেরেছিল। 1757-য়ের পলাশীর যুদ্ধে গো-হারা হারার পর ভারতকে এই প্রথম এত কম লোকের আক্রমণের সামনে নিশ্চিত রূপে নত, ভীরু আর নিরীহের মত দেখাচ্ছিল। এই সমর্পনের এক বিকল্প শিক্ষা ছিল এটা যে, উত্তরসূরী চন্দ্রশেখর সরকার *(যে সরকারে আমিও এক মন্ত্রী ছিলাম)*, যে সরকার সংসদে অল্পসংখ্যক অবস্থায় গদীতে বসেছিল, এই ধরণের পরিস্থিতিতে সমর্পন করতে অস্বীকৃত হয়। 27-শে ফেব্রুয়ারী, 1991 *(সরকার পড়ে যাবার এক সপ্তাহ আগে)* পূর্ব কেন্দ্রীয় মন্ত্রী সৈফুদ্দীন সোজ-য়ের মেয়ে নেহমা ইন্তিয়াজকে সেই ভাবেই অপহৃত করে নেওয়া হয় আর সেই ভাবেই মুক্তিপণ দাবী করা হয়। কিন্তু পরিবর্তে কিছু না দিয়েই তাকে ছাড়িয়ে নেওয়া হয়। যে পদ্ধতি ব্যবহার করা হয়, সেটাকে এখন গোপন রাখার দরকার আছে। অপহরণকারীরা ধরাও পড়ে আর কেন্দ্রীয় তদন্ত ব্যুরোর বিশেষ আদালত তাদের দোষী সাব্যস্ত করে সাজাও শুনিয়ে দিয়েছে। এটা প্রমাণ করে যে, একটি টলমল সরকারের স্থিরতা নেতৃত্বের আসনে থাকা মন্ত্রীদের মানসিক নমনীয়তার উপর নির্ভর করেনা নির্ভর করে, সংখ্যাসূচককের উপর। দুঃখের কথা হচেছ এটা যে, চন্দ্রশেখর সরকার ততটা দীর্ঘ সময় চলতে পারেনি *(এই সরকার 11-ই মার্চ, 1991 ক্ষমতা হারায় আর 21-শে জুন, 1991 পদত্যাগ করে দেয়)* যে, ভারতীয়

রাজ্যের অর্ন্তনিহিত কঠোরতার বার্তাকে স্থায়ী রূপ দিতে পারত।

1990-য়ের দশকেও ভারত LTTE আর আই.এস.আই.-য়ের দুরভিসন্ধি বিপদের কারণে ঘেরাবন্দীতে থেকেছে। ভারতীয় নিরাপত্তার পক্ষে LTTE আর আই.এস.আই.-য়ের দুরভিসন্ধির কু-প্রভাব চার প্রকারে ছিল ঃ *প্রথম*, তাদের ভারতের প্রতি সমান ঘৃণা ভারতীয় রাজনীতি প্রণালীকে দুর্বল করার মধ্যে পরিবর্তিত হয়ে যায়। রাষ্ট্র দ্রোহের এই কৃত্যে এদের হাতিয়ার হচেছ, রাজনীতিতে ভারতীয় ব্যক্তিদের হত্যা, তাঁদের ঘুষ ইত্যাদি কেসে জড়ানো আর এই ভাবে প্রচার মাধ্যমগুলো আর শিক্ষণ সংস্থাগুলোর প্রতিভাদের চরিত্র হনন। এই ভাবে LTTE আর আই.এস.আই-য়ের দুরভিসন্ধি ভারতে এক বৃহৎ জাল তৈরী করেছে। অন্ধকার জগৎ-এর নেতাদের দ্বারা অনুচিত উপায়ে অর্জিত অর্থকে কিছু অর্থ পীড়িত ভারতীয়দের মধ্যে বিলিয়ে সেই সব পরিবারের সদস্যকে নিজেদের দলে আনার চেষ্টা করা হয়। আরও একটি দিক আছে, যেটাই এই দুরভিসন্ধির ষড়যন্ত্রের পরিকল্পনাকে আরও বেশী প্রভাবশালী করে দেয়। *দ্বিতীয়*, LTTE আর আই.এস.আই.-য়ের দুরভিসন্ধি প্রত্যেকটি বিচিছন্নতাবাদী, সন্ত্রাসবাদী উপ-জাতীয় সংগঠনের সাথে কথাবার্তা চালাচেছ আর তাদের সমস্ত ধরনের প্রশিক্ষণ দিচেছ। LTTE উল্ফাকে, পি.ডব্লিউ.জি.-কে আর নকশালদের ভাঙ্গচুর আর অস্ত্রের প্রয়োগ করার প্রশিক্ষণ দেয়। এই দুরভিসন্ধির একমাত্র লক্ষ্য হচেছ ভারতকে টুকরো-টুকরো করে দেওয়া। বীরপ্পন দ্বারা সিনেমার হীরো রাজকুমারের অপহরণের ঘটনা আমার বার-বার দেওয়া সেই হুঁশিয়ারির প্রমাণ দেয় যে, LTTE আর তামিল বিছিন্নতাবাদীদের মধ্যে যোগাযোগ আছে। *তৃতীয়*, LTTE-আই.এস.আই.-য়ের দুরভিসন্ধি আফগানিস্তান থেকে চেন্নাই-য়ের পথে ইউরোপ আর আমেরিকায় যাওয়া মাদক ঔষধের ব্যবসাকে খুবই চালাকির সাথে নিয়ন্ত্রণ করে, পথে এদের ঘাঁটি পালেরমো আর মিলানে *(ইটালী)* রয়েছে। এইড্স-য়ের মতই মাদক পদার্থ যে কোন সম্পন্ন আর খোশমেজাজ রাষ্ট্রের শক্তিকে চুষে নষ্ট করে দিতে পারে, যেমনটা কলম্বিয়ায়, যেটা কিছু দিন আগে পর্যন্ত এক আদর্শ ল্যাটিন আমেরিকান রাষ্ট্র ছিল, তার বর্তমান দুর্দশা দ্বারা স্পষ্ট প্রমাণিত হয়। *চতুর্থ*, আই.এস.আই.-LTTE দুরভিসন্ধি সন্ত্রাসবাদী কার্যকলাপ এটা দেখানোর জন্য করেছে যে, ভারতীয় নেতৃত্ব নপুংসক আর তারপর এদের জাল ভারতীয় মানুষদের আত্মবিশ্বাসকে কম করে তুলেছে। ভারতের সম্মানে কোন অন্য জিনিষ এতটা ঘা দিতে

পারেনি, যতটা আই.এস.আই-য়ের সুবিধা প্রদত্ত ইণ্ডিয়ান এয়ার লাইন্সের এয়ার বাসের অপহরণের ঘটনা আর ভারতীয় সরকার দ্বারা কান্ধারে সমর্পন করে দেওয়া, যখন অপহৃত ইণ্ডিয়ান এয়ার লাইন্সের যাত্রীদের বাঁচানোর জন্য বিদেশ মন্ত্রী জসবন্ত সিংহ স্বয়ং বায়ু সেনার বিশেষ বিমানে করে পাঁচ দুর্ধর্ষ সন্ত্রাসবাদীকে ভারতীয় জেলের *(আর সেটাও কোন আদালতের আদেশ ব্যতিরেকে)* ন্যায়িক হাজত থেকে বার করে নিয়ে যান। ভারতীয় রাজ্যের পাহারাদার *(কাস্টডিয়ান)* দ্বারা রাষ্ট্রের শত্রুদের পা চাটার এমন ঘটনা অভূতপূর্ব। সম্প্রতি আমার পাকিস্তান সফরে এক বিশ্বস্ত সূত্র আমাকে জানায় যে, এছাড়াও পাঁচ কোটি আমেরিকান ডলার মুক্তিপণ হিসেবে দেওয়া হয়েছিল।

সুতরাং প্রশ্ন হচ্ছে এটা যে, এমন কি কোন পথ আছে, যা এই ঘেরাবন্দীকে সরাতে পারে আর রাষ্ট্রের সম্পূর্ণ হ্রাস হয়ে পড়ার বর্তমান ধারা থেকে একে বাঁচাতে পারে ?

দেশভক্ত ভারতীয়দের প্রথম আর সব চেয়ে বড় সংকল্প এটা নিতে হবে যে, ভারত সন্ত্রাসবাদীদের সাথে কোন প্রকারের চুক্তি করবে না। এই মানদণ্ড অনুসারে, কান্ধারে অপহরণকারীদের সাথে কথাবার্তা করা রাষ্ট্রের পক্ষে ক্ষতিকারক ছিল। তার বদলে ভারতীয় সরকারের তালিবান তথা অপহরণকারীদের নির্ভুল আণবিক অস্ত্রের প্রয়োগ করার পাল্টা-হুমকি দেওয়া উচিত ছিল যে, অপহৃত বিমানের কোনও যাত্রীর ক্ষতি করা হলে এই অস্ত্রের প্রয়োগ করা হবে। আমাদের পরে অপহরণকারীদের সেই দৃঢ়তায় আর মনোবলসহ অনুসরণ করার ছিল, যেমন ভাবে সংযুক্ত রাজ্য সরকার লকরবী, স্কটল্যাণ্ডে প্যান এ্যাম বোইং 747 বিমানকে উড়িয়ে দেওয়া লিবিয়াই বিধ্বংসকারীদের অনুসরণ করেছিল। রাষ্ট্রীয় সংকল্পের সেই ধারায় সংঘ সরকারকে ইজরায়েল দ্বারা প্রশিক্ষিত বিশেষ কম্যাণ্ডোদের LTTE-র সর্বময় কর্তা বি. প্রভাকরণের মুলাইথ্বিবু গুপ্ত স্থানে, তাকে ঝটিকা আক্রমণে নস্ট করার জন্য পাঠানো উচিত, যেখানে সে রামেশ্বরমের খুবই কাছে আরামে বিশ্রাম করছে।

দ্বিতীয় রাষ্ট্রের এটা বুঝে নেওয়া, চিনে নেওয়া উচিত যে, ভারতে সন্ত্রাসবাদের মূল আর রাষ্ট্র-রাজ্যকে ফাঁপা করার মূলে আই.এস.আই.-LTTE-র দুরভিসন্ধি রয়েছে। *এই দুরভিসন্ধিকে ভাঙ্গা আমাদের স্বল্পমেয়াদী লক্ষ্য হওয়া উচিত।* ভারতকে এটা করার জন্য পাকিস্তানের সাথে সরাসরি কথা বলতে হবে আর আমেরিকাকেও এর জন্য তৈরী করে নিতে

হবে। আর চীনের সাহায্য নেবার প্রয়াস সব চেয়ে বেশী করে করা উচিত। এই ধরনের কথাবার্তার সাথে এক সংকল্প থাকা উচিত *(যেমন সন্ত্রাসবাদীদের নিরবিচ্ছিন্ন আর তীব্র অনুসরণ করা অথবা প্রশিক্ষণ শিবিরগুলির ওপর বোমা বর্ষণ করা)*। আর প্রয়োজন হলে এই কাজটাও করা উচিত। পাকিস্তানের যেন এই বিষয়ে কোন সন্দেহ না থাকে।

আই.এস.আই.-LTTE-র যোগাযোগ ভাঙ্গার চেষ্টা করার সাথেই সাথেই ভারত সরকারের সম্পূর্ণ শক্তি দিয়ে LTTE-র সর্বাধিনায়ক বি. প্রভাকরণ আর নেতৃত্বে দ্বিতীয় স্থানে থাকা পোট্টু অম্মনকে ধরার সমস্ত প্রয়াস করা উচিত, যারা ভারতীয় আইন অনুসারে, ঘোষিত অপরাধী আর যারা প্রাক্তণ প্রধানমন্ত্রী রাজীব গান্ধীকে হত্যা করে ভারতীয় সার্বভৌমত্ব আর রাষ্ট্রীয় আত্মসম্মানকে চ্যালেঞ্জ জানিয়েছে। সরকার দুই বছরেরও বেশী সময় আগে কেন্দ্রীয় তদন্ত ব্যুরোর অধীনে এক নজরদারী এজেন্সী *(এম.ডি.এম.এ.)* তৈরী করেছিল, যার মুখ্য কাজ ছিল প্রভাকরণ আর আম্মনকে মেরে ফেলা।

দুর্ভাগ্যের কথা যে, রাজীব গান্ধীর হত্যার ভয়ংকর ভারতবিরোধী অপরাধের স্মৃতি বর্তমানে কিছুটা ধোঁয়াশার মত হয়ে যাচেছ। আংশিক ভাবে তো এই কারণে যে, তাঁর বিধবা পত্নী আর রাজনৈতিক উত্তরাধিকারী শ্রীমতি সোনিয়া গান্ধীর মধ্যে নমনীয়তা দেখতে পাওয়া যাচেছ। শ্রীমতি গান্ধী আগে LTTE-DK-ডিকে ষড়যন্ত্রকারীদের জন্য ক্ষমা দানের দাবী করে দেশকে আশ্চর্যচকিত করে দেন, যাদের 1997 সালে একটি আদালত ফাঁসী দিয়ে মেরে ফেলার সাজা শুনিয়েছিল আর যেটাকে পরে দেশের সর্বোচ্চ আদালতও সম্মতি দেয়। তার পর তিনি নিজের পার্টিকে এই কথার জন্য অধিকৃত করে তোলেন যে, পার্টি LTTE-র অনুগামীদের সংগঠন দ্রাবিঢ় কছগম *(ডিকে)*-র সভাপতিত্বে হওয়া কার্যক্রমে শামিল হোক। ডিকে-র নেতা বীরামণিকে জৈন কমিশন নিজের অন্তিম রিপোর্টে *(ভাগ III, সংখ্যা IV অধ্যায় VII পৃষ্ঠা 161-63)* রাজীব গান্ধী হত্যায় LTTE-কে দোষী সাব্যস্ত করে। শ্রীমতি গান্ধী কর্ণাটকের কংগ্রেস সরকার দ্বারা প্রভাকরণকে দেওয়া 35 কোটির সেই মুক্তিপণের বিষয়েও চুপ করে যান, যেটা পেয়ে এবং সন্তুষ্ট হয়ে সে বীরপ্পনকে, রাজকুমারকে ছাড়ার জন্য নির্দেশ দেয়। আর 2004 সালে শ্রীমতি গান্ধী ডি. এম. কে., পি. এম. কে., আর এম. ডি. এম. কে.-র সাথে নির্বাচনী আঁতাত করার অনুমতিও দিয়ে দেন। ফলে হলটা কি, খুন হওয়া রাজীব গান্ধীর বিধবা

সেই সব পার্টিগুলির সাথে হাত মিলিয়ে নিলেন, যারা তাঁর স্বামীর হত্যাকারীদের LTTE-র প্রশংসা করে। যদি প্রাক্তণ প্রধানমন্ত্রীর হত্যাকে এই ভাবে না দেখার ভান করা হয়, তাহলে সন্ত্রাসবাদের সাথে কেমন করে লড়া যেতে পারে।

আমাদের সন্ত্রাসবাদের সাথে *(লড়ার)* আর আভ্যন্তরীণ নিরাপত্তা সুরক্ষা হুমকির সঙ্গে প্রভাবশালী কায়দায় মোকাবিলা করার জন্য চীনের সঙ্গে সম্পর্ক তৈরী করতে হবে। এই দেশের সাথে শত্রুতার কারণেই আমাদের প্রতিরক্ষা ফৌজীরা উত্তর সীমান্তে আটকে গেছে আর এই কারণে আমরা দক্ষিণ সমুদ্রের দিকে নিজেদের মনোযোগকে কেন্দ্রীভূত করতে পারিনি, যেটা বিগত কিছু শতাব্দী ধরে, অত্যধিক দুর্বলতার কারণে রাষ্ট্রের জন্য চিন্তার বিষয় হয়ে উঠেছে।

সুতরাং চীনের সঙ্গে সম্পর্ক ঠিক করার দিকে আমাদের পুরো নজর দেওয়া আর প্রয়াস করা উচিত। এর জন্য আমাদের ভারত-চীন সীমান্তগুলির উপর এক এমন চুক্তি করতে হবে, যেটা আমাদের প্রতিরক্ষা প্রয়োজনগুলির অনুরূপ হবে আর অত্যন্ত পুরোন আন্তজার্তিক চুক্তিগুলির ওপর কম নির্ভর করবে। এতে আপোষে ছাড় দেওয়া আর একমত হওয়া উচিত। এই ধরণের নমনীয়তা ভারত-চীন বিবাদে ব্যবহারিক। *আমাদের এই তথ্যকে বুঝে নিতে হবে যে, যদিও চীনের কাছে সীমান্ত সম্পর্কিত করা দাবীর কোনও যৌক্তিকতা নেই, আমাদের দাবীও ইংরাজ শাসকদের দ্বারা তৈরী করা নকল দলিলভিত্তিক।* সুতরাং আমাদের দুই জনার কারোরই ইতিহাসে বন্দী হয়ে থাকা উচিত নয়। তাই আমাদের চীনের সাথে কথাবার্তা চালু রাখা উচিত আর সেটাকে গভীর করে তোলা উচিত এবং তিব্বত, তাইওয়ান, কাশ্মীর আর সীমান্তের ভুল বোঝাবুঝিকে দূর করা উচিত আর দুই প্রচীন প্রতিবেশী রাষ্ট্রের সেই ইচ্ছেকে পরিস্কার করে দেওয়া উচিত, যা ভারত-সংযুক্ত রাজ্য আর চীন-পাকিস্তান সম্পর্কের প্রয়োজন থেকে সৃষ্টি হয়েছিল। চীনের সাথে সম্পর্ক তৈরীতে নমনীয়তা নিয়ে আসাটা অত্যন্ত প্রয়োজন।

এই ধরনের নমনীয়তা বজায় রাখা আমাদের রাষ্ট্রীয় নিরাপত্তার দৃষ্টিভঙ্গী থেকে সর্বদা সম্ভব নয়। আমাদের ধর্ম নিরপেক্ষ সমাজের হিসাবে কাশ্মীর এক গুরুত্বপূর্ণ স্তম্ভ। জনমত সংগ্রহের ওপরে সংযুক্ত রাষ্ট্রের প্রস্তাব – যেটা পণ্ডিত নেহরুর ব্যক্তিগত মূর্খতা ছিল – অথবা শিমলা চুক্তি, যা শ্রীমতি ইন্দিরা গান্ধীর অদূরদর্শিতা ছিল – আজকে

একেবারে নিরর্থক হয়ে উঠেছে।

বিশ্বমঞ্চে প্রভাবী কাজ করার আগে, আমাদের সবার আগে আর প্রাথমিকতায় আভ্যন্তরীণ নিরাপত্তা সংকটকে চিন্তিত করা উচিত। আমাদের মেনে নেওয়া উচিত যে, আমাদের পুরোন মূর্খামিগুলির কারণে আজ কাশ্মীরে আগুন লেগে আছে। তাও আবার হয়তো কেউ-কেউ এই ব্যাপারটাকে গম্ভীর ভাবে নিচেছন যে, আজ সেখানে যে অবস্থা, রাস্ট্রের জন্য তার গম্ভীর পরিণাম হবে। কোন প্রকারের অতিশয়োক্তি না করে এটা বলা যেতে পারে যে, কাশ্মীর ভারতীয় রাস্ট্রীয়তার কুয়াশাচছন্ন অবধারণার অগ্নিপরীক্ষা। কাশ্মীর থাকলে ভারতও বেঁচে *(বজায়)* থাকবে; কাশ্মীর আলাদা হলে ভারত পেছনে চলে যাবে। কাশ্মীর হচেছ সেই বিষাক্ত সাম্প্রদায়িক অপপ্রচারের অস্বীকৃতি যে, ভারতে যে কোন স্থানে মুসলমান শীঘ্র অথবা দেরী করে দ্বিতীয় পাকিস্তানের দাবী করবে। যদি কাশ্মীর হাত থেকে বেরিয়ে যায়, তাহলে ভারত আর কোনদিনই সন্ত্রাসবাদী শক্তিগুলির মোকাবিলা করতে পারব না। তাহলে তো হিন্দুস্তান শেষ হয়ে গেল বুঝে নিন।

ইতিহাসের এক বাঁকে, যখন সোভিয়েত ইউনিয়ন ভেঙ্গে যায়, যুগোশ্লাভিয়া টুকরো হয়ে যায়, ইন্দোনেশিয়ার বিভাজন হয়ে যায় আর শ্রী লংকা জাতিগত চোরাবালিতে ফেঁসে রয়েছে, এমন অবস্থায় কি কোন দেশভক্ত ভারতীয় এই জিনিষটার থেকে মুখ ফিরিয়ে নিতে পারে যে, কাশ্মীরের দুর্ভাগ্যপূর্ণ অবস্থার ভবিষ্যৎ পরিণাম কি হবে? এবার সময় এসে গেছে, যখন আমাদের পরিস্থিতির সঠিক অনুসন্ধান করতে হবে। সময় এসে গেছে, যখন আমাদের ভারতমাতার রক্তরঞ্জিত মাথার সম্পূর্ণ আর দীর্ঘস্থায়ী চিকিৎসার বিষয়ে ভাবতে হবে। কাশ্মীর সমস্যা ভারতমাতার মাথায় হওয়া ঘা থেকে রক্ত বয়ে চলা দেখায়।

ভারত হচেছ এক প্রচীন সজীব সংঘ, যাতে বিশ্বের সব চেয়ে পুরোন অটুট সংস্কৃতির পরম্পরাগুলি সিঞ্চিত হয়ে রয়েছে। ভারতের অধিকাংশ জনসংখ্যার জন্য কাশ্মীর চেরীর বড় চেরীর ফুল অথবা সুন্দর কার্পেট নয়, বরং এটা হচেছ অমরনাথ গুহা, শংকরাচার্য্যের পাহাড় আর বৈষ্ণ দেবী। অন্য কথায়, কাশ্মীরে কেবল মুসলমান জনসংখ্যাই নেই, *কুয়াশায় আচছাদিত হিন্দু অতীতও রয়েছে।* এমন কি কাশ্মীরের নাম ঋষি কশ্যপ-য়ের নামের ওপর আধারিত, যিনি ব্রহ্মা, বিষ্ণু আর শিবের সাহায্য নিয়ে এই উপত্যকা থেকে রাক্ষসদের তাড়িয়েছিলেন আর ডাল

ঝিলের খনন করেছিলেন *(দেখুন. নীলামাতো পুরাণ)*। সমগ্র ভারতে ছড়িয়ে থাকা বহু লোক ঋষি কাশ্যপ-য়ের বংশধর, তা তাঁরা কাশ্মীরে নাও থাকতে পারেন বা তাঁদের কাশ্মীরী বলা না হতে পারে।

যদি আমরা কাশ্মীরের বিভাজন জম্মু, লাদ্দাখ আর *'জমাঘাটি'* অঞ্চলে করে দিই, তাহলে বিদ্রোহের সমস্যা কমে গিয়ে উপত্যকার 30 লক্ষ লোককে সামলানোর সমস্যা আছে। সত্য তো এটা যে, জম্মু আর লাদ্দাখের লোকেরা সমগ্র ভারতের ওপরে এই কারণে রেগে রয়েছেন যে, তাঁদের উপত্যকার সাথে যুক্ত করে দেওয়া হয়েছে। উপত্যকার বাসিন্দারাও, তাঁদের প্রতি নিজেদের মনে ঘৃণা পুষে রেখেছেন। শুরুর থেকে নিয়ে এখনও পর্যন্ত কাশ্মীরের দুঃখের কথা হচেছ এটা যে, কাশ্মীরী পণ্ডিতদের প্রতিনিধি ইতিহাসে খলনায়কের ভূমিকা পালন করে এসেছেন; আর তার পরিবর্তে, নিষ্ঠুর পরিহাসস্বরূপ, আজ তাঁদের সমুদায় অতীতের শয়তানীর সব চেয়ে খারাপ শিকার হয়ে পড়েছেন। 1320 সালে রিঞ্চনা নামের একজন লদ্দাখী রাজা, যিনি বৌদ্ধ ধর্মের অনুগামী ছিলেন, উপত্যকাকে জয় করে নেন আর তারপর তিনি কাশ্মীরী পণ্ডিতদের কাছে প্রার্থনা করেন যে, তাঁকে হিন্দু ধর্মে দীক্ষাপূর্বক *শামিল* করে নেওয়া হোক্। কিন্তু পণ্ডিতেরা অস্বীকার করে দেন। এই অপমানে ক্রুদ্ধ হয়ে রাজা রিঞ্চনা আর তাঁর বৌদ্ধ সমর্থকেরা মুসলমান হয়ে পড়েন *(ধর্ম পরিবর্তন করে ইসলাম ধর্মে শামিল হয়ে যান)*। এই ভাবে কাশ্মীরে ইসলাম ছড়িয়ে পড়ে, *বিজয়ের মাধ্যমে নয়, ধর্ম-পরিবর্তনের মাধ্যমে*। এই প্রকার, মহারাজা হরি সিংহ আর তাঁর প্রধানমন্ত্রী আর. সি. কাক-য়ের 1947 সালে ভারত আর পাকিস্তানের সাথে প্রথমে *'শান্ত হয়ে দাঁড়িয়ে থাকো'* চুক্তিতে হস্তাক্ষর করে মিলিয়ে নেবার সমস্যা সৃষ্টি করা ভূমিকা সর্ববিদিত। যখন পাকিস্তানী অনুপ্রবেশকারীরা এসে যাওয়াতে তিনি ভাবলেন যে, এবার তো তাঁর সব কিছু শেষ হয়ে যাবে, কেবল তখন হরি সিংহ ভারতে শামিল হয়ে যান। বাস্তবে, কাশ্মীরের সমস্যায় আজ হিন্দু-মুসলমানের প্রশ্ন একেবারেই নেই। তার পরিবর্তে, এই সমস্যা তো এক নরম রাজ্যের প্রভাবহীন হয়ে পড়ার ফলে সৃষ্টি হয়েছে, যা আজকের সময়ের চ্যালেঞ্জের মুখোমুখি হতে জানে না।

দ্বিতীয় পদক্ষেপ যা কেন্দ্রকে নিতে হবে, সেটা এই যে ভারতের সংবিধানের ধারা *(আর্টিকল)* 370-য়ের সমাপ্তি। আইনী ভাবে তো রাষ্ট্রপতি দ্বারা সার্বজনিক বিজ্ঞপ্তি পত্র জারী করে দেওয়ামাত্রই ধারা

370 সমাপ্ত করা যেতে পারে। এর জন্য সংসদদের স্বীকৃতির কোন প্রয়োজন নেই, শ্রী অটল বিহারী বাজপেয়ী নিজের পার্টি কর্মীদেরকে যেমনটা বুঝিয়ে আসছেন, তার ঠিক বিপরীত।

ধারা 370 বাস্তবে উপত্যকার মানুষদের জন্য *(প্রস্তাবিত)* ছিল। জম্মু বাসী আর লাদ্দাখ বাসী একে ঘৃণা করেন, কেন না উপত্যকার সম্ভ্রান্ত ব্যক্তিরা ধারা 370-য়ের প্রয়োগ তাঁদের বিরুদ্ধে করেছে। ধারা 370-য়ের কারণে একজন জম্মু আর লাদ্দাখী নারী নিজের সম্পদের অধিকার না খুইয়ে রাজ্যের বাইরের কাউকে বিয়ে করতে পারবে না। একটি আধুনিক রাজ্যে আমরা এই ধরণের অসভ্য, *(সময়ের সঙ্গে)* বেমানান কথাকে কেমন ভাবে স্বীকার করতে পারি ? বাকী ভারত থেকে জম্মু আর লাদ্দাখে ব্যক্তিগত লগ্নির অনুমতি দেওয়া হয়নি, যেখানে, যদিও, যেমনটা নেহরু দাবী করেছেন, *'মারওয়াড়ীদের আক্রমণ'* থেকে স্থায়ী মানুষরা কখনও কোন বিপদ অনুভব করেননি। যাই হোক্, সন্ত্রাসবাদীরা উপত্যকা থেকে হিন্দুদের মেরে ফেলে অথবা তাড়িয়ে সেখানকার স্বরূপই পাল্টে দিয়েছে। এটাও ধারা 370-য়ের উলংঘন, কেন না এর দ্বারা রাজ্যের স্বরূপ *(হিন্দু-মুসলমান জনসংখ্যার মিশ্রণ)* পাল্টে দেওয়া হল।

কাশ্মীরে কি করব ? এই সিদ্ধান্ত নেবার আগে কাশ্মীর সমস্যার বিভিন্ন প্রকারগুলিকে পরিভাষিত করা জরুরী।

(ক) **আইনের প্রথম প্রকার** – আগস্ট, 1947-তে স্বাধীন দেশের রূপে ভারত আর পাকিস্তান গড়ার আইন ভিত্তিতে সেই বছরে ইংরেজ সংসদ দ্বারা সৃষ্ট ইণ্ডিয়ান ইণ্ডিপেণ্ডেন্স এ্যাক্টে আছে। এই আইনে একটা ব্যবস্থা আছে যে, অবিভাজিত ভারত *(যেটা সেই সময়ে সরাসরি ইংরেজ শাসনে ছিল)*-য়ের দুই-তৃতীয়াংশকে বিভাজিত করে ভারত আর পকিস্তান তৈরী করে দেওয়া হবে। শেষ এক-তৃতীয়াংশ অবিভাজিত ভারতে *(যেটা অপ্রত্যক্ষ ভাবে ইংরেজদের শাসনে ছিল)*, সেই আইন 562 রাজাদের পূর্ব প্রভুক্ষমতা প্রদান করতে গিয়ে পুণঃজীবিত করে দেয়। এখনও পর্যন্ত এই রাজ্যগুলির *(রাজাদের)* ওপর 1757 থেকে ইংরেজ সম্রাটের সুজরেন্টি *(অর্দ্ধ প্রভুত্বতা)* আর *'প্যারামাউন্টসী'* ছিল আর এটা 1947 সাল পর্যন্ত এই ভাবেই চলে এসেছিল। এই আইনের ধারা 7 একে সমাপ্ত হয়ে যেতে দেয় আর এরই দ্বারা এই উপ-শাসিত রাজ্যগুলিকে

সার্বভৌমত্বের অধিকার দিয়ে দেয়। এই আইন, 1935-য়ের ব্রিটিশ ইণ্ডিয়া কন্সস্টিট্যুশন *(যা সেই সময় লাগু ছিল)* এর সাথে মিশে, এই ব্যবস্থাও করে যে, যদি এই ভাবে শক্তিশালী হওয়া কোন প্রভুত্বসম্পন্ন *রাজ্য* ভারত অথবা পাকিস্তানের পক্ষে *মিশে যাওয়ার দলিলে (Instrument of Accession)* হস্তাক্ষরিত করে, তাহলে সেই রাজ্য, (যেমনটি সেই দলিলে অধিসূচিত করা হয়েছে), স্থায়ী ভাবে সেই দেশের সাথে যুক্ত *(যুক্ত হল)* হিসাব ধরা হবে। এই আইনে এমন কোন ব্যবস্থা ছিল না, যাতে যুক্ত হাওয়ার দলিলে হস্তাক্ষর হয়ে যাবার পর তাকে ফিরিয়ে নেওয়া যেতে পারে অথবা তার পূর্ণবেক্ষণ করা যেতে পারে অথবা সেই রাজ্যের মানুষদের ইচ্ছাগুলির খোঁজ নেওয়া যাবে। এটা হচেছ সেই আইনী অবস্থা, যেটার ওপরে আধুনিক ভারত আর পাকিস্তানের বুনিয়াদ রাখা হয়েছে।

26-শে অক্টোবর, 1947 কাশ্মীরের মহারাজা, (যখন উপজাতির লোকেরা পাকিস্তানী ফৌজের সহায়তায় তাঁর ওপর আক্রমণ করে দেয়)., বিলের দলিলে ভারতের পক্ষে লিখে হস্তাক্ষর করে দেন। এই ভাবে শুদ্ধ আইনী ভাবে, এই আইন দ্বারা, সমগ্র কাশ্মীর ভারতের অভিন্ন অঙ্গ হয়ে যায় *(যেটার কোন ভাবে পাণ্টাবার সম্ভাবনা ছিল না)*। মজার কথা হল এই যে, এই আইনী তথ্যের কারণে যখন মামলা সংযুক্ত রাষ্ট্রের সামনে আসে, তখন সংযুক্ত রাজ্য সরকার *(যেমনটা তার বিদেশ বিভাগের অগুপ্ত করা গুরুত্বপূর্ণ পেপারগুলি থেকে পাওয়া যায়)* মেনে নিল যে, ভারতের কাশ্মীরের বিষয়ে অধিকার *'এক পাক্কা আইনী অধিকার'*। সংযুক্ত রাজ্যের প্রতিনিধি শ্রী জন ফস্টার ডলেস *(আমেরিকার সেক্রেটারী অফ্ স্টেট হওয়ার আগে, যে পদে ছিলেন)* 1949 সালে প্যারিস থেকে ইউ. এন. সি. আই. পি সম্মেলনে, সংযুক্ত রাজ্যের স্টেট ডিপার্টমেন্টকে পাঠানো এক বার্তায় উক্ত কথা লেখেন।

এ ছাড়া, ভারতের সংবিধানে কোন অবস্থাতেই ভারতের কোন অঞ্চলকে আর কাউকে দিয়ে দেবার কথা লেখা নেই। সুতরাং ভারতর সঙ্গে হওয়া এই চুক্তি হল একমুখী পথ – তাই 1947-য়ের ইণ্ডিয়ান ইণ্ডিপেণ্ডেন্স এ্যাক্ট *(যার দ্বারা পাকিস্তান নতুন রাষ্ট্র হিসেবে বৈধতা পায়)* আর ভারতীয় সংবিধান অনুসারে যদি এক বার কাশ্মীরের মহারাজা বিলের দলিলে ভারতের পক্ষে হস্তাক্ষর করে দেয়, এরপর কোন দেশের

অথবা অন্য লোকের কাশ্মীরের কোনও অংশের ওপর কোন আইনী দাবী থাকে না। এতে, আইনের ভাষায়, এমন কি কাশ্মীরের মানুষদেরও এই বিলের বিষয়ে কোন আওয়াজ গ্রাহ্য নয়। এই ভাবে সংবিধানের দৃষ্টিতে, কাশ্মীরের জনমত সংগ্রহ করারও কোন জায়গা নেই।

সংযুক্ত রাষ্ট্রের চার্টারের ধারা 103, যাকে বহু বার উদ্ধৃত করা হয়, এখানে লাগু হতে পারে না, কেন না বিলয়ের দলিল এক চুক্তি নয় অথবা সেই আইনের এক অংশ নয়, যেটা অবিভাজিত ভারতের থেকে পাকিস্তান গড়েছে। 1949-য়ের সংযুক্ত রাষ্ট্রের জনমত সংগ্রহ প্রস্তাবও কাশ্মীরী মানুষদের এই অধিকার ছাড়া যে, তারা জনমত সংগ্রহ দ্বারা এই সিদ্ধান্ত নিন যে, তাঁরা ভারতের অংশ হবেন অথবা পাকিস্তানের, কোন অন্য অধিকারকে স্বীকার করে না। সংযুক্ত রাষ্ট্রের প্রস্তাবেও স্বাধীন কাশ্মীরের মত *কোন তৃতীয় বিকল্পের* পরিকল্পনা করা হয়নি। পাকিস্তানের বক্তব্য হচ্ছে এটা যে, কাশ্মীরী মানুষরা নিজের মর্যাদা ঠিক করার জন্য কাশ্মীরকে পাকিস্তানের এক অংশ বানানোর আত্মনির্ণয়ের দাবী করেন। পাকিস্তান বড়ই চালাকির সঙ্গে কাশ্মীরকে পাকিস্তানের এক অংশ করে তোলার সরাসরি দাবী কখনোই করে না, কেন না এমন দাবীর কোন আইনী অধিকার হতে পারে না। পাকিস্তান, যা এই সময় কাশ্মীরের প্রায় এক-তৃতীয়াংশ অংশের ওপরে নিয়ন্ত্রণ রাখে *(যে অংশ তারা 1947-48 সালে বলপূর্বক দখল করে নিয়েছিল)*, একটি মুক্ত *'আজাদ কাশ্মীর'*-য়ের রক্ষক হবার অভিনয় করছে। এই অংশের আলাদা একজন প্রধানমন্ত্রী আছে আর স্বাধীন সরকারের অন্যান্য কর্তারাও... কিন্তু বাস্তবিক স্বাধীনতা নেই। 1947 সালে কাশ্মীরের ভারতে যুক্ত হবার পর ভারত পাকিস্তানী ফৌজ আর পাকিস্তানী অনুপ্রবেশকারীদের নিজের সৈন্যের সাহায্যে তাড়িয়ে কাশ্মীরের দুই-তৃতীয়াংশ অংশ দখল করে নেয়। ভারত, ভারতীয় ফৌজে এক ইংরেজ ব্রিগেডিয়ারের বিশ্বাসঘাতকতার কারণে, গিলগিট দখল করে নেওয়া থেকে বঞ্চিত রয়ে যায়; হয়েছিল কি, গিলগিটকে ভারতীয় জওয়ানদের দ্বারা জয় করে নেবার পর এই ইংরেজ পাকিস্তানী ঝাণ্ডা উড়িয়ে দেয় আর ভারতীয় ফৌজ ছেড়ে পাকিস্তানীদের সাথে মিশে যায়। নেহরু এই মামলায় চুপ করে যান। পরে 1950-য়ের পরে, ভারতের কাশ্মীরী অংশের অর্দ্ধেক অংশ চীন দখল করে নেয়। সেই সময় যখন চৈনীক ফৌজ *(পি. এল. এ.)* অকসায়ী চীন হয়ে তিব্বতকে সিকিয়াঙ্গের সঙ্গে যুক্ত করা রাস্তা গড়ে। যতক্ষনে ভারতের ঘুম ভাঙল,

অথবা এই জিনিষটার ওপর নজর দিতে শুরু করল, ততক্ষনে অত্যন্ত দেরী হয়ে গেছিল। রাস্তা তৈরী হয়ে গেছিল আর চীনের পীপল্স লিবারেশন আর্মী *(পি. এল. এ.)*-র গাড়ী এদিক-ওদিক দৌড়চ্ছিল। 1962 সালে নেহরুর এই অঞ্চলকে পুণরুদ্ধার করার মূর্খামি প্রয়াসের পর *(নেহরু খুবই গর্বের সঙ্গে বলেছিলেন – "আমি ফৌজকে চৈনীকদের বাইরে বের করে দিতে বলেছি।")* চীনারা দেখিয়ে দেয় যে, তারা অক্সাই চীনকে নিজের কাছে রাখার জন্য কৃতসংকল্প। এই ভাবে কাশ্মীরের সমগ্র অঞ্চলগুলির মধ্যে থেকে আজ ভারত, পাকিস্তান আর চীনের কাছে এক-তৃতীয়াংশ করে অংশ নিয়ন্ত্রণে রয়েছে।

এটা অত্যন্ত দুর্ভাগ্যপূর্ণ যে, এত কিছু সত্ত্বেও আমাদের কাশ্মীরের ওপর দাবীর নির্ণায়ক আইনী ভিত্তি আছে, ভারত সরকার জানি না কেন, কাশ্মীর বিষয়ক নিজের কেসকে, এটা স্বীকার করে নিয়ে যে, এই বিষয়ে হিন্দুস্তান আর পাকিস্তানের মধ্য *'বিবাদ'* আছে, খুবই হাল্কা আর দুর্বল করে দিয়েছে। সংযুক্ত রাষ্ট্র নিরাপত্তা পরিষদ কাশ্মীরের প্রশ্নে কেবল এজন্য নজর দেয় যে, নেহরু প্রধানমন্ত্রীর রূপে এই বিষয়টাকে সংযুক্ত রাস্ট্রের নিয়ে গিয়েছিলেন। আশ্চর্য্যের কথা যে, সংযুক্ত রাস্ট্রের দিক থেকে হস্তক্ষেপ করার উদ্যোগ গ্রহণের আগে নেহরু নিজের মন্ত্রী পরিষদের কাছ থেকে এই ব্যাপারে সম্মতি নেননি, কিন্তু এর থেকেও আশ্চর্য্যের কথা হচেছ এটা যে, পরের সরকারগুলিও নেহরুকে অস্বীকার করেননি। ভারত আর পাকিস্তানের সংযুক্ত রাষ্ট্র কমিশন প্রস্তাব 5-ই জানুয়ারী, 1949 *(ইউ. এন. সি. আই. পি.)* যা প্রস্তাবিত জনমত সংগ্রহের বিকল্পকে কেবল ভারত অথবা পাকিস্তানে বিল পর্যন্ত সীমিত করে – কাশ্মীরের জন্য স্বাধীনতা নয় – এই বিবাদে পাকিস্তানকে একমাত্র বৈকল্পিক পার্টি বানায়। তারপরে শিমলা চুক্তি *(1972)* আর এখন সম্প্রতি ভারত-পাকিস্তানের আগ্রায় শীর্ষ বার্তা *(2001)* সংযুক্ত রাষ্ট্র দ্বারা পাকিস্তানকে দেওয়া স্ট্যাটাসে কাশ্মীরের বিবাদ পুনরায় পুষ্ট করে তুলে নেহরুর মূর্খতাকে ন্যায়ের জামা পরিয়ে দিয়েছে।

ভারতীয় সংবিধান *(ধারা 370)*-য়ের স্পষ্ট নিহিতার্থ হচেছ এটা যে, কাশ্মীরের ভারতে বিলীন অপূর্ণ। এই ভাবে, যদিও ভারতের কাশ্মীরের ওপর একদম পরিস্কার আইনী অধিকার আছে, তাও আমরা এর ওপর জোর দেওয়ার নৈতিক অধিকার হারিয়ে ফেলেছি, কেন না ভারত সরকার লাগাতার এটা স্বীকার করে এসেছে যে, কাশ্মীরের মর্যাদা একটি

বিবাদিত রাজ্যের মত, যেটায় পাকিস্তান একটি পক্ষ আর দ্বিতীয়ত, ভারত নিজের এই দায়বদ্ধতার পুনরাবৃত্তি বহুবার করে এসেছে যে, সে পাকিস্তানের সাথে এই বিবাদকে শান্তিপূর্ণ কথাবার্তার মাধ্যমে মেটাতে চায়। 14 জুন, 2003 ভারতের উপ-প্রধানমন্ত্রী শ্রী এল. কে. আদবানী উদাহরণস্বরূপ সি. এন. এন.-কে এক সাক্ষাতকারে বলেন – কাশ্মীর বিবাদ মেটানোর জন্য ভারতকে *'পাকিস্তানের সাথে আপোষে মিমাংসা করতে'* হবে আর নিজের *'কড়া মনোভাবে'* কিছুটা নমনীয়তা আনতে হবে। আইনী প্রকার তো এই ভাবে উবে গেল আর এর জন্য ভবিষ্যতে ভারত সরকারকে সরকারী ভাবে এটিকে অস্বীকার করতে হবে ঃ নেহরু আর মাউন্টেব্যাটেন-য়ের দায়বদ্ধতার প্রতি মন্ত্রী পরিষদের স্বীকৃতি ছিল না আর তার সাথে-সাথেই আদবানী দ্বারা ওয়াশিংটন ডি. সি.-কে দেওয়া একতরফা ছাড়কেও অস্বীকার করতে হবে।

(খ) নৈতিকতাই হল দ্বিতীয় প্রভাব ঃ এর ব্যাপক ধারণা সৃষ্টি হয় আত্মপ্রত্যয়ের থেকে, যেটা সংযুক্ত রাষ্ট্রের ফরমানের সঙ্গে সমন্বিত।

ভারতীয়দের যুক্তিগুলোকে ভালো করে জেনে নেবার পর সংযুক্ত রাষ্ট্র এক বিশিষ্ট মধ্যস্থতাকারী কমিশন *(ইউ. এন. সি. আই. পি.)*-র গঠন করে, যারা দুই দেশের পূর্ণ সম্মতি নিয়ে কয়েকটি প্রস্তাব পাশ করে। এর মধ্যে দুটি প্রস্তাব অত্যন্ত গুরুত্বপূর্ণ ঃ 13-ই আগস্ট, 1948-য়ের যুদ্ধ বিরতি প্রস্তাব আর একে পুষ্টি করতে গিয়ে 5-ই জানুয়ারী, 1949-য়ের প্রস্তাব। এই দুটি প্রস্তাব জনমত সংগ্রহের দাবীর ভিত্তিতে আছে, যা প্রায় আন্তর্জাতিক স্তরে করা হয়ে থাকে আর এই প্রস্তাবগুলিকে ভারত আর পাকিস্তান – উভয়ই স্বেচ্ছায় স্বীকার করেছে *(দ্বিতীয় প্রস্তাবে এই কথার লিখিত উল্লেখও আছে)*। কিন্তু এর থেকে এই সিদ্ধান্তে আসা ভুল হবে যে, ভারত এই প্রস্তাবগুলির সাথে এমন কোন শর্তে বাঁধা নেই যে, কাশ্মীরে সংযুক্ত রাষ্ট্রের তত্ত্বাবধানে জনমত সংগ্রহ করা হবে। ইউ. এন. সি. আই. পি.-র উপযুক্ত লিখিত দুটো প্রস্তাবগুলির একটি পক্ষ হচ্ছে ভারত *(এই দুটিকে মিলিয়ে জনমত সংগ্রহ প্রস্তাব বলা যেতে পারে)*। এটা মনে রাখা দরকার যে, যদি কোন প্রস্তাব দীর্ঘ সময় পর্যন্ত কার্যকরী করা না হয়ে থাকে, তাহলে সেটা বরাবরের জন্য কোন সরকারকে বেঁধে রাখতে পারে না। এই দুটি প্রস্তাব *(যাকে আমরা এখানে আর-1948 আর আর-1949 বলব)*, দৃঢ় আর ব্যাপক আর এতে কয়েকটি এমন পূর্ব শর্ত আছে, যেগুলো পূরণ হবার পরেই জনমত সংগ্রহ করা

যেতে পারে। পাকিস্তানের ওপর লাগু পূর্ব শর্ত এমন, *যেগুলো পাকিস্তান কখনো পূরণ করেনি*, আর এতে সন্দেহ আছে যে, পাকিস্তান এক অভ্যন্তরীন বিদ্রোহ ছাড়া এই প্রস্তাবগুলিতে সন্নিহিত ইঙ্গিত দায়বদ্ধতাগুলো করেছে। উদাহরণস্বরূপ, পি. আর.-1948-য়ের বাক্যাংশ 1, ভাগ II *(অ)*-তে এই উল্লেখ আছে যে "... পাকিস্তান সরকার সেই রাজ্য থেকে নিজের সৈন্য বাহিনীকে ফিরিয়ে নিয়ে আসার জন্য রাজী।" ভাগ II *(অ)*-য়ের বাক্যাংশ 2 এই ফিরিয়ে নিয়ে আসার মধ্যে *'অনিয়মিত পাকিস্থানীদের শামিল'* করে।

পাকিস্তানের কোনও সরকার এই প্রতিশ্রুতি *(দায়বদ্ধতা)*-গুলিকে স্বেচ্ছায় কার্যকরী করবে না। যখন তারা এই কাজ 1948 সালে করতে পারেনি, তো নিশ্চিত ভাবে আজও সেটা করতে পারবে না। এছাড়া, যদি পি. আর.-1949-য়ের ভাগ II (ব)-য়ের বাক্যংশ I-কে বাক্যাংশ 4 (অ)-য়ের সাথে মিলিয়ে পড়া যায়, তাহলে এদের এই আশা যে, *ভারতের দ্বারা কোনও পদক্ষেপ নিতে গিয়ে আগে* এর কার্যান্বিয়ন পাকিস্তান দ্বারা হওয়া উচিত, যাতে সংযুক্ত রাস্ট্র জনমত সংগ্রহের জন্য কার্যক্রম তৈরী করতে পারে। যদিও পাকিস্তান প্রায় ছয় দশক পার হয়ে যাবার পরেও এই কাজ করেনি। তাহলে ভারতের এমন কি বাধ্যবাধকতা আছে যে, সে নিজের তরফ থেকে জনমত সংগ্রহ করাবে? *সুতরাং এটা দেখানো যে, ভারত এমন দেশ, যে সংযুক্ত রাষ্ট্রের তত্ত্বাবধানে হওয়া জনমত সংগ্রহের নিজের আন্তর্জার্তিক প্রতিশ্রুতি থেকে সরে গেছে, একদম সত্য নয়; আজ সংযুক্ত রাষ্ট্রের জনমত সংগ্রহ সম্পর্কিত প্রস্তাব শেষ হয়ে গেছে, কারণ সেটা করানোর জন্য যেসব শর্ত রাখা হয়েছিল, সেগুলো পূর্ণ করা হয়নি।* আর বিশেষ ভাবে এজন্য যে, পাকিস্তান আজও সেই শর্তগুলিকে পূর্ণ করতে পারবে না, তার আভ্যন্তরীন বিবশতা তাকে বাধা দিচেছ। সুতরাং কাশ্মীর সমস্যার সমাধান শুরু থেকে খোঁজার প্রয়োজন, কেন না সংযুক্ত রাষ্ট্রের প্রস্তাব আর লাগু করার যোগ্য নেই। এখন সমাধান বার করার একটাই পথ হচেছ – অপেক্ষা করা। সময় কোন পথ দেখাবে। কিন্তু ততক্ষন পর্যন্ত রাষ্ট্রকে সন্ত্রাসবাদ আর আক্রমণের বিরুদ্ধে নিজের বর্তমান অবস্থাকে সুরক্ষিত করে তোলার জন্য খরচ করে যেতে হবে।

এই বিবাদগুলির মোকাবিলা করার জন্য রাষ্ট্রের প্রতিরক্ষা বাজেট সকল ঘরোয়া উৎপাদনের 7% বা তার কাছাকাছি হওয়া উচিত।

প্রতিরক্ষা অধ্যয়ন আর বিশ্লেষণ সংস্থান (Institute of Defence Studies and Analysis *(IDSA)*-র গণনা অনুসারে, 1980 থেকে প্রতিরক্ষা ব্যয় বর্তমান মূল্যে 12.78%-র গড় বার্ষিক বৃদ্ধি দরে বাড়ছে। 1970-য়ের দশকে প্রতিরক্ষা ব্যয় 10.4% দরে বেড়েছে। প্রারম্ভিক 1980-য়ের দশকে 1980-81 আর 1986-87-য়ের মাঝে এটা এক উচ্চ দর, 19.5% হারে বেড়েছে। 1919 থেকে প্রতিরক্ষা ব্যয় 8% প্রতি বছরের হিসেবে বেড়েছে। কিন্তু এই সংখ্যাগুলি বর্তমান মূল্যের মধ্যে সংগণিত করা হয়েছে, এজন্য এটা বাড়া মূল্যের কারণে অধিক বেড়ে আছে।

বিগত বছরগুলিতে বর্তমান মূল্যের আর স্থির দামের পার্থক্যকে মনে রাখতে গিয়ে প্রতিরক্ষা ব্যয়ে বৃদ্ধির হার গুরুত্বপূর্ণ। বিগত 20 বছরে ভারতীয় প্রতিরক্ষা ব্যয় স্থির মূল্যের মধ্যে প্রায় 5.0%-য়ের দরে বেড়েছে, যেখানে বর্তমান দামের মধ্যে 12.8% থেকে বেড়েছে। পরের কিছু বছরে তো পার্থক্য আরও আশ্চর্যজনক। 1970-য়ের দশকের কার্যকালে, প্রতিরক্ষা ব্যয়, স্থির মূল্যের মধ্যে 0.02% প্রতি বছর দরে বেড়েছে *(যেখানে বর্তমান মূল্যে তুলনামূলক ভাবে এই বৃদ্ধি 10.4% আছে)*। 1980-81 থেকে 1986-87 পর্যন্ত সময়ে বৃদ্ধি দর খুবই উচ্চ ছিল – 12.1%, তারপরে এটা কমে আসে। 1986-87 আর 1990-91-য়ের কার্যকালে এটা কেবল 20.4% ছিল আর 1991-য়ের পর থেকে, বাস্তবিক অথবা স্থির মূল্যের প্রতিরক্ষা ব্যয় নেতিবাচক *(Negative)* বৃদ্ধি দর দেখায়। এই ভাবে, ভারতীয় প্রতিরক্ষা ব্যয় কেবল 1980-81 আর 1986-87-য়ের মাঝে যথেস্ট বেড়েছে।

সকল ঘরোয়া উৎপাদনের হিসেবে প্রতিরক্ষা ব্যয় 1971-72-তে 3.5% থেকে কমে 1980-81-তে 3.0%-য়ের থেকেও কম হয়ে পড়ে। তারপর এটা বাড়া শুরু হয় আর 1987-88-তে বেড়ে 4.1%-য়ের শীর্ষে পৌঁছে যায়। সেই থেকে এটা লাগাতার নীচের দিকে নেমে এসেছে, 3.0% ছিল। 1990-91 সালে আর 2004 সালে কমে 2.4% হয়ে পড়ে। বিগত 20 বছরে এর গড় 3.5% থেকেছে। এটা বিশ্বে সব চেয়ে কম। প্রতিরক্ষা ব্যয়ে এই ঘাটতির কারণ হিসেবে অর্থ ব্যবস্থায় সংশোধনের অভাবকে দেখানো হয়েছে।

এমন সময়, যখন পাকিস্তান আমাদের জন্য রাষ্ট্রীয় নিরাপত্তার দৃষ্টিতে অত্যন্ত গুরুত্বপূর্ণ দুই সীমাবর্তী রাজ্যতে ব্যবস্থিত ভাবে ফৌজকে উস্কানোর জন্য ব্যয় করে যাচেছ আর হয়তো আমাদের যুদ্ধেও অবতীর্ণ হতে হবে, এজন্য এই সময় আমরা নিজের প্রতিরক্ষা বাজেটে কাটছাঁটের কোন কথা ভাবতেও পারি না।

83.00 কোটি টাকার প্রতিরক্ষা বাজেট *(2005-2006-য়ের বাজেট অনুমান)* ভারতের সকল ঘরোয়া উৎপাদনের 2.5%-র থেকেও কম। এটা এত বড় দেশ, যার বিস্তৃত জমি রয়েছে আর দীর্ঘ সামুদ্রিক সীমা আছে, এর জন্য প্রতিরক্ষা প্রয়োজনের দৃষ্টিতে এটা অত্যন্ত কম ব্যয়-নির্ধারণ। ভারতের স্বার্থ আর সাধন এবং সমুদ্রী তটের বাইরেও তার বাড়ন্ত সম্পদের কথাকে মাথায় রেখে, সকল ঘরোয়া উৎপাদনের 7%-য়ের সমান প্রতিরক্ষা বাজেট 2008 সাল পর্যন্ত আবশ্যক আর সঠিক হবে। এখন প্রশ্ন এটা ওঠে যে, এর থেকে কতটা নৌ বাহিনীকে, কতটা স্থলসেনাকে আর কতটা বায়ু সেনাকে দেওয়া হবে। নৌ বাহিনীর বাজেট বর্তমান 16% থেকে বেড়ে 30% হওয়া উচিত।

নিজের সমগ্র ইতিহাসে ভারত এক সাগর-উন্মুখ দেশ হিসাবে থেকেছে। তার বাণিজ্য আর তার প্রভাব পশ্চিমে মিশর আর রোম পর্যন্ত পৌঁছেছে আর পূর্বে জাভা, ইণ্ডো-চীন আর তারও ওপারে গিয়েছিল। জলযান আর বন্দর নির্মাণকারী হিসাবে প্রচীন ভারতীয়দের একটা ঐতিহ্য ছিল। ভারতের বিখ্যাত সম্পন্নতা আর অর্থের কারণ হিসেবে তার সামদ্রিক পথে হওয়া বাণিজ্যকে দেখা যেতে পারে।

মৌর্য্য আর গুপ্ত সাম্রাজ্যের বৃহৎ নৌ সেনা আর বাণিজ্য জাহাজ ছিল। গুপ্ত সাম্রাজ্যের সমাপ্তির পর দক্ষিণের রাজ্যগুলি – অন্ধ্রের সাতবাহন, কেরলের চের আর চোল – সামুদ্রিক যাত্রায় যাবার পরম্পরাকে প্রায় এক হাজার বছর পর্যন্ত বজায় রাখে আর মজবুত করে তোলে।

সামদ্রিক শক্তি আমাদের বিগত 600 বছরের ইতিহাসে গুরুত্বপূর্ণ প্রভাব ফেলেছে। ভবিষ্যত গড়তে এর ভূমিকা রচনাত্মক আর বেশ বড় হবে। কোনও বড় রাষ্ট্র নিজের সামদ্রিক সম্ভাবনাগুলিকে বিকশিত করা ছাড়া জগতে নিজের সঠিক ভূমিকা পালন করতে পারে না।

যেমন আগেই স্পষ্ট করা হয়েছে, ভারতে এমন কয়েকটি জীবন্ত লক্ষণ আছে, যেগুলো তাকে এক মহান নৌ সৈনিক শক্তি বানিয়ে দেবে – এক

রণনীতিগত ভৌগোলিক অবস্হা, যা এগিয়ে চলে এক বিরাট বড় সাগরের মাঝা পর্যন্ত নিয়ে যায়, এক দীর্ঘ আর ভিন্নতা যুক্ত সামুদ্রিক তটীয় রেখা, যেখানে ভালো বন্দর আছে আর যেখান পর্যন্ত রেল, সড়ক পথ আর নদী পথে সহজেই পৌঁছনো যায়, এক লম্বা-চওড়া, বিস্তৃত আভ্যন্তরীণ ভূ-ভাগ, শান্তিপূর্বক বাণিজ্যিক কাজে লেগে থাকার রাস্ট্রীয় ঝোঁক আর এক বৃহৎ জনসংখ্যা আর বিদেশে ফিজী থেকে গুয়ানা পর্যন্ত ছড়ানো ভারতীয় জনসমূহ।

এখন ভারত টেক্‌নিক্যাল আর অর্থের প্রতিবন্ধকতাকে পার করে নিয়েছে আর সে আণবিক অস্ত্র তৈরী করতে পারে। এবার কেবল একটিই টেক্‌নিক্যাল বাধা হতে পারে, অস্ত্রকে শত্রুর দেশে ফেলার পর্যাপ্ত প্রণালী। গত দুই বছরে মহাশূণ্য কার্যক্রমে এগিয়ে ভারতীয় ব্যয়ে মধ্যম দূরত্বের প্রক্ষেণাস্ত্রের উন্নয়ন যুক্ত করা যেতে পারে, যেটা পারমাণবিক বোমাকে নিয়ে যেতে পারে আর এই ভাবে অন্তিম প্রযুক্তি সংকচিত ভাবকে দূর করে দেবে। ভারত আগেই নিজের রকেট মহাশূণ্যে পাঠিয়ে দিয়েছে আর সে উপগ্রহগুলিকে নিজের চক্রীয় পথে নিয়ে রেখে দিয়েছে আর এই ভাবে মুল্যবান জ্ঞান আর অভিজ্ঞতা প্রাপ্ত করে নিয়েছে, যা তাকে সেই অবস্হা পর্যন্ত নিয়ে যাবে, যেখানে সে মধ্যম দূরত্বের প্রক্ষেপাস্ত্র থেকে আণবিক বোমা ফেলতে পারে। উপগ্রহগুলিকে মহাশূণ্যে পাঠানোর জন্য প্রযুক্ত লঞ্চার *(বাহন)*-গুলিকে সহজেই মধ্যম দূরত্বের বেলিস্টিক প্রেক্ষপ্রাস্ত্র *(IRBM)*-তে পরিবর্তন করা যেতে পারে। আর একবার যখন ব্রহমোস আর সূর্য প্রক্ষেপাস্ত্র পূর্ণ রূপে কার্যরত হয়ে উঠবে, তখন ভারতের কাছে নিজের আই. সি. বি. এম. *(ICBM - International Ballistic Missiles)* থাকবে।

যখন প্রধানমন্ত্রী 11-ই মে, 1998 তে তিনটি পারমাণবিক পরীক্ষণ করার ঘোষণা করেন, তখন সেটা *(সাধারণ মানুষ আনন্দে লাফিয়ে ওঠা সত্ত্বেও)* পারমাণবিক দৃশ্যের পরিচিত পর্যবেক্ষকদের জন্য কোন নতুন জিনিষ ছিল। তার এক বছর পর, যখন রাস্ট্রীয় নিরাপত্তা পরামর্শ পরিষদ *'ভারতীয় আণবিক সিদ্ধান্ত'* প্রতিপাদিত করে, তখনই দ্বিতীয় স্মারক ক্ষমতার সাথে *"ন্যুনতম আণবিক পরিবর্জক"*-য়ের ভারত দ্বারা

বিকশিত করাকে ন্যায়োচিত বলা হল। ন্যাশনাল সিকিউরিটি এ্যাডভাইজরী বোর্ড ঃ ইণ্ডিয়ান ন্যুক্লিয়ার ডক্ট্রীন স্ট্র্যাটেজিক ডায়জেস্ট, ইন্সটিটিউট অফ্ ডিফেন্স এ্যাণ্ড এ্যানালিসিস *(আই. ডি. এস. এ.)*, নূতন দিল্লী, সেপ্টেম্বর, 1999।

1995 সালে নরসিম্হা রাও সরকার, সেই বৈজ্ঞানিকদের দিয়ে গহন বিশ্লেষণ করিয়ে, যাঁরা 11-ই মে পরীক্ষণ করেছিলেন, আগেই এই নির্যাস বার করে নিয়েছিলেন যে, পত্রিকাগুলির আর আন্তঃ-সংস্থানিক বুদ্ধিবিদদের আদান-প্রদানে প্রাপ্ত আবিস্কারে যথেস্ট তথ্য *(ডাটা)* রয়েছে আর এই ভাবে নতুন পরীক্ষণ না করেও কম্প্যুটারের ওপর কার্যকরী রেখাচিত্র *(সিমুলেশন) (পারমাণবিক অস্ত্রের)* বানানো যেতে পারে।

এই ভাবে ভারত, আধুনিক ভারতের প্রথম প্রধানমন্ত্রী জওহরলাল নেহরুর ঘোষণা *'বোমা কখনও নয়'* থেকে তেরোতম প্রধানমন্ত্রী অটল বিহারী বাজপেয়ী-র সংকল্প *'প্রতিবন্ধ থাকুক বা নাই থাকুক, বোমা আমরা বানিয়ে ছাড়ব'* পর্যন্ত পৌঁছে যায়, পঞ্চাশ বছরের যাত্রা; আর দুর্ভাগ্য হচেছ এটা যে, যখন বিশ্বের সাধারণ জনমত আর অভিজ্ঞতা অন্য দিকে যাচেছ অর্থাৎ বিশ্বব্যাপী নিরস্ত্রীকরণের ঘোষিত পথের বিপরীতে, সেই সময় ভারত বোমার দিকে এগোচেছ, যেখানে বিশ্বের অভিজ্ঞতা এর নিরর্থকতাকে বুঝে গেছে।

আমার মনে বোমার প্রতি সেই নৈতিক ঘৃণা নেই, যেটা প্রধানমন্ত্রী মোরারজী দেশাই-য়ের মনে ছিল। আমি তো, বাস্তবে, এই দাবী করতে পারি যে, আমিই 1960-য়ের দশকে পারমাণবিক বোমার ওপর রাস্ট্রীয় বিতর্কের সূচনা করি *(আমার 'ভারতের রণনীতিগত আবশ্যক প্রণালী বিশ্লেষণ' এর জন্য ইকোনোমিক এ্যাণ্ড পোলিটিক্যাল উইকলী, এপ্রিল, 1969 দেখুন)*। কিন্তু তাও আমার এটা বলার আছে যে, চল্লিশ বছর পর মূল সত্য আর আর্ন্তজাতিক মাণদণ্ড এত সার রূপ আর নাটকীয় রূপে পাল্টে গেছে যে, সেই একই বেড়ালের চামড়াকে আজ আপনাকে অন্য ভাবে ছাড়াতে হবে। অথবা যদি আমি দেং ঝিয়াও পিং-য়ের একটি বাক্য বলি, যতক্ষন পর্যন্ত বেড়াল ইঁদুর ধরতে পারছে, ততক্ষন বেড়ালের রং-য়ের কোন গুরুত্ব নেই। সুতরাং আজ যে জিনিষটার প্রয়োজন, সেটা হচেছ *(determence)*, যার জন্য আজ বিকল্প পথ বিদ্যমান।

ভিত্তিগত প্রশ্ন হচ্ছে ঃ বোমা কিসের জন্য ? পারমাণবিক বোমা ভাণ্ডার কি এর মূল্যের অনুরূপ, যথেষ্ট বাধাদায়ক জ্ঞান প্রদান করে ?

আজ প্রশ্ন এটা নয় যে, ভারতের কাছে ক্ষমতা আছে কিনা বা ভারত এর আর্থিক দায় বহন করতে পারবে কিনা ? অবশ্যই ভারতের কাছে এই ক্ষমতা আছে আর সে এই দায়ও বহন করতে পারে, বিশ্বে এখন কেউই আর এই বিষয়ে সন্দেহ করে না। তার বদলে প্রশ্ন অন্য ঃ

প্রথম প্রশ্ন হচ্ছে, যথেষ্ট মাত্রায় বোমা তৈরী করা আর একে ফেলার অত্যাবশ্যক প্রণালীগুলি বিকশিত করা, যাতে এটা *'বিশ্বাসযোগ্য ন্যুনতম বাধাদায়ক শক্তি'* হতে পারে। এই ধরণের বিশ্বাসযোগ্য প্রণালী তৈরী করার জন্য আমাদের নিজের প্রতিরক্ষা, আণবিক, শক্তি আর মহাকাশ ব্যয়গুলিকে বর্তমান শতকরা 2.5 থেকে বাড়িয়ে সকল ঘরোয়া উৎপাদনের শতকরা 7-য়ের সমান করতে হবে। আমাদের অত্যন্ত স্পস্ট ভাবে এটা বোঝা উচিত যে, এত অর্থ কোথা থেকে আসবে। এটা আকাশ থেকে অথবা খুবই চেঁচামেচি করলে তো পাওয়া যেতে পারে না। তার পরিবর্তে আমাদের এত সাধন প্রাপ্ত করার জন্য সম্পূর্ণ ভাবে যথার্থমূলক বাজেট তৈরী করতে হবে। যদি কোন সরকারের পারমাণবিক প্রতিবন্ধকতা *(অর্থাৎ 200 বোমা, যেগুলো প্রক্ষেপাস্ত্রে মানানসই হয় আর কংক্রীটের মাটির নীচে তৈরী সাইলোজে রাখা হয়)* তৈরী করার ইচ্ছা না থাকে অথবা তাদের এই কথা জানা না থাকে যে, আবশ্যক অর্থ কোথা থেকে আসবে, তাহলে তো পোখরান-II পরীক্ষণ কেবল দুঃসাহস আর ক্ষুদ্র রাষ্ট্রবাদকে তুলে ধরে, যেটায় বিচিছন্ন হয়ে পড়ার আর লড়াইয়ের বিপদ আরও বেড়ে যায় আর তার অনুরূপ প্রতিরক্ষা প্রাপ্ত হয় না।

দ্বিতীয়, যদি রাষ্ট্র এই সিদ্ধান্ত নেয় যে, আমাদের যে কোন মূল্যে *(তাতে আমাদের ঘাস খেয়ে থাকতেঁ হতে পারে)* পারমাণবিক প্রতিবন্ধকতা বানাতেই হবে, তাহলে এর প্রয়োগে আমাদের কোন্ ডক্ট্রিন *(সিদ্ধান্ত)* থেকে নির্দেশ প্রাপ্ত হবে ? প্রধানমন্ত্রী রূপে শ্রী বাজপেয়ী বিশ্বের প্রতি একতরফা প্রতিশ্রুতি দেন যে, ভারত পারমাণবিক অস্ত্রের প্রয়োগে উদ্যোগী হবে না। এর অর্থ হল আমাদের সিদ্ধান্ত *"দ্বিতীয় আঘাত"* ক্ষমতার ধারণা ভিত্তিক হবে। অর্থাৎ দৃশ্য এই দাঁড়াল যে, আমাদের শত্রু প্রথমে পারমাণবিক অস্ত্রের দ্বারা আমাদের ওপর হামলা করবে আর যদি আমরা সেই হামলার থেকে বাঁচতে পারি, তাহলে আমরা

নিজের কাছে বেঁচে থাকা পারমাণবিক অস্ত্রের প্রয়োগ করব। আর এই শত্রু কে? পাকিস্তান? ভারত-পাকিস্তানের মধ্যে পারমাণবিক যুদ্ধ হচ্ছে এক নেতিবাচক খেলা। এটা গুরুত্বহীণ যে, প্রথম হামলা কে করবে, দু পক্ষই কস্টভোগ করবে; কেন না দক্ষিণ এশিয়াই পেনিনসুলায় বাতাসের প্রভাব এই ধরণের যে, রেডিও-ধর্মী বিকিরণকে নিয়ে যাওয়া বাতাস দুটি দেশেরই নির্দোষ নাগরিকদের মেরে ফেলবে, এতে কোন পার্থক্য পড়ে না যে, কে কার ওপর বোমা ফেলেছে। কিন্তু এটা বুঝে নেওয়া উচিত, এই কথাটার কোন অর্থ নেই যে, ভারত-পাকিস্তান-এর পারমাণবিক যুদ্ধ কে শুরু করছে, নূতন দিল্লী হয় পাকিস্তানী হামলার বোমা বিস্ফোরণে বিধ্বস্ত হয়ে পড়বে অথবা ভারত দ্বারা পাকিস্তানের ওপর ফেলা বোমা থেকে বেরোন রেডিও-ধর্মী বিকিরণের মেঘ ভারতের দিকে চলে আসাতে নস্ট হয়ে যাবে। হ্যাঁ, হবে এটাই যে, পাকিস্তানও আমাদের সাথে শেষ হয়ে পড়বে, কিন্তু তাতে কি আমাদের সভ্যতার বিনাশের প্রতিফল পাওয়া যাবে? আমরা ভূগোল দ্বারা একে-অপরের সাথে গাঁঠছড়া বেঁধে রয়েছি।

যদি পাকিস্তানের সাথে পারমাণবিক বাধা একটি নেতিবাচক খেলা হয়, তাহলে আমাদের সিদ্ধান্তের উদ্দেশ্য কি এর পরিবর্তে চীন অথবা সংযুক্ত রাজ্য আমেরিকার বিরুদ্ধে প্রতিবন্ধকতা তৈরী করা? আমরা কি যথেস্ট মাত্রায় বোমা আর প্রেক্ষাপাস্ত্র তৈরী করতে পারব যে, এই দুই দেশের ওপর *'পাল্টা আঘাত'* করার জন্য জীবিত থাকব? আর তাদের ওপর পাল্টা আঘাত দ্বারা অকল্পনীয় ক্ষতি করতে পারব, যাতে তারা আমাদের ওপর প্রথম প্রহারই করতে পারবে না। রাষ্ট্রীয় নিরাপত্তা পরামর্শদাতা পরিষদের দলিলে *(2001)*- উদ্দেশ্য বিষয়ে লেখা আছে – *'ভারতের পারমাণবিক অস্ত্রের মৌলিক উদ্দেশ্য অন্য কোন রাজ্য অথবা একক দ্বারা ভারতের বিরুদ্ধে হুমকি অথবা প্রয়োগের প্রতিবন্ধকতা।'*

প্রশ্ন এই কথার মধ্যে লুকিয়ে আছে যে, আমরা কি অর্থ ব্যবস্থায় যথেস্ট তীব্রতার সাথে উন্নতি করতে পারব, কেন না এই ধরণের লক্ষ্যে পৌঁছনোর জন্য আধুনিক প্রতিবন্ধকতার জন্য সাধনার প্রয়োজন। আসুন, এই পরিকল্পনার ওপর চিন্তা করার চেস্টা করি যে, 1992 সালে ইউ. এস. এস. আর. রূপে মহান সৈন্য শক্তিসম্পন্ন সাম্রাজ্য ভেঙ্গে 16-টি আলাদা দেশে বিভাজন হয়ে যায়। 1946 থেকে বছরের-পর-বছর ইউ.

এস. এস. আর. আমেরিকা প্রতিরক্ষা প্রযুক্তির সাথে সমকক্ষ পদক্ষেপ মিলিয়ে এগিয়ে যায়। কিন্তু এর ব্যক্তিবিরোধী, প্রলোভন বিরোধী, প্রজাতন্ত্র বিরোধী চিন্তাধারা আবশ্যক, অপেক্ষিত আর্থিক বৃদ্ধি প্রাপ্ত করেনি, এর জন্য প্রতি বছর ইউ. এস. এস. আর.-কে. নিজের কোমরের বেল্ট আরও টাইট করে বাঁধতে হয়েছে, যাতে সে প্রতিরক্ষা ক্ষেত্রে নতুন প্রযুক্তির বেড়ে চলা ব্যয়কে বহন করতে পারে। সংযুক্ত রাজ্যের রাস্ট্রপতি মি. রেগন 1981 সালে অতি বৃহৎ অস্ত্রের *স্টার ওয়ার্স* প্রযুক্তির সূচনা করেছিলেন। ইউ. এস. এস. আর.-য়ের কাছে সেই প্রযুক্তির মোকাবিলা করার মত সংসাধন ছিল না আর এই সংসাধন *স্টার ওয়ার্স* প্রযুক্তির মোকাবিলা করার জন্য অত্যন্ত জরুরী ছিল। এই ভাবে দুজনেই পঞ্চাশ বছর পর্যন্ত একে-অপরের দিকে চোখ রাঙ্গিয়ে তাকাতে থাকে। কিন্তু শেষে গর্বাচোভ চোখ নামিয়ে নেন আর গ্লাসনস্ট *(পুর্ণ রূপে উন্মুক্ত)* আর পেরেস্ট্রাইকা *(পুনরায় কাঠামো তৈরী করা)*-র ভানুমতির পিটারা খুলে দেন। তিনি নিরস্ত্রীকরণকে নিয়ে আসতে চান... কিন্তু তাঁর নিজের ঘরই ভেঙ্গে যায়। তার পর ইউ. এস. এস. আর. তিরোহিত হয়ে যায়।

চীন এই অশনি সংকেতকে বহু আগে, 1982-তেই বুঝে নিয়েছিল। সুতরাং সে নিজের সংযুক্ত রাজ্য বিরোধী দৃষ্টিভঙ্গী ত্যাগ করে আর কোন রকম ইতস্ততা না করে আর্থিক আধুনিকীকরণ কার্যক্রম শুরু করে দেয়। 1982 থেকে 1994 সালের মাঝে চীন ভারতের তুলনায় দু গুণ বৃদ্ধি দরে উন্নতি করে, যদিও এর আগের 28 বছরে *(1952-81 পর্যন্ত)* তার বৃদ্ধি দর ভারতের মতই চলছিল। সুতরাং চীন আজ এমন অবস্থায় আছে, যে নিজের প্রতিরক্ষার জন্য সংসাধনগুলি থেকে খুবই বৃহৎ ধন নিয়ে নিবেশ করতে পারে, কারণ ঃ 1980 দশক আর 1990-য়ের শুরুর বছরের কার্যকালে চীন চুপচাপ পড়েছিল আর নিজের অর্থ ব্যবস্থা তৈরী করছিল।

অন্য কথায়, যদি আমাদের চীন আর সংযুক্ত রাজ্যের সঙ্গে লড়তে হয়, তাহলে আমাদের নিজের পারমাণবিক ইচছার ঘোষণা করাকে ততক্ষণ পর্যন্ত আটকে রাখার ছিল, যতক্ষন পর্যন্ত আমরা নিজের অর্থ ব্যবস্হায় প্রায় 7 বছর পর্যন্ত শতকরা 10-য়ের বার্ষিক বৃদ্ধি না করে নিচ্ছি। *(অর্থাৎ নিজের রাস্ট্রীয় আমদানীকে দ্বিগুণ না করে নিচ্ছি)*। এই বৃদ্ধি দর 5 বছরে সমস্ত বেকারত্ব সমাপ্ত করে দেবে আর 10 বছরে

দরিদ্রতা সমাপ্ত করে দেবে আর এ ছাড়া আমাদের নিজের প্রতিরক্ষা বাজেটকে তিন গুণ বাড়িয়ে নিতে দেবে। তারপরে আমরা পারমাণবিক নীতি বিষয়ক বিশ্বব্যাপী রাজনীতির বিষয়ে ভাবতে পারি। রাজীব গান্ধী প্রধানমন্ত্রী হিসাবে ছোট আকারে এই জিনিসটা করেছিলেন। তিনি ঐতিহাসিক *'হিন্দু'* বৃদ্ধি দর শতকরা 3 থেকে বাড়িয়ে শতকরা 5 করেন আর প্রতিরক্ষা বাজেটকে দ্বিগুণ করে দেন। কিন্তু দুঃখের কথা এই যে, তিনি বিদেশী ঋণের দেশী প্রভাবকে ভালো করে বুঝতে পারেন নি। বোফর্স কেলেংকারী আর 1990-91 সালের পরিশোধ সংকট ওনার পরিকল্পনাকে শেষ করে দেয়।

আমরা পোখরণ II-য়ের জন্য আরও অপেক্ষা করতে পারতাম, যদিও আমরা প্রথমেই 1964 থেকে অপেক্ষা করে ছিলাম। 1964 সালে যখন আমরা প্রথমবার বোমা বিস্ফোরণ করার যোগ্যতা অর্জন করি, আর তার থেকেও বেশী 1974 সালে, যখন আমরা নিজেদের সেই যোগ্যতার প্রদর্শন করে দিই। এজন্য, আমরা 2010 পর্যন্ত অপেক্ষা করার ঝুঁকি নিতে পারতাম।

যদি ভারতের কাছে সম্পূর্ণ বিশ্বাস যোগ প্রতিবন্ধকতা তৈরী করার পরিকল্পনা না থাকে, তাহলে এই পরীক্ষণগুলি যথার্থে চীন-পাকিস্তানের যোগাযোগকে মজবুত করে ভারতীয় রাস্ট্রীয় সুরক্ষা পরিদৃশ্যকে বদলে দিয়েছে।

সুতরাং, এটা অত্যন্ত জরুরী যে, ভারতের আণবিক প্রতিরক্ষা প্রণালীকে, সম্ভব করার প্রয়োজনগুলিকে বোঝা যাক আর এটা জানা যাক যে, ভারত এই ব্যয়ের জন্য অর্থ কেমন ভাবে জোগাড় করবে।

যথেস্ট শক্তিসম্পন্ন একটি পারমাণবিক অস্ত্র ভাণ্ডারে, যাতে দ্বিতীয় আঘাত ক্ষমতা রয়েছে, কম পক্ষে 400 আই. আর. বি. এম. প্রক্ষেপাস্ত্র পারমাণবিক বোমা থাকা উচিত। প্রত্যেক বোমার দাম দেড় কোটি টাকা হবে, যেখানে প্রত্যেক অগ্নি প্রক্ষেপাস্ত্র *(আই. আর. বি. এম. শ্রেণীর)*-র জন্য 15 কোটি টাকার প্রয়োজন হবে। অর্থাৎ 400 আই. আর. বি. এম.-য়ের ওপর 6600 কোটি টাকা খরচ হবে আর এতে 3500 কোটি টাকা আদেশ, নিয়ন্ত্রণ আর বার্তালাপ কেন্দ্রের মাধ্যমে, যেটা এই প্রক্ষেপাস্ত্রের ওপর নজর রাখার জন্য আবশ্যক। এই সব কিছুতে রাস্ট্রের 10,000 কোটি টাকা লেগে যাবে। যদি আমরা এই ব্যয়কে দুই বছরে ছড়িয়ে দেবার

সুখ প্রাপ্ত করতে চাই, তাহলে মুদ্রাস্ফীতি আর প্রযুক্তিগত ভাবে পেছিয়ে পড়ার ক্ষমতাকে বাঁচিয়ে রেখে, দেশকে প্রতি বছর, কম পক্ষে 5050 কোটি টাকা পারমাণবিক শস্ত্রীকরণের ওপর ব্যয় করতে হবে। আর্থিক বছর, 1999-র সমগ্র প্রতিরক্ষা বাজেট ব্যবস্থা, উদাহরণস্বরূপ, 5110 কোটি টাকার ছিল অর্থাৎ পারমাণবিক প্রতিবন্ধকতার জন্য কম পক্ষে জরুরী খরচের থেকে মাত্র 50 কোটি টাকা বেশী। এতে এটা পরিস্কার বোঝা যায় যে, অস্ত্রগুলিকে পারমাণবিক ক্ষমতা প্রদান করার সিদ্ধান্তকে বাস্তবায়িত করার জন্য পয়সার প্রয়োজন হয়ে রয়েছে।

প্রতিরক্ষা বাজেটের কাগজপত্র দেখলে বোঝা যায় যে, সরকার বেতন কমিশনের সুপারিশ আর প্রতিরক্ষায় যুক্ত লোকেদের পেনশনে বৃদ্ধির প্রতি প্রতিশ্রুতিবদ্ধ, যেটা মিটিয়ে দেবার পর পুঁজিগত খরচের জন্য কেবল 1500 কোটি টাকা থেকে যাচ্ছে। এই 5050 কোটি টাকা ন্যুনতম বার্ষিক প্রয়োজনের থেকে খুবই কম পারমাণবিক অস্ত্রের জন্য; এই অবস্থা তো সেই অবস্থাতেও হবে, যখন প্রতিরক্ষা মন্ত্রালয় নিজের সমস্ত পুঁজিগত ব্যয়ের ব্যবস্থা এটার ওপর খরচা করে দেয় আর বাকী পারম্পরিক অস্ত্রগুলি কেনার জন্য কিছু বাঁচেই না।

এর জন্য ভারতকে *'পারমাণবিক অস্ত্রওয়ালা রাষ্ট্র'* তৈরী করার রাজনৈতিক সিদ্ধান্ত আর এই দাবী যে, সরকার এর জন্য শস্ত্রীকরণ কার্যক্রমের আদেশ দিয়েছে, এতটা গরম দাবী যে, সেটা সেই সব বিরোধীদের ঠাণ্ডা করে দেবে, যারা ভারতের বাজেট কাগজপত্র অবশ্যই পড়েছেন।

এর থেকেও অধিক চমকে দেবার চিত্র সেই সময় ফুটে বেরিয়ে আসে, যখন প্রতিরক্ষা বাজেটে স্থল সেনা, বায়ু সেনা আর নৌ সেনার জন্য পুঁজিগত খাতে করা নির্ধারিত খরচ আলাদা-আলাদা দেখতে পাওয়া যায়। এই বন্টন 1500 কোটি টাকার খুবই কম।

এর অর্থ ভারতের সশস্ত্র ফৌজগুলির প্রয়োজনীয় নতুন অস্ত্র ক্রয় আর আধুনিকীকরণের জন্য খুবই কম খরচ করা হয়েছে। এই চিন্তা করার পর যে, বাজারের শক্তিগুলি লাগাতার টাকার অবমূল্যায়ণ করছে আর বিদেশ থেকে অস্ত্র শস্ত্র নগদ অর্থে কেনা হয়, তো এই 1500 কোটি টাকা গত বছরে সংকুচিত হয়ে আরও কমে গেছে; যদিও এই সমস্ত ব্যবস্থা পারম্পরিক প্রতিরক্ষা পরিষেবায় সম্পূর্ণ ভাবে লাগিয়ে দেওয়া যায়।

এই বিষয়ে কোন সন্দেহই থাকা উচিত নয় যে, ভারতের সশস্ত্র সেনাদের জন্য শস্ত্র প্রণালীকে সত্ত্বর নতুন করে তোলার প্রয়োজন রয়েছে আর এর সাথেই পুরোন হয়ে পড়া শস্ত্রাস্ত্রের জায়গাও পূরণ হওয়া উচিত। উদাহরণস্বরূপ, আগামী দুই বছরে ভারতের দুই বায়ুযানের মধ্যে একটি বেকার হয়ে যাবে *(অর্থাৎ শতকরা 50 ভাগ কম হয়ে যাবে)*। আমাদের ফ্রিগেট শক্তিতেও শতকরা 50 ভাগ হ্রাস পেয়ে যাবে অর্থাৎ 14-টির মধ্যে 7-টি রয়ে যাবে আর সাবমেরিন ফ্লীটও শতকরা 40 *(19 থেকে 11)* ভাগ কম হয়ে যাবে। সংসদে প্রতিরক্ষা স্থায়ী সমিতি এই মত ব্যক্ত করেছে যে, নৌ বাহিনীর 120-টি জাহাজের ফ্লীটকে বজায় রাখার জন্য ভারতকে প্রতি বছর 6-টি নতুন জাহাজ আনতে হবে। আর যদি ভারত সরকার নিজের নৌ বাহিনী স্তরকে উঁচুতে তুলতে চায়, যথাস্থিতি বজায় রাখার পরিবর্তে, তাহলে একে 8-টি নুতন জাহাজ প্রতি বছর নৌ বাহিনীতে যুক্ত করতে হবে। এতো কেবল নৌ বাহিনীর জন্য। বায়ু সেনা আর স্থল সেনার শস্ত্র প্রণালীগুলি খুবই দ্রুততার সাথে পুরোন হয়ে পড়ে। এটার ক্রয়-প্রাপ্তিতে তো আরও বেশী সময় লাগে আর এর সত্তদাবাজী থেকে বেশী দৃঢ় পদক্ষেপ নিতে হয়।

বায়ুযান বাহক জাহাজ *(জলযান)*-য়ের বর্তমান মূল্য 550 কোটি টাকা। একটি সাবমেরিন, ট্যাঙ্ক আর হাওয়াই জাহাজের দামও খুব বেশী। এই কারণে 2001 সালের বাজেটপূর্ব একটি গণনায় তিনটে প্রতিরক্ষা প্রতিষেবার প্রধানরা অনুমান করেন যে, ভারতের সশস্ত্র সেনাদের বর্তমান স্তরকে বজায় রাখার জন্য অর্থমন্ত্রী দ্বারা বাস্তবিক বাজেটে দেখানো পরিসংখ্যানে শতকরা 30 ভাগ বেশী ব্যবস্থা থাকা উচিত। এজন্য প্রতিরক্ষা বাজেট বন্টনকে আরও কম করে দেওয়া উচিত নয়।

সুতরাং, যদি বর্তমান ভারতীয় সরকার *'বিশ্বাস যোগ্য পারমানবিক প্রতিবন্ধকতা'*-য়ের বিষয়ে গম্ভীর হয়, তাহলে প্রতিরক্ষা পরিষেবার জন্য বন্টনকে আরও বাড়াতে হবে। এই সময় বিশ্বের প্রতিরক্ষা ব্যয়গুলিতে ভারতের অংশ মাত্র শতকরা 1.11 ভাগ, যেখানে চীনের অংশ শতকরা 4.16 ভাগ। 36-টি দেশে, যাদের বিষয়ে পরিসংখ্যান পাওয়া যায়, সকল ঘরোয়া উৎপাদন প্রতিরক্ষা ব্যয়ের অনুপাতের দৃষ্টিতে *(এই অনুপাত কেবল শতকরা 2.3 ভাগ)* ভারতের স্থান 26-তম, যেখানে চীনের স্থান

13-তম আর পাকিস্তানের স্থান 11-তম। প্রতিরক্ষার ওপর প্রতি ব্যক্তি গড় ব্যয়ের দৃষ্টিতে দেখলে ভারতের স্থান 8.73 ডলারে 35-তম... এমন কি বাংলাদেশও তাকে হারিয়ে সবার নীচে করে দিয়েছে। প্রতি 1000 জনসংখ্যার ওপর সশস্ত্র সৈন্যের লোকেদের গুণতির দৃষ্টিতে দেখলে ভারত তালিকায় সবার নীচে *(অর্থাৎ 36-তম)* 1.2 ব্যক্তি / প্রতি 1000... যেখানে চীন তৃতীয় স্থানে 2.42 ব্যক্তি / প্রতি 1000 রাখছে আর পাকিস্তান দ্বিতীয় স্থানে 6.01 ব্যক্তি / প্রতি 1000 নিয়ে রয়েছে।

বাস্তবে, ভারতের প্রতিরক্ষা ব্যয় 1980 সালের স্থির মূল্যগুলি 1980 থেকে একই স্তরে টিঁকে রয়েছে আর 1995 সালের পর তো নেমে গিয়ে আরও কমে গেছে। সেই ব্যয়তে প্রতিরক্ষা উৎপাদনেরও অংশ রয়েছে। 1983-84 সালে শতকরা 14.8 থেকে কমে এই বছর শতকরা 1.2 ভাগ রয়ে গেছে। ভারতের প্রতিরক্ষা ব্যয়ের বিষয়ে গুরুত্বপূর্ণ কথা হচ্ছে এটা যে, মানব-শক্তি *(মজুরী)*-র পরিমাণ প্রতি বছর শতকরা 10 শতাংশ বার্ষিক দর থেকে বেড়েই চলেছে, যেখানে জিনিষপত্র আনার জন্য বাজেট মাত্র শতকরা 2 শতাংশের গতিতে ধুঁকে-ধুঁকে চলছে। আর সময় কাটার সঙ্গে-সঙ্গে এই জিনিষপত্রে ঘরোয়া অংশ কমে গিয়ে কেবল শতকরা 30 ভাগ রয়ে গেছে। এই ব্যাপারে চিন্তিত সংসদের প্রতিরক্ষা স্থায়ী সমিতি 2005 সাল পর্যন্ত এই দেশী *(ঘরোয়া)* অংশকে শতকরা 70 ভাগ পর্যন্ত বাড়ানোর দাবী *(লক্ষ্য)* রেখেছে। এর জন্য তারা প্রতিরক্ষা আউটলে *(Outlay) (ব্যবস্থা)*-তে শতকরা 10 ভাগ খরচ প্রতিরক্ষা অনুসন্ধান আর উন্নয়নের ওপর করার ঠিক করেছে। কিন্তু এটা কোথাও এই অংকের ধারে-কাছে পর্যন্ত পৌঁছতে পারেনি। আর্থিক বছর 2005-য়ের বাজেটে প্রতিরক্ষা অনুসন্ধান আর উন্নয়নের ওপর প্রতিরক্ষা ব্যয় কমিয়ে শতকরা 4.9 ভাগ করে দেওয়া হয়েছে।

এই সমস্ত বিশ্লেষণ থেকে কেবল একটি সিদ্ধান্ত বের করতে পারা যায় যে, পারমাণবিকের ওপর রাষ্ট্রীয় নিরাপত্তা পরামর্শদাতা পরিষদ যা প্রতিপাদিত করছে, সেটা দেশের বাজেট ব্যবস্থার একেবারে বিপরীত। বাস্তবে, চিন্তার বিষয় হচ্ছে এটা যে, যখন পাকিস্তান পারমাণবিক শস্ত্রগুলি পর্যন্ত চলে যেতে পেরেছে, কেন না সৈন্যদের জেনারেল হচ্ছে এর নেতা, ভারতের প্রতিরক্ষা রাজনীতি দ্বিতীয় আঘাত করার ক্ষমতাসম্পন্ন আন্তর্জাতিক ভাবে অস্বীকৃত সিদ্ধান্তের ওপর তৈরী করা হচ্ছে, যেখানে

ভারতের ইজরায়েলী প্রকার কে শীঘ্র *'ম্লাইট জক্রীগ' (চট্জলদী কাজ)* প্রক্রিয়ার ওপর নজর দেওয়া উচিত, যেটা সীমিত আর ছোট সময়ের যুদ্ধের জন্য। প্রতিরক্ষা বাজেট তৈরীর বর্তমান প্রণালীতেও সংস্কার আবশ্যক, যাতে এটা অস্ত্র কেনার নীতিগুলিতে কম *(যতটা কম সম্ভব)* খরচের লেখা পদ্ধতিকে দেখাতে পারে। উদাদহরণস্বরূপ, যদি আমাদের দায়বদ্ধতা ব্লুওয়াটার নেভী *(বহু দূর পর্যন্ত মারক ক্ষমতার নৌবাহিনী)*-র নয়, তাহলে আমরা বায়ুযান বাহক জলযান কেন কিনব, যেখানে জাম্বো হেলিকপ্টার সস্তাও বটে আর বেশী প্রভাবশালীও বটে।

এই ভাবে, এই সময় আমাদের কাছে রাস্ট্রীয় নিরাপত্তা পরিষদের অফিশিয়াল কাঠামো আর রণনীতির ওপরে কিছু প্রকাশন থাকতে পারে, কিন্তু বাস্তবে কোন সুবিচারিত সম্পূর্ণ দৃষ্টিভঙ্গী নেই আর সঠিক ভাবে প্রস্তুত কোন বিস্তৃত রাষ্ট্রীয় সুরক্ষা সিদ্ধান্তও নেই। এমনটা এজন্য, কারণ অফিশিয়াল কাঠামোর বিচারের সমর্থনের ফ্রেমওয়ার্ক আর পরিচিতির ধারণা নেই।

ওপরে প্রতিপাদিত সিদ্ধান্তগুলির ভিত্তিতে রাষ্ট্রীয় পুণরুত্থানের চতুর্থ মৌলিক ভিত্তি এমন রাস্ট্রীয় নিরাপত্তা সিদ্ধান্তের কার্যকারীতা, যা বহুঅক্ষীয় দুনিয়ায় ভারতকে একটি ভূমণ্ডলীয় শক্তিস্তম্ভের রূপে দাঁড়িয়ে যেতে দেখে আর যাতে হিন্দুস্তানের সাংস্কৃতিক মূল্যগুলির রক্ষা আর বিস্তার হতে পারে।

●●●

পঞ্চম মৌলিক ভিত্তি ঃ
সার্বজনীন লিপি হিসাবে দেবনাগরীকে এবং সংযুক্তের ভাষা হিসাবে সংস্কৃতকে মর্যাদা প্রদাণ

একটি সু-পরিভাষিত ক্ষেত্রের ভেতরে থাকা সমাজ একমাত্র তখনই দেশ হয়ে উঠতে পারে, যখন তাতে দেশভক্তির মনোভাবের সৃষ্টি হয়। এই ভাব তখনই সৃষ্টি হতে পারে, যখন তারা নিজেদের ইতিহাসের স্মৃতিগুলিকে পরস্পরের মধ্যে ভাগ করে নেয় আর তাদের মধ্যে একই সাথে বাঁচা আর মরার প্রবল ইচ্ছা হয়। এই ভাব ইতিহাসের বাস্তবিক আর ব্যাপক বোঝাপড়ার মধ্য দিয়েই জন্মায়। কিন্তু এই পরস্পরের মধ্যে আদান প্রদান করা স্মৃতি গুলির অপরের কাছে পৌঁছবার মাধ্যম কি? রাস্ট্রের রূপ বাস্তবায়িত করার জন্য প্রশাসনিক একরূপতা আনা খুবই জরুরী, কিন্তু মানুষের নিজেদের মধ্যে অবাধ মেলামেশার আর একে-অপরের সাথে সহজ ভাবে কথাবার্তা বলার ওপর রাষ্ট্র সম্পূর্ণ ভাবে ফুটে ওঠে। কিন্তু ভারতে আজ এমনটা নেই।

আজ আমাদের রাষ্ট্রকে সব চেয়ে বেশী ভাষাগত আর জাতিগত পার্থক্য ভাগ করছে আর স্বাধীনতার পর কতিপয় বছরে তো এটা আরও গভীর হয়ে গেছে। চণ্ডীগড় অথবা বেলগামের মত শহরে ভাষার বিষয়কে কেন্দ্র করে হওয়া সংঘর্ষগুলির থেকে বেশী হাস্যকর আর কি হতে পারে?

ভারতীয় মানুষরা এক প্রদেশ থেকে অন্য প্রদেশের লোকেদের সাথে আজ যে ভাষায় কথাবার্তা বলছে, সেটা বিদেশী ভাষা, সেটা ইংরাজী। এমনটা কোন আকস্মিক ঘটনার কারণে হয়নি, বরং লর্ড ম্যাকালের 1835 সালে জেনেশুনে নেওয়া সিদ্ধান্তের কারণেই এমনটা হয়েছে। এতদিনে

প্রসিদ্ধ হয়ে ওঠা সভার কার্য বিবরণের লেখায় তিনি লিখছেন – *"আজ আমাদের এমন এক শ্রেণী তৈরী করার জন্য সব কিছু করতে প্রস্তুত থাকা উচিত, যেটা আগামীকাল আমাদের আর সেই সব লোকেদের মাঝে, যাদের আমরা শাসন করি, বুঝতে পারার আর অনুবাদ করার কাজ করবে। মানুষের এমন শ্রেণী, যারা রক্ত আর রং অনুযায়ী তো ভারতীয়, কিন্তু রুচি-মত-নৈতিকতা আর বুদ্ধির দিক থেকে ইংরেজ।"*

ম্যাকালে এমনটা হওয়ার ওকালতী করেন আর বলেন যে, ভারতীয়দের এই শ্রেণীর ওপর ইংরাজী ভাষা চাপিয়ে দেওয়া হোক্ আর তাদের উন্নয়ন হোক্। যদিও ইংরাজী ভাষা আজ শেখার যোগ্য ভাষা হয়ে উঠেছে... কেন না সংযুক্ত আমেরিকা একে আন্তর্জার্তিক ভাষার মান্যতা প্রদান করেছে, বিশেষ করে বিদ্বান, কূটনীতিজ্ঞ, আমদানী-রপ্তানীতে এবং বাইরে থেকে করা ব্যবসাতে ব্যবসায়ীদের জন্য, কিন্তু তাও এটা আমাদের জন্য জীবন্ত ভাষা নয়। এই ভাষার প্রবাদ বাক্য আর রূপক বিদেশে তৈরী হয়। আমাদের সে সবকে কোন প্রকারের প্রশ্ন না করেই স্বীকার করতে হবে। যদি আমরা একে স্থানীয় ভাবে এখানে তৈরী করতাম, তাহলে আমাদের হেয় করা হত, সুতরাং আমরা সেই ভাষাতে একে-অপরের সাথে কি ভাবে কথাবার্তা বলতে পারি, যেটা আমরা 8000 কিলোমিটার দূর থেকে আমদানী করেছি আর তাকে এখানে এক প্রকার মমী করে রেখেছি ?

স্বাধীনতা সংগ্রামের সময়, ইংরাজীর জায়গায় হিন্দী রাখার প্রস্তাব ছিল। এই পছন্দে গুণ ছিল, কেন না কোন-না-কোন ভাবে হিন্দী তিন-চতুর্থাংশ ভারতে বলা আর বোঝা হত। কাশ্মীর থেকে হুবলী *(কর্ণাটক)*, আর কচ্ছ থেকে আসামের প্রতিটা কোণায়, হিন্দী সহজেই বোঝার মত ভাষা। কেবল অন্ধ্র আর কর্ণাটক এবং কেরল আর তামিলনাড়ু রাজ্যের অধিকাংশ অংশের লোক হিন্দী বুঝতে পারেন না। কিন্তু যবে থেকে মহাত্মা গান্ধী আর রাজাগোপালাচারী ইংরাজীর জায়গায় হিন্দীকে যোগাযোগ ভাষা হিসেবে প্রয়োগ করার বিষয় নিয়ে চিন্তা-ভাবনা করেছিলেন, তবে থেকে দক্ষিণের এই সব অঞ্চলেও হিন্দী শেখার কাজ উৎসাহপূর্বক শুরু হয়ে পড়েছে। এমনটা সেই সময় পর্যন্ত চলেছিল, যে সময় পর্যন্ত গান্ধী জী-র হত্যা হয়ে যায়নি। তারপর হিন্দী মুশকিলে পড়ে যায়।

হিন্দীর বিস্তৃত না হতে পারার দুটি কারণ আছে। *প্রথম*, হিন্দীকে উৎসাহ প্রদানকারী *(হিন্দীভাষী অঞ্চলেরই)* হিন্দীভাষীরা, যেমন – পুরুষোত্তম দাস ট্যাণ্ডন আর ডাঃ রঘুবীর হয়ে ওঠেন, যখনকি ওনাদের আগে গান্ধী জী আর রাজা জী ছিলেন, যাঁদের মাতৃভাষা হিন্দী ছিল না, তবুও ওনারা এই *(হিন্দী)* আন্দোলনের নেতৃত্ব দিচ্ছিলেন। মূল হিন্দীভাষীরা কথ্য ভাষার ব্যাপারে নিজেদের আন্দোলনে এতটা উগ্র হয়ে ওঠেন যে, তাঁরা শুদ্ধতাবাদী হয়ে ওঠেন। শীঘ্রই তাঁদের জেদী আর পাগল মনে করা হতে থাকে। দুর্ভাগ্যবশতঃ এই সব উৎসাহীরা হিন্দীর স্বীকৃতিকে দেশভক্তির পরীক্ষা বানিয়ে দেন আর সত্বর এমনটা দাবী করতে থাকেন যে, চাকরী পাবার জন্য হিন্দী যেন ন্যূনতম আবশ্যকতা হয়। এর থেকে স্বাভাবিক ভাবে এক গভীর আর উগ্র প্রতিক্রিয়ার সৃষ্টি হয়। *দ্বিতীয়*, প্রধানমন্ত্রী হিসাবে জওহরলাল নেহরু এই নেতিবাচক আন্দোলন থামানোর জন্য কিছুই করেননি। হিন্দী ইংরাজীর জায়গা নিয়ে নিক, এমনটা ওনার ইচ্ছা ছিল না। তিনি নিজেও এক পথচলতি মানুষের মত হিন্দী বলতেন, যাকে হিন্দুস্তানী বলা যেতে পারে। তার পৌত্র রাজীব আর সঞ্জয় গান্ধীকেও ভারতীয়-ইংরেজ সংস্কৃতির কেন্দ্র ইংরাজী মাধ্যমের দুন স্কুলে পড়ার জন্য পাঠিয়ে দেওয়া হয়েছিল, যেটাতে আজও আলাদা-আলাদা ধরণের উচ্চ শ্রেণীর মানুষেরা ভীড়ের সৃষ্টি করে। নেহরু যখনই সুযোগ পেতেন, তিনি হিন্দী ভাষাকে নিয়ে ঠাট্টা-তামাশা করতেন। নেহরুর পন্থীদের মধ্যে হিন্দী সাহিত্যকে হেয় করাটা এক অত্যন্ত সাধারণ ব্যাপার হয়ে দাঁড়িয়েছিল। তিনি বলতেন হিন্দীর কেবলমাত্র দুটি গ্রন্থ আছে – তুলসীদাসের রামায়ণ আর রেলওয়ের সময় সারণী। যেহেতু নেহরু সংস্কৃতকে একেবারেই বুঝতেন না, তাই তিনি হিন্দী শব্দাবলীর সংস্কৃতকরণ আর দেবনাগরী লিপিকে বেকার আর ফালতু ভাবতেন।

এক দিকে রঘুবীর আর অন্য দিকে নেহরু দ্বারা হিন্দী ভাষার বর্জন, এই ভাবে হিন্দী না কেবল দক্ষিণের চোখে বদনাম আর অপমানিত হয়ে উঠল, উল্টে এই ব্যাপারের এক কাল্পনিক প্রতীক তৈরী হয়ে পড়ল যে, দক্ষিণ ভারতের ওপরে উত্তর ভারতকে জোর করে চাপিয়ে দেওয়া হচ্ছে। স্বাভাবিক ভাবেই দক্ষিণ ভারত বিদ্রোহ করে দেয়। দক্ষিণীদের চাকরী খোয়ানোর ভয় পেয়ে বসে। কেন না তাদের তুলনায় যাদের মাতৃভাষা হিন্দী ছিল আর যারা ছোটবেলা থেকেই হিন্দী পড়ছিা-শিখছিল,

তারা লাভবান হয়ে উঠবে। এজন্য রাষ্ট্রকে 1965 সালে সেই ভাষাগত দাঙ্গা সহ্য করতে হয়েছিল, যেটা রাষ্ট্রীয় একতার পক্ষেও চ্যালেঞ্জ হয়ে দাঁড়িয়ে গেছিল। কেন্দ্রীয় নেতৃত্বকে, যেটা ততদিনে লালবাহাদুর শাস্ত্রীর হাতে পৌঁছে গেছিল, স্বাভাবিক ভাবেই নত হতে হল, কেন না রাষ্ট্রীয় একতা বজায় রাখার ছিল, কিন্তু এতে হিন্দীর সম্ভাবনা জোরদার ঝটকা খায়।

তবুও হিন্দী, আজও ব্যবহারিক রূপে যোগাযোগ ভাষা হিসেবে সব চেয়ে ভালো। কিন্তু শিক্ষার মাধ্যম হিসেবে অথবা আলোচনা করার জন্য শ্রেষ্ঠ ভাষা নয়। আগামী শতাব্দীগুলিতে, সংস্কৃত আমাদের পক্ষে সব চেয়ে উপযুক্ত ভাষা হবে হিন্দুস্তানী একতা আর পরিচিতিকে উৎসাহ দেওয়া, পোষিত করা আর মজবুত করার জন্য। এর তিনটি কারণ রয়েছে।

প্রথম, সংস্কৃত ভাষায় রচিত সাহিত্য আমাদের সাংস্কৃতির উৎস। হিন্দু ধার্মিক উৎসব সংস্কৃত মন্ত্রের উচ্চারণ ছাড়া সম্পূর্ণ হতে পারে না। সংবিধানের অষ্টম অনুচেছদ অনুযায়ী সংস্কৃত আগে থেকেই আমাদের 18-তম *'রাষ্ট্র ভাষা'*। 1991 সালের জনগণনার ঘোষিত ফলাফল অনুসারে সংস্কৃত 50,000 লোকের মাতৃভাষা ছিল *(2001 সালের জনগণনার পরিণাম এখনও পর্যন্ত ঘোষিত হয়নি)*। 1991 সালে 49,733 লোকের মধ্যে শতকরা 90 ভাগেরও বেশী, যাঁরা সংস্কৃতকে নিজেদের মাতৃভাষা হিসাবে লিখিয়েছিলেন, তারা উত্তর প্রদেশের বাসিন্দা ছিলেন। সংস্কৃতকে মাতৃভাষা বলার বাকী লোকেদের মধ্যে 802-জন বিহার থেকে, 695-জন কর্ণাটক থেকে, 650-জন মধ্য প্রদেশ থেকে, 587-জন দিল্লী থেকে, 575-জন হরিয়াণা থেকে, 433-জন রাজস্থান থেকে, 277-জন মহারাষ্ট্র থেকে, 199-জন অন্ধ্র প্রদেশ থেকে, 169-জন তামিলনাড়ু থেকে আর 167-জন হিমাচল প্রদেশের বাসিন্দা ছিলেন। বাকী রাজ্যগুলি আর কেন্দ্রীয় শাসিত প্রদেশে সংস্কৃতকে নিজের মাতৃভাষা হিসাবে বলার লোকেদের সংখ্যা 100-র থেকে কম ছিল আর সব চেয়ে কম ত্রিপুরা আর নাগাল্যাণ্ডে 1-1 জন ছিল। 1991 সালে সংস্কৃতকে নিজেদের মাতৃভাষা বলার লোকেদের মধ্যে শতকরা 56 ভাগ পুরুষ ছিলেন আর শতকরা 86 ভাগ লোক গ্রামীণ অঞ্চলে বাস করতেন। সংস্কৃতকে নিজের মাতৃভাষা বলার লোকেদের সংখ্যা কম হওয়া সত্ত্বেও এটা নির্বিবাদ সত্য যে,

সংস্কৃত সারা বিশ্বে ছড়িয়ে আছে। এই ভাষার অখিল ভারতীয় স্বরূপ আর সমস্ত ভারতীয় ভাষাগুলিতে সংস্কৃত শব্দের অস্তিত্বের কারণেই ইংরেজ সাম্রাজ্যবাদীরা সংস্কৃতকে যোগাযোগ ভাষার স্তর থেকে হটিয়ে এক দিকে ছুঁড়ে ফেলার লক্ষ্য বানায়।

এইজন্য টমাস বেবিংটন ম্যাকালে *(1800-1859)* বিশ্বাস করতেন যে, ভালো ইউরোপীয় পুস্তকালয়ের একটি আলাদা আলমারী সমস্ত দেশী ভারতীয় আর আরবিক সাহিত্যের সমান, কিন্তু এটা জেনেও বিদ্বানরা সংস্কৃত ভাষার প্রশংসা করতে পেছপা হলেন না। ম্যাক্স মুলার *(1823-1900)*, যিনি প্রথমে ঋগবেদ ছাপিয়ে প্রকাশিত করেন, সংস্কৃতকে বিশ্বের *'মহানতম ভাষা'*-র আখ্যা দেন।

স্যার উইলিয়াম জোন্স সংস্কৃতের তুলনা ইউরোপের শাস্ত্রীয় ভাষাগুলির সাথে করেন আর 1876 সালে ঘোষণা করেন – *"যতই প্রাচীন হোক্ না কেন, সংস্কৃত ভাষার রচনা অদ্ভূত... এটা ইউনানীর থেকে বেশী শ্রেষ্ঠ এবং সম্পূর্ণ। ল্যাটিনের থেকে বেশী বিশদ আর দুটির থেকেই বেশী পরিস্কৃত...।"* বলা হয় যে, চক্রবর্তী রাজা গোপালাচারী বলেছিলেন – *"সংস্কৃত বিশ্বের মানুষের মধ্যে আমাদের বরিষ্ঠতার প্রতীক।"* খ্রীস্টপূর্ব যুগে সেই ভাষাগুলোর মধ্যে, যেগুলোয় সাহিত্যের বিকাশ হওয়া শুরু হয়, সংস্কৃতই হচ্ছে একমাত্র জীবন্ত ভাষা। মিশর, মেসোপোটামিয়া, এশিয়া মাইনর, সিরিয়া আর কার্থেজের ভাষাগুলি আজ ইতিহাসের পাতায় কেবলমাত্র ঐতিহাসিক নাম হিসেবে রয়ে গেছে।

উনবিংশ শতাব্দীতে হিন্দুদের সামাজিক, ধার্মিক অভিযানগুলি মানুষদের একত্রিত করার এবং সচেতন করার জন্য সংস্কৃতের কোন বিশেষ প্রয়োগ করেনি। আর্য সমাজবাদীদের এটা দ্বিতীয় ভাষা হয়ে রয়ে যায়। আর্য সমাজের সংস্থাপক স্বামী দয়ানন্দ সরস্বতী নিজের ধার্মিক বার্তা সংস্কৃতে বিলি করা শুরু করেন। স্বামী দয়ানন্দ হিন্দীরও বড় সমর্থক হয়ে যান, উনি এটাকে *'আর্য ভাষা'*-র আখ্যা দেন আর পরে নিজের লেখা আর পুস্তকগুলি এই ভাষাতেই লেখেন।

স্বামী দয়ানন্দের একনিষ্ঠ, উৎসাহী শিষ্য স্বামী শ্রদ্ধানন্দ হরিদ্বারের কাছে কাঙ্গড়ীতে এক গুরুকুল স্থাপন করেন। গুরুকুল কাঙ্গড়ীতে প্রাথমিক পাঠশালা থেকে শুরু করে বিশ্ববিদ্যালয় স্তর পর্যন্ত শিক্ষণ হিন্দীতে হত সংস্কৃতে নয়। কিন্তু সেখানকার হিন্দী পূর্ণ রূপে সংস্কৃত

শব্দাবলীতে ভরা ছিল।

বাঙ্গালীদের গর্ব করে সংস্কৃতের *'কন্যা'* বলে সম্বোধিত করা হয়, কিন্তু তামিলদের, যাদের নিজস্ব গর্বিত ইতিহাস রয়েছে, যা চোল রাজ্যের একটি অটুট শৃংখলার কারণে তৈরী হয়, সহজেই সংস্কৃতের *'ভগ্নী'* বলা যেতে পারে। এই কারণে দক্ষিণবাসীদের সংস্কৃতিনিস্ঠ হিন্দী বোঝা সহজ হয়। *(উত্তরবাসী মানুষদের পক্ষে, যেমন নেহরু ছিলেন, যারা উর্দুতে ডুবে রয়েছেন, বোঝা কঠিন)* স্বর্গীয় আন্নাদুরাই সংস্কৃতনিস্ঠ হিন্দীর জন্য বলতেন *'না বাডিয়ার' (আমি এক অধ্যাপক)*, এখানে আপনাদেরকে জানিয়ে রাখি যে, তামিল শব্দ *'বাডিয়ার'* সংস্কৃত শব্দ *'বাদী' (উপদেশক)* থেকে তৈরী হয়েছে। এই সমান শব্দাবলীর কারণে, সংস্কৃত শেষ পর্যন্ত ভারতের পক্ষে সর্বশ্রেস্ঠ রাস্ট্রীয় ভাষা।

দ্বিতীয়, আজকের কম্‌প্যুটারগুলি অর্থাৎ কৃত্রিম বুদ্ধির সবাধিক বিকশিত ক্ষেত্রে করা আন্তর্জাতিক গবেষণা, যা একবিংশ শতাব্দীর জ্ঞান প্রণালীগুলিতে বিপ্লব এনে দেবে, ধীরে-ধীরে এই উৎকর্ষ হয়ে উঠছে যে, কম্‌প্যুটারে জ্ঞান সঞ্চয় করার জন্য সংস্কৃতই হচ্ছে শ্রেস্ঠ ভাষা। ডাঃ রিক ব্রিগ্স, যিনি সংযুক্ত রাজ্য ন্যাশন্যাল এ্যারোনটিক্স এ্যাণ্ড স্পেস এজেন্সী *(নাসা)*-তে রয়েছেন, *'নলেজ রিপ্রেজেন্টেশন ইন্ সংস্কৃত এ্যাণ্ড আর্টিফিশিয়াল ইণ্টেলিজেন্স'* শীর্ষক লেখায়, যেটা তিনি *'আর্টিফিশিয়াল ইন্টিলীজেন্স'*-য়ের বসন্ত সংখ্যায় লিখেছিলেন, বলেন –

"বিগত কুড়ি বছরে বহু সময়, প্রয়াস আর পয়সা প্রাকৃতিক ভাষাগুলির স্পষ্ট প্রতিনিধিত্বের ডিজাইন তৈরী করার ওপর খরচ করা হয়েছে, যাতে সেগুলো কম্‌প্যুটার প্রসংস্করনের জন্য পাওয়া যায়।"

বোঝা যায়, এটা এক ব্যাপক বিশ্বাস যে, প্রাকৃতিক ভাষাগুলি বহু চিন্তাধারার সম্প্রসারণে অনুপযুক্ত, যেগুলোকে *(চিন্তাগুলি)* কৃত্রিম ভাষাগুলি অত্যধিক সঠিক রূপে আর গণিতের মত কঠোরতা দ্বারা সম্প্রচার করতে পারে।

কম পক্ষে একটি ভাষা আছে, সংস্কৃত... *(যেটায়)* এক বিধি পাওয়া যেতে পারে... যা কৃত্রিম বুদ্ধি দ্বারা করে চলা বর্তমান কাজের জন্য শুধুমাত্র সার রূপেই নয়... বরং রূপকারেও সমান *(একই রকম)*।

এই লেখা এটা দেখায় যে, একটি প্রাকৃতিক ভাষা *(সংস্কৃত)* কৃত্রিম ভাষার মতও কাজ করতে পারে আর কৃত্রিম বুদ্ধিতেও ভালোমতন কাজ

সহস্রাব্দের প্রাচীন চাকার পুনঃ আবিস্কার করার ছিল।

কৃত্রিম বুদ্ধি আগামী 50 বছরে সমস্ত বিজ্ঞানে বিপ্লব এনে দেবে আর সংস্কৃত সেটার জন্য সর্বশ্রেষ্ঠ ভাষা। এটা অত্যন্ত দুঃখের বিষয় যে, আমরা, ভারতীয়রা যে সংস্কৃতের আবিস্কারক, এই তথ্য আমাদের বিদেশীদের কাছ থেকে শিখতে হয়; কিন্তু কোন ব্যাপার নয়, সকালে পথ হারানো সন্ধ্যায় ঘরে ফেরা ব্যক্তিকে কেউ *'হারিয়ে যাওয়া'* বলে না।

প্রাকৃতিক ভাষাগুলিকে কম্প্যুটার প্রোগ্রাম-ক্রিয়ার উপযুক্ত করে তৈরী করার প্রয়াস 30 বছর পর্যন্ত করার পর, বৈজ্ঞানিকরা এবার এমনটা মনে করছেন যে, এই কাজে তাঁদের আজ থেকে 2600 বছর আগে হারিয়ে দেওয়া হয়েছে... যদিও সময়, স্হান আর সংস্কৃতিতে বহু দূর, 7 খ্রীস্টপূর্বাব্দের এক সংস্কৃত ব্যাকরণবিদ আজকের কম্প্যুটার সমস্যাগুলির সমস্ত উত্তর দিয়েছিলেন; যে সংস্কৃত কোন প্রকারের অস্পষ্টতাহীন, সংকেত লিপির জন্য সম্পূর্ণ সঠিক।

ব্যাকরণবিদ পাণিনিকে আজ প্রথম *সোফ্‌টওয়্যার ব্যক্তি (কম্প্যুটারে প্রোগ্রাম তৈরী করা ব্যক্তি)* বলা হচেছ আর মজার কথা হচেছ এটা যে, *হার্ডওয়্যার (কম্প্যুটার)* সেই সময় ছিল না। আর মনোযোগ মোটামুটি ভাবে সেই 4000 নিয়মের ওপরে কেন্দ্রীভূত ছিল, যেগুলোকে তিনি সংস্কৃত ব্যাকরণের জন্য বিকশিত করেন। নিয়ম, যা নিজস্ব প্রকারে এতটাই বৈজ্ঞানিক আর যুক্তিসঙ্গত যে, তা অনেকটাই সেই কাঠামোর সাথে মিলে যায়, যেটার প্রয়োগ আজকের কম্প্যুটার বিজ্ঞানীরা সারা বিশ্ব জুড়ে করছেন।

পাণিনির ব্যাকরণ কেমন ভাবে কাজ করে ? ব্যাকরণ হচেছ মূলতঃ ভাষার সূক্ষ্ম তত্ত্ব। নিয়ম হচেছ যে, ভাষার উন্নয়ণ হয়ে যাবার পর সাধারণ ভাবে ব্যাকরণ লেখা হয়। সংস্কৃতের অন্য ধরণের ব্যাকরণও আছে... কিন্তু কেবল পাণিনিকৃত ব্যকরণই একমাত্র ব্যাকরণ, যা নিজের 4000 নিয়মগুলি সমেত এই ভাষার প্রায় সমস্ত বিস্তার-ক্ষেত্রে সফলতা পূর্বক লাগু হয় আর পাণিনির ব্যাকরণের অন্তর্গত প্রতিটা শব্দকে তার ধাতু পর্যন্ত পৌঁছে চেনা যেতে পারে। এই জিনিষটা সার রূপে আর রূপাকারে কম্প্যুটারের ভাষা, যেমন – কোবোল *(Cobol)* অথবা ফোর্ট্রান *(Fortran)*-য়ের পুরোপুরি মিলে যায়।

একটি প্রাকৃতিক ভাষায়, উদাহরণস্বরূপ ইংরাজীর বেশ কিছু অভিব্যক্তি

(বলতে পারা)-তে অস্পষ্টতা অন্তর্নিহিত থাকে। একটি মোটা উদাহরণ হচ্ছে – ব্যাংক *(Bank)*, যেমন এক রিভার ব্যাংক *(নদীর ধার)* আর কোন বাণিজ্যিক ব্যাংক *(যেখানে টাকার লেনদেন হয়)*। আরেকটি বাধা হচ্ছে বাক্য রচনা *(Syntex)*, যা সমস্ত ধরণের অর্থ থেকে সম্পূর্ণ ভাবে স্বতন্ত্র হয়। এজন্য কম্প্যুটার বৈজ্ঞানিকরা এই ধরণের অস্পষ্টতাকে দূর করতে চান। বৈজ্ঞানিকরা বলছেন যে, যে মাত্রায় কোন ভাষা অস্পষ্ট আর জটিল মনে হয়, সেটা সেই মাত্রায় *"প্রাকৃতিক"* আর সঠিক অথবা *"কৃত্রিম"*-য়ের থেকে দূরে সরে যায়।

কিন্তু পাণিনি সংস্কৃতকে সঠিক, সংক্ষিপ্ত আর সম্পূর্ণ করে দিয়েছিলেন। এটা সমস্ত ভাষার জন্য এক সংক্ষিপ্ত *(সংকুচিত)* কোডের মত, যার সঙ্গে কিছু নিয়ম যোগ করে দেওয়া হয়েছে। এটা হচ্ছে সংস্কৃতের অত্যন্ত সংক্ষিপ্ত রূপ। এটা দুর্ভাগ্যবশতঃ কখনো-কখনো এত দুরূহ হয়ে ওঠে যে, বোঝার জন্য টীকা *(কমেন্ট্রী)*-র প্রয়োজন হয়। কিন্তু সৌন্দর্য্য এই জিনিষটায় রয়েছে যে, এই ভাষাতে বৈজ্ঞানিকরা ক্রুটিহীনতার সাথে যুক্তিগত সম্পর্ক তৈরী করে নেন। বৈজ্ঞানিকরা বলছেন যে, পাণিনিকে একটি কম্প্যুটার হিসেবে মানা যেতে পারে, যেটা মূল *ইনপুট (সামগ্রী)* নিয়ে সঠিক শব্দ / বাক্য তৈরী করে দেয়। কম্প্যুটার সামগ্রী নিয়ে পাণিনির নিয়মগুলির প্রয়োগ করে আর সঠিক শব্দ অথবা বাক্যকে যুক্তিগত ব্যবস্থায় দেখিয়ে দেয়।

বৈজ্ঞানিকরা আরও এক পা এগিয়ে গিয়েছেন। তাঁরা পাণিনির মত কম্প্যুটার কল্যাণকারী ব্যাকরণ দ্বারা অন্য ভাষাগুলিতেও উন্নয়ণের প্রয়াস করছেন। সব ভাষারই এক বিশ্বব্যাপী নিয়ম আছে। এমনিতে সব ভাষায় নাম, সর্বনাম, ক্রিয়া, বিশেষণ ইত্যাদি থাকে। চেস্টা এইটাই করা হচ্ছে যে, বেশ কিছু ভাষার জন্য পাণিনির মত মডেল তৈরী করা হোক্। যেহেতু সংস্কৃতকে বেশ কয়েকটি আধুনিক ভারতীয় ভাষার *'জননী'* বলা হয়, বৈজ্ঞানিকরা সেগুলোর জন্য গাণিতীক আর সংখ্যাত্মক ব্যাকরণ বিকশিত করার চেস্টা করছেন। এই কৃত্রিম বুদ্ধিতে আজ কিছু *'আকর্ষক শ্লোগানের মত চিন্তা'* রয়েছে, এই লক্ষ্যে পথ-প্রদর্শক কাজ ভারত, সংযুক্ত রাজ্য আর জার্মানীতে হচ্ছে।

সুখের কথা হচ্ছে এটা যে, বৈজ্ঞানিকরা এই কল্পনা করতে গিয়ে আশ্চর্যচকিত হচ্ছেন যে, কম্প্যুটার ছাড়াই পাণিনি এত সঠিক আর

সংক্ষিপ্ত নিয়ম আর এই ধরণে কি ভাবে তৈরী করে নিয়েছিলেন আর নিজের *অস্টাধ্যায়ী*-তে 3995-টি সংক্ষিপ্ত সিদ্ধান্ত রাখতে পেরেছিলেন।

যখন আমরা পেছনে ঘুরে তাকাই, তখন মনে হয় যে, সংস্কৃতকে তার অধিকারপূর্ণ স্হান না দিয়ে *(দেশের)* বুনিয়াদ ভিত্তি রাখা জনকেরা কত বড় ভুল করেছেন।

ভারতের দীর্ঘ ইতিহাসে সংস্কৃত সব চেয়ে বড় সমন্বয়কারী শক্তি হয়ে থেকেছে, এটা হচ্ছে সাংস্কৃতিক নৈরন্তর্যের স্রোত, সাহিত্যিক রচনার মাধ্যম, সন্তদের বাণী, দিব্য চিন্তাধারা আর জীবনের গহনতম দর্শনের ভাষা। এটা বৌদ্ধিক আর আধ্যাত্মিক পরিচর্চার মাধ্যম হয়ে থেকেছে আর দেশের সমগ্র লম্বা-চওড়া বিস্তারে এটা বিদ্বানদের ওপরে নিজস্ব ছাপ রেখেছে।

অনেকেরই এটা জানা নেই যে, সংবিধান সভাতেও এমন এক বড় সমুদায় ছিল, যাঁরা সংস্কৃতকে সরকারী ভাষার স্হান দেওয়ার ব্যাপারে ভরপুর ওকালতী চালিয়েছিলেন *(দেখুন, সুভাষ কাশ্যপ, "ব্যাক টু সংস্কৃত" দ্য হিন্দু, জানুয়ারী 11, 2000, পৃষ্ঠা 21)* আর শুধু ভারতেই নয়, সংস্কৃত নিজের প্রভাব দেশের বাইরেও কয়েকটি দেশের ওপরে বিস্তার করেছে। এটা দক্ষিণ-পূর্ব এশিয়ায় বিদ্বানদের ভাষা হয়ে যায় আর কিছুটা পরিমাণে মধ্য এশিয়াতেও। সব চাইতে সুখের কথা হচ্ছে এটা যে, প্রাচীন সংস্কৃতর কয়েকটি বিদ্যমান নাটকের খোঁজ ভারতে না পেয়ে চীনের বড় গোবি মরুভূমির ধারে অবস্হিত তুরফানে পাওয়া যায়। সংবিধান সভার অত্যন্ত মুখর সদস্য, প্রোফেসর নজীরুদ্দীন আহমেদ এই কথায় দুঃখ প্রকাশ করেছেন যে, আমরা এটা জানি না যে, বিদেশের সভ্য দুনিয়ায় সংস্কৃতকে কত সম্মান দেওয়া হয়। শ্রী আহমেদ বলতেন সংস্কৃত *"সব চেয়ে বড়, সব চেয়ে মহান আর ভাষাগুলির মধ্যে সর্বশ্রেষ্ঠ।" (ভূপেন্দ্র যাদব উদ্ধৃত করছেন, ডিক্সাইন অফ্ সংস্কৃত "ইকোনোমিক এ্যাণ্ড পোলিটিক্যাল উইকলী, 31 ডিসেম্বর, 2005, পৃষ্ঠা - 5539)* উনি ডব্লিউ. সি. টেলর-কে উদ্ধৃত করেন, যিনি সংস্কৃতকে সম্পন্নতা আর শুদ্ধতায় অদ্বিতীয় আখ্যা দিয়েছিলেন। ম্যাক্স মুলার সংস্কৃতকে বিশ্বের মহানতম ভাষা, সব চেয়ে অদ্ভূত আর সব চেয়ে পরিপূর্ণ বলেছিলেন। স্যার উইলিয়াম জোন্স-য়ের মতানুসারে *"সংস্কৃতের অবয়ব অদ্ভূত... এটা ইউনানীর থেকে বেশী শ্রেষ্ঠতাপূর্ণ, ল্যাটিনের থেকে*

বেশী বিশদ আর দুটোর থেকেই বেশী পরিমার্জিত আর পরিস্কৃত।" বিশ্ববিখ্যাত সংস্কৃত বিদ্বান, প্রোফেসা সাহিবদুল্লার ভাষায় সংস্কৃত প্রত্যেক মানুষের ভাষা, তা সে যে জাতিরই হোক্ না কেন।

প্রোফেসর নজীরুদ্দীন আহমদ সংবিধান সভাতে বলেন যে, সংস্কৃত সব চেয়ে সুন্দর আর সব চেয়ে মহান ভাষা। আর এটা কঠিন হলে সবার জন্য সমান ভাবে কঠিন। সুতরাং হিন্দীর তুলনায়, যা হিন্দী ভাষা-ভাষীর অঞ্চলের মানুষদেরকে অনাবশ্যক লাভ প্রদান করে, সংস্কৃতকে ভারতের রাষ্ট্রীয় ভাষা হিসেবে স্বীকার করে নেওয়া উচিত। *"যদি অ-হিন্দীভাষী লোকেদের অন্য কোন ভাষা শিখতে হয়, তাহলে তাঁরা সংস্কৃত শিখুন... এমন কোন ভাষা শেখার পরিবর্তে, যেটা স্তর, গুণবত্তা আর শ্রেণীতে এর থেকে অনেকটাই নীচে।"*

লক্ষ্মীকান্ত মৈত্র সংবিধান সভায় ভাষাগত উপ-ধারা *(Clause)*-তে এক সংশোধনী পেশ করেন। তিনি প্রস্তাব দেন যে, সংস্কৃতকে রাষ্ট্রীয় আর সরকারী ভাষার স্থান প্রদান করা উচিত। তিনি বলেন, যদি স্বাধীনতা প্রাপ্তির পর, ভারত সরকারী ভাষার মত কোন জিনিষ চায় আর যদি এমনটা চায় যে, সেটা রাষ্ট্রীয় ভাষাও হোক্... তাহলে সেটা নিঃসন্দেহে সংস্কৃতই হতে পারে। কেন না এটা সেই অর্থে বিশ্বভাষা। এর গুরুত্ব, এর সম্পন্নতা, এর স্তর আর মান্যতা একে ভারতের সীমানার উর্দ্ধে তুলে দিয়েছে আর একে ভারত থেকে সুদূর বিদেশেও পৌঁছে দিয়েছে।সংস্কৃত ভাষায় সন্নিহিত ভারতীয় সংস্কৃতির সম্পদশালী ঐতিহ্যের কারণেই ভারতের বাইরের দেশগুলিতে আমাদের অত্যন্ত সম্মানের দৃষ্টিতে দেখা হয়।

শ্রী মৈত্র সংস্কৃতের পক্ষে বড়ই জোরালো যুক্তি পেশ করেন... কেন না তিনি অনুভব করতেন যে, সংস্কৃত বিশ্বের সমস্ত ভাষাগুলির মধ্যে সব চেয়ে পুরোন আর সব চেয়ে সম্মানজনক স্তর প্রাপ্ত করেছে।

শ্রী মৈত্র যুক্তি দেখান যে, সংস্কৃতকে রাষ্ট্রীয় ভাষার স্থান দিলে সেই সব বদমেজাজী মনোভাব, দ্বেষ আর দোষারোপের সৃষ্টি হবে না, যেগুলো কোন প্রান্তীয় ভাষাকে রাষ্ট্রীয় ভাষা করলে হতে পারে। তিনি ইজরায়েল দ্বারা হিব্রুকে সরকারী ভাষার রূপে গ্রহণ করার প্রসঙ্গ তোলেন আর বলেন যে, ইজরায়েল *"নিজের প্রচীন ভাষা, সংস্কৃতি আর সভ্যতা এবং তার ঐতিহ্যকে সম্মান দেওয়ার দৃষ্টিতে এমনটা করেছে।"* সংস্কৃতকে

গ্রহণ করে ভারতও নিজের প্রচীন ভব্যতাকে পুনঃজীবিত করতে পারে আর পশ্চিমকে নিজের বার্তা পৌঁছে দিতে পারে – বেদ, উপনিষদ, গীতা, বরাহমিহির, চরক আর সুশ্রুতের বার্তা। ভারত নিজস্ব আধ্যাত্মিক জীবনের বার্তা দ্বারাই নিজের সুন্দর স্হানকে পুনরায় ফিরে পেতে পারে। সংস্কৃতকে গ্রহণ করলে ভারত নিজের ভাবী প্রজন্মকে গড়ে তোলার মহান সুযোগ প্রাপ্ত করবে আর তার সাথে-সাথেই ভারত বিশ্বকে এটা জানাতে পারবে, যে ভারত এটা জানে যে, নিজের আধ্যাত্মিক সংস্কৃতির সমান ঐতিহ্যের সম্মান কেমন ভাবে করা যায়।

সব মিলিয়ে সংবিধান সভায় সেই সমস্ত আলোচনার এই নির্যাস বেরোয় যে, সংস্কৃতকে সংবিধানের অস্টম অনুচেছদে ভারতীয় ভাষা হিসাবে সম্মিলিত করে *(এখন এমন ভাষার সংখ্যা 18 হয়ে গেছে)* নেওয়া হল আর তার সাথেই এই ব্যবস্হাও করা হল যে, হিন্দীর, যেটা সরকারী ভাষা হবে, উন্নয়ন করা হবে আর যেখানে আবশ্যক হবে, এটা মুখ্যতঃ সংস্কৃত থেকে নিজের শব্দাবলী প্রাপ্ত করবে। এটাকে সংস্কৃতের সাথে ন্যায়োচিত ব্যবহার বলা চলে না।

স্বয়ং নেহেরু সংস্কৃতের প্রতি অনুরাগী ছিলেন। 1959 সালে একজন সদস্যর ব্যক্তিগত বিলের ওপর বলতে গিয়ে নেহরু বলেন যে, মানুষ নিজের মূলের থেকে এগোয়। ভারতের 5,000 থেকে 10,000 বছরের ইতিহাস রয়েছে। ভাষা তার নিরন্তরতার প্রতীক। যে ভাষার সাথে অধিকাংশ হিন্দু জড়িয়ে রয়েছেন, সেটা সংস্কৃত। কিন্তু এটা ওনার ফাঁপা সহানুভূতি ছিল। বাস্তবে নেহরু সংস্কৃতের বিষয়, আধিকারিক স্তরকে ভেতর-ভেতরেই বাতিল করেন।

বাস্তবে, সংস্কৃত ভারতের সমস্ত ভাষাগুলির উন্নয়নে এক গুরুত্বপূর্ণ অবদান রাখে। দক্ষিণের চারটি মুখ্য ভাষার ব্যতিক্রমকে বাদ দিয়ে, সমস্ত বড় ভারতীয় ভাষার উৎস সংস্কৃতের মধ্যেই রয়েছে আর এটা থেকে তাঁরা পোষণও প্রাপ্ত করেছে। দক্ষিণের ভাষাগুলির শব্দাবলীর এক বড় অংশ সংস্কৃত থেকেই নেওয়া। *হিন্দীকে ভারতীয় সংঘের সরকারী ভাষা তৈরীতে সব চেয়ে বড় বাধার ভিত্তি এটা ছিল যে, এই ব্যবস্হায় সেই সব লোকেদের জন্য আগে থেকেই লাভ ছিল, যাদের মাতৃভাষা ছিল হিন্দী আর এই ভাবে এর থেকে অন্যদের ক্ষতি হত।* যদি সংস্কৃতকে আজ সরকারী ভাষা বানিয়ে দেওয়া হয়, তাহলে সেটার কয়েকটি লাভ হবে।

01. যেহেতু সংস্কৃত কোন রাজ্য অথবা লোকের সমূহের মাতৃভাষা নয়, তাই সবার জন্য এক প্রকার সমান খেলার মাঠ, সবার জন্য লাভ-অলাভ সমান আর সত্য কথা হচ্ছে এটা যে, দক্ষিণে একে আরও বেশী স্বাগত জানানো হবে, যেখানে দ্বিতীয় কোন ভাষার তুলনায় সংস্কৃতের বিদ্বানদের সংখ্যা অধিক।
02. সংস্কৃত একটি অধিক বৈজ্ঞানিক এবং ধনাত্মক ভাষা। যেমন সাম্প্রতিক অধ্যয়নগুলি থেকে জানা গেছে, এটা কম্প্যুটারে অধিক সহায়ক।
03. সংস্কৃত সাহিত্য বিশ্বের সম্পূর্ণতম সাহিত্যগুলির মধ্যে অন্যতম।
04. সরকারী ভাষা হিসাবে সংস্কৃত সব চেয়ে বড় বেঁধে রাখার শক্তি হবে রাষ্ট্রীয় একতা আর সমগ্রতার জন্য, তার সাথে-সাথেই এটা ভাষাগুলির সমৃদ্ধির সাথে ভারতীয় সংস্কৃতি এবং জীবন মূল্যের পুনরুত্থানকে এগিয়ে নিয়ে যেতেও সহায়তা প্রদান করবে।
05. দর্শন যাকে ভারতীয়-ইউরোপীয় ভাষাগুলির সমূহ হিসেবে সংকেত দেয়, সংস্কৃতকে সেই সমস্ত ভাষাগুলির জননীর রূপে স্বীকার করা হয়েছিল। আধুনিক ইউরোপীয় ভাষাগুলির মধ্যে খুবই বড় সংখ্যায় শব্দ সংস্কৃত থেকে নেওয়া।

ঘরের আরও কাছে দক্ষিণ এবং দক্ষিণ-পূর্ব এশিয়ায়, ভাষা ইন্দোনেশিয়া, ভাষা মালয়েশিয়া, থাই, রুমের রুজ আর সিংহলী বেশ কিছু রূপে সংস্কৃতের খুবই নিকট আর এর সবগুলিরই সমান শব্দাবলী। মধ্য এশিয়ার ভাষাগুলির সঙ্গে নিকট সম্পর্ক, যেমন উজবেকিস্তানের ভাষা আর সংস্কৃতের সম্পর্ক সুবিখ্যাত। এখন সম্প্রতি উজবেকিস্তানের খননে সংস্কৃত শিলালিপি পাওয়া গেছে আর খ্রীষ্টের যুগের শুরুর সময়ের পাণ্ডুলিপি প্রাপ্ত হয়েছে। যদি আমরা মূল্যগুলোর পুনরুত্থান আর আমাদের ভূমির পরীক্ষিত সাংস্কৃতিক মূল্যগুলির পুর্ণজীবন চাই, তাহলে আমাদের সংস্কৃতের দিকে ফিরতেই হবে।

সংস্কৃত কেবল একবিংশ শতাব্দীর সর্বাধিক কুশল ভাষাই নয়... এর লিপি দেবনাগরীও সঠিক ধ্বনিকে সৃষ্টি করার জন্য সর্বাধিক বৈজ্ঞানিক। আপনি ইংরাজীতে কোন বাক্য লিখুন, তারপর সেটার অনুবাদ হিন্দী অথবা সংস্কৃততে লিখলে আপনি জানতে পারবেন যে, প্রায় ক্ষেত্রেই এটা শতকরা 25 ভাগ কম জায়গা নেয়। এজন্য বার-বার

দাবী উঠতে থাকায় আশ্চর্য হতে হয় যে, হিন্দীকে রোমান *(অর্থাৎ ইংরাজী)* লিপিতে লেখা হোক। এর বিপরীতে দেবনাগরীকে আন্তর্জার্তিক লিপি তৈরী করার জন্যও এক আন্তর্জার্তিক আন্দোলন চালানো উচিত। *(তা সেটা সফল হতে এক শতাব্দী লেগে গেলেও)* আর কেন নয় ? শেষ পর্যন্ত সংখ্যা আর দশমিক তো হিন্দুস্তান থেকেই সারা পৃথিবী স্বীকার করেছে। যেমন ইংরেজ বিদ্বান স্যার উইলিয়াম জোন্স বলেছেন, আমাদের অক্ষর আর তার বানান *(Spelling)* অশোভনীয়, প্রায় হাস্যপদ রূপে অসম্পূর্ণ *(যখন তার দেবনাগরী থেকে তুলনা করা হয়)* হয়।

উম্মাদ হিন্দী-বিরোধী দেবনাগরীকে হিন্দী বোঝার ভুল করেন। সত্য তো এটা যে, হিন্দী সেই ভাষাগুলির মধ্যে একটা, যা এই *(দেবনাগরী)* লিপির প্রয়োগ করে। সংস্কৃত, মারাঠী, সিন্ধি, নেপালী আর কিছু পাহাড়ী ক্ষেত্রের ভাষায় দেবনাগরী লিপির প্রয়োগ হয়। এই লিপিকে যে কোন ভাষাই প্রয়োগ করতে পারে। বাস্তবে সমস্ত ভারতীয় ভাষার লিপিগুলি... যেগুলোয় তামিল আর দেবনাগরীও শামিল রয়েছে, মূল ব্রাহ্মী লিপির সন্তান। কোনও যোগ্য ভাষাবিদ আপনাকে এটা বলে দেবেন *(দেখুন. আই. মহাদেবন, "কোরপস অফ্ দ্য তামিল ব্রাহ্মী স্ক্রিপ্ট")*, কিন্তু উম্মাদনা যুক্তিকে অন্ধ করে দেয়। পাঞ্জাবী *(অ-শিখ)* হিন্দুরা লালা জগত নারায়ণের নেতৃত্বে দুই দশক আগে গুরুমুখী লিপির বিরোধে বড় আন্দোলন করেছিলেন। এর থেকে বাঁচার জন্য যে, তাঁকে গুরুমুখী প্রয়োগে বাধ্য করা হবে, তিনি এই ঘোষণা করে দেন যে, তাঁর ভাষা হিন্দী... পাঞ্জাবী নয়। যদিও তিনি পাঞ্জাবী বলতেন। এসবই তাঁর ভুল উৎসাহের কারণে ছিল, কারণ গুরুমুখী লিপি দেবনাগরী লিপির প্রায় সমান হয়, ঠিক যেমনটা গুজরাতি লিপি। যে কোন দেবনাগরী লিপির অভিজ্ঞ মাত্র 24 ঘন্টায় গুরুমুখীতে সিদ্ধহস্ত হতে পারেন। তবুও শুধু-মুধু আন্দোলন ছড়িয়ে পড়ে, যার কারণে নিরর্থক সমীকরণ হয় আর তার পরিণতি 1984-য়ের *অপারেশন ব্লু স্টারের* মধ্যে দিয়ে হয়েছিল, যার পরবর্তী দুষ্প্রভাব আমরা আজও অনুভব করছি।

বলার কথা হচ্ছে এটা যে, আধুনিক লিপির মধ্যে দেবনাগরী যতই সর্বাধিক বৈজ্ঞানিক লিপি হোক্ না কেন... ব্যবহারিক কারণে আমাদের ভারতীয় ভাষাগুলির অন্য লিপিগুলিকেও সম্মান জানাতে হবে। একটি শান্ত উম্মাদহীন পরিবেশে, যেটা তৈরী হতে কয়েক দশক লাগতে পারে,

যুবকদের মুখ্যতঃ প্রাথমিক আর দ্বিতীয় স্তরের বিদ্যার্থীদের দুটি ভাষা আর দুটি লিপি কম করে শেখা উচিত ঃ (1) মাতৃভাষা আর সংস্কৃত এবং (2) নিজের লিপি আর দেবনাগরী লিপি। এই সময়ে হিন্দী নিজেকেকে সংস্কৃত-কৃত সেই বিন্দু পর্যন্ত উন্নত করতে থাকুক, যতক্ষন না তার আর সংস্কৃতের মধ্যে সব পার্থক্য দূর হয়ে যাচেছ।

তখন এটা সংস্কৃতে এসে মিশে যাবে আর স্থানীয় বুলি ছাড়া কোথাও দেখা দেবে না। ভারত থেকে সংস্কৃতকে অনেক আগে একবার পালি ভাষা উপড়ে ফেলেছিল। কিন্তু কিছু শতাব্দী পর একে বিভিন্ন রূপে বৌদ্ধ ধর্ম দ্বারা পুনঃ সিংহাসনাসীন করে দেওয়া হয়। সংস্কৃতের দ্বিতীয় বার সিংহাসনাসীন হওয়া হিন্দী দ্বারা এবার করা যেতে পারে। সেই দিন আসা পর্যন্ত, যদি ত্রি-ভাষায়ী ফর্মূলা, যেটায় এটা আশা করা হয় যে, উত্তর ভারতবাসী একটি দক্ষিণী ভাষা শিখবে, সততার সঙ্গে লাগু করা যায়, তাহলে আমরা সেই লক্ষ্যের প্রতি লাগাতার প্রগতি করতে থাকব, যতক্ষন না আমরা সংস্কৃতকে রাষ্ট্রীয় ভাষা বানিয়ে দিচিছ। আজ আগেই 70 লক্ষ বিদ্যার্থী সংস্কৃত শিখছে আর বিশ্বের 35-টি দেশের 200-টি বিশ্ববিদ্যালয়ে সংস্কৃত পাঠ্যক্রম রয়েছে। এই লক্ষ্যকে প্রাপ্ত করতে বহু বছর লাগতে পারে... কিন্তু আমাদের সংকল্প আজ থেকেই শুরু হওয়া উচিত। আমাদের এই দেখারও সংকল্প নিতে হবে যে, সংস্কৃতকে প্রভুত্বের কারণে কোন ভাষা... বিশেষ করে উর্দু যেন ক্ষতিগ্রস্ত করে। দৈনন্দিন কথাবার্তা এই ভাষার দ্বারা আরও সমৃদ্ধ হতে থাকবে।

সুতরাং পুনরুত্থানের এজেণ্ডার ওপর পঞ্চম মৌলিক ভিত্তি হবে সংস্কৃতের প্রচার-প্রসার করে দেশকে এক করা, সংস্কৃতকে গ্রহণ করে শেষ পর্যন্ত ভারতের রাস্ট্রীয় ভাষা করে তোলা আর দেবনাগরীকে সমস্ত ভারতীয় ভাষাগুলির অনিবার্য্য বৈকল্পিক লিপি করে তোলা। আপাততঃ, হিন্দী শব্দাবলীকে লাগাতার সংস্কৃত করে তুলতে হবে... ততক্ষন পর্যন্ত, যতক্ষন না হিন্দীর সংস্কৃতের সাথে মিশ্রিত হয়ে যায়।

●●●

অনুক্রমণিকা

ঔ

ক

খ

গ

চ

জ

ট

ঠ

ড

স

হ